MEIJIEHUA SHIDAI DANG DE
ZHIZHENG NENGLI YANJIU

黄丽萍 著

媒介化时代党的执政能力研究

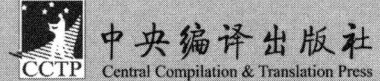

图书在版编目（CIP）数据

媒介化时代党的执政能力研究 / 黄丽萍著. — 北京：中央编译出版社，2014.6
ISBN 978-7-5117-2177-8

Ⅰ.①媒… Ⅱ.①黄… Ⅲ.①传播媒介-应用-中国共产党-执政-党的建设-研究 Ⅳ.①D25

中国版本图书馆 CIP 数据核字（2014）第 105319 号

媒介化时代党的执政能力研究

出 版 人：	刘明清
出版统筹：	董 巍
责任编辑：	张树相
责任印制：	尹 珺
出版发行：	中央编译出版社
地 址：	北京市西城区车公庄大街乙 5 号鸿儒大厦 B 座(100044)
电 话：	(010) 52612345（总编室） (010) 52612363（编辑室）
	(010) 52612316（发行部） (010) 52612315（网络销售）
	(010) 52612346（馆配部） (010) 66509618（读者服务部）
传 真：	(010) 66515838
经 销：	全国新华书店
印 刷：	三河市天润建兴印务有限公司
开 本：	710 毫米×1000 毫米 1/16
字 数：	194 千字
印 张：	13.5
版 次：	2014 年 6 月第 1 版第 1 次印刷
定 价：	40.00 元
网 址：	www.cctphome.com 邮 箱：cctp@cctphome.com
新浪微博：	@中央编译出版社 微 信：中央编译出版社（ID：cctphome）

本社常年法律顾问：北京市吴栾赵阎律师事务所律师 闫军 梁勤
凡有印装质量问题，本社负责调换。电话：010—66509618

目 录

导言 …………………………………………………………… 1

第一章　媒介化时代与政党政治发展 …………………… 12
  一、一个凸显"治理媒介化"的时代降临 ………………… 13
  二、"媒介化"与执政生态的变迁 ………………………… 15
  三、媒介执政的内涵 ………………………………………… 22
  四、媒介场域转换中要高度重视政党的媒介执政能力 …… 28

第二章　媒介化时代的"全民围观"现象 ……………… 32
  一、一种"围观"的政治样态呈现 ………………………… 32
  二、"湘潭神女"与"口罩实名制"等事件的围观效应 …… 34
  三、围观带来的问题思考 …………………………………… 38

第三章　媒介风险与政党执政的策略调整 ……………… 51
  一、媒介化风险社会的来临 ………………………………… 51
  二、网络群体极化：媒介化时代的一种新型危机 ………… 57
  三、网络集群的表现特征 …………………………………… 59
  四、网络群体极化造成的风险性危机 ……………………… 68

五、政党化解网络群体极化的策略应对 …………………………… 72

第四章　媒介化时代执政党话语能力建设 ……………………… 76
　　一、话语权与政党 …………………………………………………… 77
　　二、执政党"革命"式话语的出场及特质 ………………………… 83
　　三、时代的变迁与主题的呼唤：媒介化时代的话语发展趋势 … 86
　　四、时代主题的诉求——中国政党"新话语"体系的建构 …… 90
　　五、中国执政党话语变迁余留的思索 …………………………… 98

第五章　媒介化时代执政党政治表达的调整 …………………… 101
　　一、"媒介化"发展凸显话语表达的重要性 …………………… 101
　　二、媒介化发展凸显"公共话语空间"的成长 ………………… 104
　　三、媒介化时代民意表达的样态与特征 ………………………… 110
　　四、媒介化时代政党加强政治表达的策略调整 ………………… 115
　　五、中国共产党政治表达的中国气派与中国作风 ……………… 120

第六章　传媒政治中的政党形塑 ………………………………… 122
　　一、媒介化发展与景观政治的突显 ……………………………… 122
　　二、"政党形塑"：媒介化时代政党研究的一个重要维度 …… 125
　　三、媒介化发展对政党形塑带来的影响与挑战 ………………… 127
　　四、媒介化时代中政党形象的调整与转向 ……………………… 134

第七章　西方政党运用新媒体的现状及启示 …………………… 141
　　一、媒介化时代西方政党的现代性征候 ………………………… 141
　　二、西方政党的理论创新及应用 ………………………………… 146
　　三、媒介化时代西方政党的现代性纠错 ………………………… 157
　　四、对中国执政党的借鉴及启示 ………………………………… 160

第八章　中国执政党的"适应性"变革与转型 ………………… 163
　　一、网络发展进一步促进社会的转型与发展 …………………… 163

二、社会功能转型的一种视角分析……………………………… 164
三、中国执政党的结构功能特点及状况…………………………… 166
四、中国执政党的适应性变迁与调整 ……………………………… 167
五、社会发展与政党自身变革的内在逻辑及前瞻………………… 176

参考文献………………………………………………………………… 180
后记……………………………………………………………………… 202

导 言

　　人类社会从第一次的语言使用、第二次的文字创造,到第三次的印刷术发明、第四次的电报、电话、广播、电视的发明及应用,再到当前第五次的计算机与现代信息网络技术的结合与应用。可以说人类社会的传播交流方式从最早的语言与文字,到后来的纸张与印刷,再到当前的电视电话与网络媒介,一直不停地进步着。尤其是到了互联网数字时代,随着各种新媒体的崛起,人类社会的传播交流渠道与方式发生了革命性的变革,各种新媒介对人们的工作方式、生活方式,甚至思维方式产生了深刻的影响。媒介作为现代社会的重要表征和结构功能要素,与现代人的工作、生活与休闲产生了密切的关联。媒介技术逐渐实现了与人的现代性高度互动。因为媒介与现代技术实现了联姻,并通过各种声音、图像与文字为人们提供了多元性选择与多元性解读和了解,并对人们产生了潜移默化的深刻影响。由于现代信息的传播是一种高速的多媒体传播与交流的系统,它能在全球甚至更大的范围内传输图文声像并茂的多媒体信息。这种多媒体信息越来越呈现出"大影像"文化传播变迁的趋势。这种"大影像"媒介传播技术对现代人工作、生活和娱乐休闲方式的高度介入,必将影响甚至取代传统权力的一些功能。尤其是信息资源无疑会成为现代性权力结构的核心要素;传统意义上的以资源、地位、金钱等明显的物质化特征为核心的传统权力结构为了能够更好地适应现代社会发展也必将得以改变和调整。社会各个群体、各个层次与组织和团体的自下而上的呼吁、批判、抗争甚至冲击的频率必然随着媒介技术的发展与信息的高度开放而大大增加，世界各地的政治、文化必然会表现出一些新的发展趋势与特点。

媒介全球化，超越时空限制是当今社会发展的必然趋势。在这一时代，各个国家、地区与民族的文化和传播内容将突破地方性知识的约束，走向世界，并在全球范围内接受检验与评价。媒介随着信息技术的日益复杂化，已经摆脱了传统意义上承担简单的劝服、宣传与教育的政治功能，相反媒介的发展使政治事务更加社会化与世俗化；国内事务超越了区域性影响变得更加国际化、普遍化。无论是政治、经济，还是文化上的发展几乎都需要借助于媒介才能够顺利实现。从某种角度上来看，媒介技术的发展对政治、经济与文化的权力形态产生了一些异化，使其有可能受某些新型媒介的影响越来越大，产生新的权力结构与体系。在这个时代，人们真正可以利用网络技术来控制政治、经济权力的过度侵入，并且利用网络媒介实体化的倾向，影响政治、经济、社会与文化。

由于各种新媒体在信息全球化中扮演着一个至关重要的角色。世界各个国家中的一些政党与组织，都已经认识到大众媒体的重要性，衡量成败和力量强弱的将是获取和运用通过大众传媒得到的知识和其他资源的能力。各国政党都将媒介看作是政党和政党之间增强经济、政治和社会实力的必不可少的工具，开始有意识地利用大众媒体，加强各种议程设置，使其更好地服务于政党与民众。尤其是一些西方发达国家中的政党，充分利用信息技术优势进一步扩大自己的新闻信息控制权，无限制地"跨国界"展示与宣传自己；而信息技术力量薄弱的一些政党很难让世界听到自己的声音，在世界政党交往中处于弱势地位。

世界管理思想大师彼德·德鲁克在《21世纪的管理挑战》一书中提出，人类社会正经历着一场信息革命。这场革命并不是仅仅表现在机器设备、软件或速度上的一场物化革命，更重要的是一场"概念"或"观念"上的革命。这场革命随着媒介的应用、新闻传播变革与视觉文化的到来已演变为"媒介化社会"的"新交往革命"。在这场"新交往革命"浪潮冲击下，各种新媒介技术方兴未艾、各类媒体高度融合、各层面的官媒自媒交织博弈，这些都对当前整个新闻传播体系，特别是意识形态的传播提出了极为严峻的挑战。接触媒介和使用媒介成为政党、个人与各种社会群体社会交往的重要方式。而在这其间，由现代科技直接推动的影像符号环境的构造，尤其值得我们关注。电子时代终于使影像的生产拥有了传统机器大工业生产的规模。影像产品的产量如此之大，影像产品的类别如此丰盛，以至于人们时时在与影像共同生活。这是一种带给人类前所未有生活方式的显现和生活经验的累积；对大众传播及其传播信息的控制越来越成为政党之间意识形态竞争的焦点，以信息全球化和传播全球化为战略口号的一些西方政党，将进一步通过信息网络技术对发展中国家和政党进行渗透和控制，尤其是信息和文化方面的渗透。即时通讯、维基百科、微博等社交媒体，无疑成了重新建构、积聚与整合个人影响他人的权力的有效工具。在网络时代社会大众参与政治越来越便利，参与性也越来越强烈，这无疑加强了政党与社会和民众之间的互动。传统的由政治团体或市民团体层层书面呼吁组织参加集会方式正在被放弃，取而代之的是，互不认识、没有任何政治组织形态的"同志式"的推特传播组织形式。但社交媒体在其特有的权力空间内，对民众上街中起到的情绪串联、群体协商、网络鼓动、政治发起等助推甚至源起作用是不容小觑的。

特别是Web 2.0时代Facebook、Twitter技术的应用对政党政治的运作产生了很大的影响。例如2008年美国民主党派与各党派对决进行总统大选的时候，民主党派的奥巴马团队在竞选过程中，成功利用了Facebook、Twitter等社交媒体推动选举，使奥巴马成功竞选，他因此也被称为第一位"互联网总统"或"Web 2.0总统"。在2010年美国中期选举，高达22%的美国成年人使用社交媒体参与并影响中期选举。在2011年初所发生的"阿拉伯之春"的骚乱中，很多参与者就是社交媒体的用户，他们用互联网新技术相互鼓动、号召、联络、沟通和协调运动，使这场政治运动轰动一时，对这些国家的政治产生了深远的影响。2011年夏季，西方发达国家的民众纷纷在伦敦、巴黎、柏林、费城和旧金山等进行了示威游行大运动，其中Facebook、Twitter 等社交媒体在组织活动与联系各团体与组织方面起了很大的作用。再如,2012 年 6 月 22 日晚,日本发生"包围首相官邸"的行动,大约 4.5 万名参与者基本上是通过推特进行组织起来的。利用推特加强信息传播力、活动号召力和政治运作力,对本国的政治议程施加影响。通过这些社交媒体发动政治运动对当代政党政治发展无疑会产生了重大影响。政党内部的等级化、秩序化、中心化等特征受到根本的动摇,政党的权威影响与合法性也受到社会大众力量的实质性怀疑与指责,政党原有的、自上而下的治理权力受到了削弱、再配置甚至异化。从社会层面看,民众与机器、群体与国家、信息与权力、数字流与世界政治等诸多关系之间构成了一些对抗或共谋,出现了新的博弈空间,政治、经济、科学、文化、商业、军事随着信息进行反复的交汇与转移,形成更广维度中的新权力结构。政党在高度媒介化时代的纲领、理念、结构及其治理策略无疑要发生重大调整与变革,政党政治出现的一些新情况、新特点与新趋势,无疑也引起国内外学界的高度重视,学界开始尝试从政党生存的环境、政党自身的结构、政党与媒介和民众等诸多复杂多变的关系中展开了研究。

随着新媒体对政治、文化和社会影响越来越深刻,媒介与政党关系也逐渐成为西方学界关注的一个重要维度。国外学界通常把政党与媒介关系放在社会大变动的纵深宏大开阔的视野之中理解与研究。其研究主要分为两大阶段:第一阶段(20 世纪 60 年代—90 年代)充分利用电视提升政党治理能力与各项制度的创新(S. 亨廷顿、A. 兰内、N. 波斯特曼、R. 哈特和 N. 加布勒等学者为代表);第二阶段(20 世纪 90 年代至今)加强新媒体与政党创新关系研究(克里斯托弗·皮尔森、理查德·K. 斯克尔、约翰·基恩和尼古拉·尼葛洛庞帝等学者为代表)。比较有代表性的理论研究模式与观点是:一是哈切登的"五种理论"模式。哈切登认为所有媒介受到执政党的控制,政党应利用媒介加强其观点和政策传播,同时利用媒介加强社会动员,并以支持国家社会发展进步(1981);二是赫伯特·阿特修尔的批判模式。该模式提出媒介同样适用于政党与社会民众和组织的双向交流，以及政党自身变革（1984；1989）；三是罗伯特·毕加德的综合模式。毕加德在综合上述理论模式的基础上提出一个带综合性质的模式，旨在推进政党利用新闻媒介进行社会发展，提升社会责任意识（1985）；四是贝克的媒介化风险模式。随着新媒体发展，社会存在媒介化风险与危机，政党要善于利用新媒体提升执政能力，化解执政风险与危机（1986）；五是约翰·基恩的民主参与模式。政党要适应大众传播时代的参与式民主发展要求，创新民主参与模式（1999）；六是安东尼·唐斯的政党组织结构创新模式。新媒体时代要变政党组织等级金字塔模式，建设扁平结构，以更好地促进水平沟通（2006）。

从上述来看，西方学界对政党与媒介的研究主要从以下几个方面得以体现：一是从传媒与政治的关系演进角度阐明政党与媒体关系的历史由来及其发展，关注媒体对政党政治的影响及政党自身适应性变化；二是西方学界研究发现新媒体发展可能削弱政党功能，政党如何加强创新适应新媒体发展是亟待解决的问题；三是政党实施应对新媒体的影响和控制策略，及时化解消除其对政党的负面影响；四是国外学界侧重于探讨政党与媒体一般性的关联文献较多，对于如何利用新媒体推进政党系统性建设论述较少。

国内学界的研究主要集中在政党如何充分利用媒体技术优势，探索新思路、新方法以加强创新。其中比较具有代表性的观点：一是媒介化时代党的舆论引导机制创新研究，重视媒介发展与舆论的变化（范银红 2010；任贤良 2011；葛娅娜、张衍前 2005；魏伟 2011）；二是从政治流通的视角分析媒介与政党的关系，提出政党与媒体共处与互动机制研究（孙朝晖，谢仁成 2005；王长江 2009）；三是加强网络党建工作创新模式研究（王守光、孙朝晖 2005；邓国峰 2006；马晶 2008；顾育豹 2009；朱林婷 2011）；四是利用现代传媒创新党内民主机制，推动党内生活民主化发展（王瑜 2005；齐先朴 2007）；五是加强传媒时代党的干部媒介素养培育，提升领导艺术和领导水平（骆正林 2009；袁军、王宇、陈柏君 2000；张丹、李安 2010）。六是利用大众传媒提升党的执政能力（龙潭 2009；李安 2010；童兵 2011）。

上述研究主要特色：一是学界主要从互联网、手机网络、信息网络及电子党务等方面涉及党建研究,直接以媒介与党的建设为题的研究成果较少;二是学界敏锐地感觉到新媒体时代必将使党的建设面临新的变化,研究新媒体与党的建设关系已是势所必然;三是从学术界到实践工作者,关于新媒体对于党的建设工作的影响和推动已经达成普遍共识。上述研究为本书的研究提供了重要的文献资料和理论支撑,本书在写作过程中在以下几个方面进行了拓展和深化:一是将媒介与党的执政能力建设结合起来进行系统性与综合性研究,改变目前零散型研究状况;二是媒介化时代党的执政能力研究,既是一个理论性很强的课题,也是一个实践性很强的课题,需要加强理论与实践的协同与平衡研究;三是推动执政党通过议程设置实现舆论宣传与舆论导向的融合与引导,以提升党的执政能力。

党的执政能力建设是党的一项根本建设。十八大报告提出全面提高党的建设科学化水平,把建设创新型的马克思主义执政党放在突出地位。十八届三中全会强调,紧紧围绕提高科学执政、民主执政、依法执政水平深化党的建设制度改革。随着新媒体对党的结构、功能、机制以及执政与治理的影响越来越大,我党如何针对媒介化时代特征加强执政能力建设,必将引起广大理论工作者的广泛关注。在媒介化时代以我党如何创新执政、如何创新执政为切入点来研究党的执政能力建设,将会开启一个新的理论研究视野,并有助于提高党的建设科学化水平。

从现实层面分析新媒体对党自身结构、执政方式以及执政环境产生的各种影响,加强这方面的实证研究,提出合理化实用性对策,有助于化解党面临的媒介化风险与危机,提升党的议程设置能力,促进党的凝聚力、引导力、公信力及执政合法性的提升,全面提升党的建设科学化水平。政党的建设不仅要从历史发展与全球化时代定位,更要从信息化尤其是媒介化时代给予定位;积极探讨媒介化背景下党的建设面临的突出问题以及如何定位,探讨新媒体与党自身发展的内在关联,以及党在新媒体下建设的路径依赖和路径选择。

首先,从执政理念、组织模式、治理手段、执政方式和形象塑造等方面建构媒介化时代党的执政能力建设理论框架;其次,选取党与新媒体互动的一些代表性案例进行实证研究，分析党在应对新媒体的过程中为何创新执政、如何创新执政，同时以实证和案例验证完善理论分析框架。媒介化时代党的执政环境面临一些新的机遇与挑战。媒介化时代政治发展表现出威权政治去魅化、政治空间透明化、权力运行弥散化和个体政治能力增殖化等特性，这必将对党的执政能力建设产生全方位的影响。这为党善于学习、运用和借鉴各种现代管理方法和手段提高执政能力提供了诸多机遇，使党的执政内容、执政手段与方式等更加丰富多样，同时使党的组织运作方式、党的表达功能、舆情引导方式等也面临全新的挑战。

本书研究的主题是紧紧围绕党的十八大报告提出的全面提高党的建设科学化水平，把建设创新型的马克思主义执政党放在突出地位，纳入马克思主义的新闻传播学理论视域中来阐述在媒介化时代如何加强创新型政党的执政能力建设。

从本书的结构安排及其框架体系来看，按照媒介化时代政党如何适应媒介发展的要求，进行系统归纳、分析、解释、说明进而得出结论，为考察政党的适应性建设提供一个具有较强解释力的整体结构与分析框架。指出政党的执政环境发生了深刻变化，要主动适应媒介化时代如何创新各种制度与治理机制，如何加强对执政方式、治理模式、组织结构与运作机制、舆情导向机制等的创新。

本书的研究方法主要采用结构功能主义研究方法，从政党的结构—功能的理论视角，分析传统媒体时代与新媒体时代党的结构功能的差异，为政党政治研究提供了新的框架，尝试开辟一条从部分与整体、结构与功能的相互关系上进行政治分析的新途径以丰富政党政治研究的内容。首先，根据新媒体发展以及与政党的内在关联，运用相关传播理论、风险治理等理论，提出切实创新策略；其次，把媒介化时代党的执政能力建设与传统媒体时代相比较，凸显党的发展要与时俱进。从物质技术层面，加快党的信息化、电子化的发展；从制度层面，推进党的民主化、法制化建设；从文化价值层面，彰显党的自由、民主、平等和公正，以改革创新精神全面推进党的建设新的伟大工程。

本书的主要内容分为八章。第一章：媒介化时代与政党政治发展。网络技术的发展进一步促进了大众媒介场域的转变，使世界政党的治理方式、理念与纲领策略几乎都因媒介化而发生很多改变，可以说一个"治理媒介化"的时代已经到来。任何一个政党都无法忽视新媒介在执政行为中所发挥的重要作用。政党与媒体之间的关系发生了很大变化，传统意义上的政党与媒体关系定位需要重新审视。政党与国家、社会之间的关系逐渐转向政党与国家、社会和媒体关系方面发展。"媒介化"与政党的政治生态密切地联系在一起；媒体政治的功能已经延伸到政党政治的范畴中，政党需要加强"新闻执政"与"媒介执政"。

第二章：媒介化时代的"全民围观"现象。"关注就是力量，围观改变中国"。诸多舆情、焦点和痛点事件，经过人们的网络围观，夹杂着各式各样的观点、看法和意见等，在当前的社会中掀起了一轮又一轮的舆论风潮。任何地区性、局部性或偶然性的问题，都可能变成全民"围观"的公共话题，"围观"的背后彰显出一系列的深层社会问题。在前网络时代，公民围观受到交通、通讯、媒体覆盖等方面的限制，速度与规模都上不去。在网络时代，一次次网络围观构成了一幅别样的政治景观，让人过足了眼瘾。可以说网络时代是民权舒展的时代，更是民意伸张的时代。我们党一定要珍惜网络民意，把民意纳入制度化建设之中，让民意得以畅通表达和圆满解决，促进社会和谐发展。

第三章：媒介风险与政党执政的策略调整。随着互联网技术的发展，尤其是 Web2.0、Web3.0 时代中"Twitter"、"Youtube"等"网络媒介"和以手机为代表的"随身媒介"与"自媒体"的蓬勃发展，当代社会逐渐成为一个"媒介化社会"甚至是"过度媒介化（hypermediation）社会"。媒介化风险社会已经来临，人人都是媒介影响下的"媒介人"，人的思维方式、自我意识和行动方式都带上了媒介化的烙印。尤其是网络群体极化的发展是媒介化时代的一种新型危机。这种网络群体极化具有集群的"蝴蝶效应"、集群的"超地域性"、集群的"众声喧哗"、集群的"群体偏好"、集体无意识、集群中的"网络哄客"行为和参与"显性化"等明显特征。这种风险性危机会对社会秩序造成稳定危机，对政党组织运作造成管理危机，对执政舆情造成引导危机，对执政合法性造成认同危机。由于在媒介化时代中民众政治参与的广度和深度都在拓展，作为执政党，必须及时调整策略，创新社会治理模式，创新治理思维，发挥主导功能，加强网络舆情引导，实施适度的社会控制，促进多元理性交流，增强共同互信。只有这样才能保持社会的和谐稳定。

第四章：媒介化时代执政党话语能力建设。媒介化时代的话语发展新趋势需要政党加强话语能力建设，在媒介化时代，大众话语表达与传统相比较主要体现以下几个特征：一是话语表达主体的多元性与异质性；二是民间话语表达的场域与路径的转向；三是大众话语表达呈现"去中心化"与"群体偏好"特征。尤其是网络舆论作为后现代社会中民众情绪的一种真实、广泛的表达与流露，对中国的政治讨论和决策的影响力正在持续增加。中国政党"新话语"体系主要从以下几个方面建构：一是实现"一元主导"与"多元辅补"。一方面是始终牢牢确立马克思主义作为中国特色社会主义话语权的主导地位；另一方面要承认话语在中国现实社会中的多元存在，同时马克思主义主流话语要吸取多元话语的精华，发挥其对主流话语的辅助补充作用；二是积极营造与完善公共话语场，提升话语的公共性效应，并确保社会主义核心价值观要成为真正引领我国舆论的核心和主流；三是实现"官方话语"与"民间话语"的有序互动；四是掌握话语主导权，积极引领网络话语；五是实现话语与合法性的融通；六是倡导以人为本，建构和谐社会。进一步促进中国梦、和谐社会与价值共识逐渐成为当今的话语主流，坚持以政党话语推进现代多元共存与共进的社会和谐话语发展。

第五章：媒介化时代中执政党政治表达的调整。在媒介化时代中随着新媒体的开放性、自主性和超越时空性促进了新意见阶层的崛起、民意表达路径的转型，以及民意表达的多元、差异、互动以及群体偏好等一下子汇聚在一起，网络民意表达不仅占据了很多中国政党传统政治表达的资源与空间，甚至改变其政治表达的结构与功能，而且呈现出许多独特样态与特征。媒介化时代中的新闻、舆情与网络话语已经成为现代社会公众展示自己表达权的最重要方式与渠道，这既给中国执政党的政治表达带来一定的机遇，同时也增加了诸多的风险与挑战。执政党的表达范式也应随着新媒体的发展进行调整与创新。中国执政党在调整与改进传统政治表达的同时，要积极拓展政治表达的路径与渠道，更要提升视觉表达与形象表达等富有特色的政治表达，并加强对网络舆论管理与引导以增强有效的治理，巩固执政的合法性基础。

第六章：传媒政治中的政党形塑。媒介化进一步促进了当代景观社会的发展，景观形象在人们日常生活中的作用越来越明显。任何政党与组织都十分清醒地认知景观社会中形塑的重要性与意义。网络空间的传媒很可能成为"形象政治"的最佳传递者和塑造者，人类社会也将逐渐步入一个"形象主导"的时代。但是在网络空间中，政党的形象发展同样遭遇到前所未有的一些危机与挑战。面对危机与挑战，政党必须加强从威权和神秘转向亲民与务实；从单纯的依靠意识形态转向适应新媒体；坚持以民心为坐标，提升政党形象；注意提升党的形象评估与修复能力。特别是要在意识形态、执政理念以及价值诉求等方面进一步拓展和完善，积极开辟多种路径，以提升政党形象。

第七章：西方政党运用新媒体的现状及启示。信息化时代中人类社会的组织形态也随之发生了革命性的变革。这种组织形态的变革对政党政治的发展造成了很大影响。传统政党的政治功能、阶级观、价值观以及合法性的依据，已经无法适应新媒体时代飞速发展变化的客观要求，传统政党生存与发展的境域面临很大的风险与危机，显示出一些现代性症候，政党的政治功能、政治行为与政治过程都表现出与新媒体的时代难于融合的症状。这些症状主要表现为：一是"阶级政党"模式的衰落；二是意识形态的模糊性；三是传统"左"与"右"区分的衰落；四是传统意义上的西方政党发展模式选择陷入困境；五是政党传统政治沟通功能的退化等等。西方发达国家中的主要政党为迅速适应这个时代的发展，根据时代的现实状况提出一些现代性纠错方案，作为规避风险与解决危机的一些尝试与探索。首先是加强理论创新，西方政党纷纷提出了"网络党"理论、"媒体党"理论、"新闻执政"理论和"政党软实力"理论；其次在实践操作中：一是倡导中性政治；二是反对结构性权力；三是倡导基层民主；四是积极应对新媒体。

第八章：中国执政党的"适应性"变革与转型。中国执政党在社会转型与变迁的现实境遇中，为更好地适应媒介化时代的发展要求，逐渐实现了自身结构功能的适应性变革与调整；在治理有效性中逐渐增进合法性功能，使政党结构—功能的现代性得以转换与提升，以实现自身良性建设、国家功能健全、公民权利进步和社会和谐发展。

本书提出的主要观点：媒介化时代政党在组织层面坚持由垂直转向扁平化；在治理层面，由动员型、效能型转向适应型与民主型；在执政层面由控制型转向引导型与协商型；在形象塑造层面，由威权型转向亲民型、公共型与媒介型。要正确处理好政党、媒体和民众三者之间的关系，促进党自身结构、机制、功能和执政方式不断科学化、规范化和现代化。注意发展与丰富党的媒体战略理论与思想：一是加强党的媒介执政的理念与党的媒体战略策划；二是处理好党的领导、执政理念与媒体战略思想的关系；三是通过科学的方法制订媒体策划，同时加强媒体战略策划的反馈和调整。为建立和完善媒介化时代中党的建设"创新系统工程"，提供一个全新的理论诠释与视角。

第一章　媒介化时代与政党政治发展

随着"媒体资讯革命"发展与变迁，以广播、电视与书报等传统媒体为标志的"第一媒体时代"①正在向以网络、移动电视、手机、触屏媒体、数字电影、数字杂志和数字广播等为标志的"第二媒体时代"②转变。在"第一媒体时代"向"第二媒体时代"转变的过程中，媒介化场域的发展与影响逐渐超越了大众媒介场域。在这种转变进程中，世界政党的治理方式和理念几乎都要通过媒介呈现、传播、表达甚至放大，其治理行为与媒介化紧密联系在一起。一个"治理媒介化"的时代在向世人宣告其到来。任何一个政党都无法忽视新媒介在执政行为中所发挥的重要作用。如何适应时代发展要求，探索媒介执政的途径和方式，提升党的媒介执政能力，这不仅要求"全党要增强紧迫感和责任感，牢牢把握加强党的执政能力建设、先进性和纯洁

---

① 第一媒体时代，是以报刊书籍（纸质媒体）和广播电视媒体为主导的时代，这个时代有中心化传播方式，即通过有限制作向众多消费者传播，这种传播模式造就了制作者的权威地位和消费者的受众地位。第一媒体时代的特点就是少数的媒体制作者将信息传送给众多的消费者，这是一点对多点的播放型传播模式（broadcast model of communication）。

② 第二媒体时代，是指以信息高速公路及卫星技术与电视、电脑、电话等传播模式为主导的时代，这个时代集制作者、销售者和消费者于一体，是对"交往传播关系的一种全新构造"。其中"制作者、销售者、消费者"的界限不再分明，产生了"双向、去中心化的交流"。相比于播放模式的"第一媒体时代"，第二媒体时代的本质特征就是双向沟通和去中心化，因特网新媒体打破了第一媒体时代以少对多的交流方式，使多人对多人的交流成为可能。

性建设这条主线"①。更"要求我们以改革创新精神全面推进党的建设新的伟大工程,全面提高党的建设科学化水平"②。

一、一个凸显"治理媒介化"的时代降临

当前我国社会发展正处于改革和发展的关键时期,不仅经济体制深刻变革,社会结构深刻变动,利益格局深刻调整,而且文化、思想观念也发生着深刻变化。由于互联网的发展,尤其是媒介技术的介入,使社会舆论、观点和意见表达的多元、复杂、多变。其背后涉及各群体、各阶层的一系列事件因网络而风生水起、跌宕起伏,这些都预示着治理媒介化时代的到来。所谓治理媒介化,主要是指新媒体③的迅速崛起,不仅丰富了政党治理的形式与内容,同时也改变着政党治理的结构、方式与手段。新媒体是指以数字技术、网络技术、信息技术为基础,以有别于传统的传播方式实现传播的新型媒体。新媒体的到来不仅是一次传播方式的革命,更是对人们平时习惯认知的政治与民主的巨大冲击。可以说"新媒体打破了传统媒体单一线性的传播模式,充分借助碎片化、偶发性的非线性排列组织形式,建构起内容信息随机触发式的网状——链式传播新系统"④。媒体构成发生了很大变化。电视、因特网快速普及,视觉符号逐渐取代语言符号成为占

---

① 胡锦涛:《坚定不移沿着中国特色社会主义道路前进 为全面建成小康社会而奋斗》,人民出版社2012年版,第49—50页。
② 胡锦涛:《坚定不移沿着中国特色社会主义道路前进 为全面建成小康社会而奋斗》,人民出版社2012年版,第49页。
③ 新媒体主要是指由技术的发展和传播方式发生的迁徙延伸出的一个媒体新品种,并融合了创意的时代特征。因为当今商业世界的生存法则已经发生了变化,从工业经济时代的规模决定一切,到信息革命时代的技术万能,现在社会已经进入了创意的时代。之所以称其为新媒体,是因为它们突破了单向的传播维度,根据不同客户需求、不同读者兴趣、不同终端界面展开细分化的服务,并重视数据库的建设与利用。
④ 杨状振:《新媒体传播路径下的人文精神及其核心价值》,《重庆社会科学》2009年第2期。

统治地位的文化符号，大众把握世界的方式方法也发生了根本转折：由依赖亲身经历和语言向依赖视觉、影像、形象等转变。传统媒体除了特别重大事件，很少会对某一事件进行长期的追踪，而新媒体由于其特殊的传播方式，"将相关内容聚合在同一个议程之下，对内容和其影响力形成了多维度凝结、多层次提升与多次性并置，从而也达到了媒介议程设置前所未有的穿透性传播效果"①。因而它能够使信息及时准确地传播到世界的各个角落，同时深刻地影响着人们的思维方式、行为方式以及生活方式等。最重要的是新媒体的飞速发展改变了党的执政环境，给政党如何在新媒体环境下更科学有效地执政带来了影响与挑战。

对此，美国学者尼葛洛庞帝做过这样的解释："每个信息包都是一个独立的个体，它们可以经由不同的传输路径，从一个地方传到另外一个地方，不受外界环境的干扰。政客们没有办法去控制这个网络，让它按照自己的意愿来设定程序。讯息的传送路径不是唯一的，既可以由这条路传达出去，又可以走另外一条路传送出去。"② 在媒介化时代中，政治表达与沟通方式将会更直接、简便，不再仅仅依靠媒介的新闻报道，互联网在大众传播媒介中前所未有地提供了无论是"一对一"还是"一对多"的传受双方直接进行信息沟通的方式。在互联网出现以前，只有少量传播媒介如书信、电话等可以提供这样的直接性。"随着互联网的普及，它为双方提供了一个平等交流的平台，公众可以自由在上面发表自己的政治主张与见解，政治人物可以及时地给予反馈。通过这个便利的平台，政府与公众的意见可以直观地表达出来，并在第一时间呈现给对方知悉，实现信息的实时交互功能。"③ 如果说媒介已来到双向交流的3.0和4.0时代，那么政党执政同样进入了3.0、4.0时代，从会议指示、宣传栏通知、高音喇叭和报纸刊物的宣讲，变成了新闻发布、网络留言的互动和鼠标轻点。

---

① 杨状振：《新媒体传播路径下的人文精神及其核心价值》，《重庆社会科学》2009年第2期。
② 龚小平：《论网络技术的政治价值》，《学术界》2011年第7期。
③ 周秘银：《网络时代新媒体对政治的影响》，《人民论坛》2013年第5期。

面对社会转型、体制转轨、思想转变，无论是解说政策、疏导情绪，还是沟通思想、促成共识，都需要政党通过各种媒体尤其是新媒体来主动设置议题，求同存异、凝聚力量、推动工作。也正是从这个角度，我们党始终强调媒体是治国理政的重要资源和手段，党的各级组织与领导干部必须提高跟媒体打交道的能力，不能把社会发生的各种舆情看作是"敌情"；相反，媒体是社会的预警器和温度计，它对热点事件、焦点事件和敏感问题保持深刻的关注。舆情出现的时候，可能在眼前会让一些地方一时难堪，但对于我们准确全面地体察民情、民意和民生，保持头脑清醒，做到心中警钟长鸣，大有益处。从长远来说，对维护人民群众的根本利益，改善民生，推动社会进步利莫大焉；因此要切实做到善待、善用、善管各种媒体。学会在善用媒体中提高社会治理能力，已成为党和政府的执政新课题。我党要积极探索适应新媒体时代发展需要的执政能力建设，是摆在党面前的一项重要课题。

二、"媒介化"与执政生态的变迁

（一）媒介发展与媒体政治功能的延伸。长期以来，人们对传播媒介最终对公众舆论乃至社会政治生活到底会产生哪些影响以及多大影响一直存在广泛争执；过去人们那种认为通过各种媒介渠道传播出去的相关信息被人们在另一端完全地吸收的"皮下注射"理论，在媒介化时代显然不能很好地解释现实问题。可以说"随着现代性的变革和新传媒时代的到来，人们的交往方式也发生了革命性的变革。以皮下注射论、'把关人'的控制理论和'沉默的螺旋'等理论构成的经典传播文论遭到了解构"[①]。

---

① 赵宬斐：《西方政党发展路径及现代性变革》，中央文献出版社2013年版，第219页。

在前信息化时代，由于媒体被统治阶层或利益集团掌控或垄断，新闻的传播形式限于单向的由上到下的"一对多"传播；一般民众并不能独立自主地选择和传授信息，也无法得知信息的真实与虚假。相应的，即便有质疑的声音，大众媒体也难以有效地替民众向统治阶层或利益集团传达其意愿与呼声，这样的政治传播格局并不利于构建民主与自由的氛围。在那个时代，一般向民众传递信息主要是通过电台、广播、报纸杂志和电视等传统媒体的方式；由于受报纸篇幅以及电视节目编排、播出时间等的限制，不可能将其所有的信息传递给民众。因此，政党和政治家是在间接地向选民传递自己的信息。

在媒介化时代中，大众传媒不仅对社会舆情、民意与民情以及对人们的基本观念和思想产生越来越大的影响，而且对人们的政治生活同样产生着重大影响。几乎所有的政治知识、政治理念和政治信息都需要经过传媒进行输送与传播甚至加工、处理与整合；大众传播的新闻在很大程度上决定着人们在一定时期要讨论哪些问题或去关注些什么。大众传媒为人们提供了多样化的政治信息通道。民众不受时空限制自主地获取各方面政治信息；不仅可以通过网络从政府获得信息，同时也可以利用网络向各级党委与政府传达相关利益诉求。由于网络不受篇幅及播出时间的限制，任何人都可以通过网站、电子杂志等刊登所有相关信息，一些没有经过剪辑的信息就有了直接被人们获得的可能。这样网络所提供的信息，就起到了对报纸和电视传递不完整的信息进行补充传递的作用。这就是网络为什么经常被描述为"省略中间环节"的原因。

大众传媒是人们政治参与和政治沟通的重要渠道，越来越承担了政治日益社会化的重要工具。一方面，媒体是大众在自身或某种利益的驱动之下参与政治、表达自己政治主张的一个重要渠道，它可以迅速地把社会问题、社会情绪与心理行为等传递到政治领域；另一方面，它把政治立场、政治目的传向社会，同时在不同的政治立场、观点和信息之间进行横向传递，使不同的观点与看法得以进行比较和争论。

大众传媒还承担着政治社会化的功能。有的西方学者将大众传媒看作是除去家庭、学校、社会组织之外人们学习政治知识、培养政治人格的"第四种重要的社会化力量",这种看法具有一定的道理。因为,通过大众传媒向大众提供的大量信息,并推其进行价值观念输导,试图使其养成相应的行为习惯和行为方式;另一方面,社会大众也可以对大众传媒提供的各种政治信息,进行真伪甄别,选择认为有价值的政治信息,并在此过程中通过各种网络平台与载体进行交流、沟通,促进自身的媒介素养、政治参与能力的提升和自我判别能力的提升。

随着以数字杂志、数字广播、手机短信、移动电视、网络、桌面视窗、数字电视、数字电影和触摸媒体等为代表的一些新媒体的发展,人们的政治参与和表达的机会和渠道更加多样。人们可以通过各种虚拟网络平台发表自己的见解和观点,不受时空限制地相互自由交流意见。大众传媒还为民众政治参与拓展了新途径。无论是网页还是电子杂志,都提供了政治信息的双向交流通道。在这些网络交流方式中,网民更多的是采取博客形式发表自己的意见,在网络上以公开的方式出现,后面浏览的人会在这个意见的基础上进一步发表看法,这样就形成了讨论,最终还可能形成一种舆论思潮。这一点上,博客起到了形成舆论平台的作用。

在现实生活中,作为社会个体的个人都有自己唯一的法律身份,人们在社会上的所作所为都将与自己的身份挂钩。由于网络空间允许匿名的存在,一个人可以隐瞒身份,或者拥有多个不同身份,这保护了个人隐私并保障了个人话语权与表达权,但对个人的自我责任意识和自我约束提出了更高的要求,在表达过程中,不能超越一些道德与法律的底线。

大众传媒同样也为监督政治行为提供了有效工具。虽然网络是技术的产物,并不具有一种实际的物质力量,没有权力对他人发号施令或制订相关政策,但是,因为网络并不能为权贵资本、统治权力和技术精英所完全控制;大众可以通过网络进行各种参与活动,从而能够获取一种无形的、道义上的社会大众权力,这一点任何政党与政府都无法忽视。社会大众反过来可以充分利用网络对政党、政党的各级组织和党魁人物进行有效的监督和制约。

由于媒体的影响力越来越大,媒体与政党之间的关系也更加密切。现代媒体为所有政党提供了一个崭新的"竞争平台"。在这个新的"竞争平台"上,政党的各级组织与党魁、干部可以借用各种新媒体技术直接面对基层和广大选民,不再像过去那样严重依赖群众与党员、干部之间的单一的政治动员、政治沟通和政治宣传;政党也开始注重利用新媒体技术塑造良好的政治形象来扩大本党在选民中的影响力。这样,现代媒体政治的发展也日益导致政党对政治推销和包装技术的重视。可以说"网络社会的发展,正悄无声息地深刻改变着人类的政治生活,使得以研究和揭示人类政治关系、政治形式、政治活动以及发展规律的政治学和人类的民主政治实践活动受到前所未有的挑战。网络社会所展现的空间政治学意蕴,需要我们重新思考人类未来的政治生活"①。

(二)政党与媒体之间的关系定位。在前信息化时代,政党与国家、社会之间的定位一般比较明确。政党通过选举获取公共权力上台执政,把国家和社会联系在一起。有学者指出:"从政党的角度来看,在与国家关系层面,政党对国家实施有效运作和控制;与社会关系层面,政党对社会的表现为有效动员、整合与治理,使社会在新的发展条件下,依然能够聚合在党的周围,同时政党必须寻求社会的认同和支持。"② 随着网络技术的发展,世界一些主流政党都开始注意到这项新技术对政党政治发展起到的重要作用。因此人们不再把参加政党作为获得信息的渠道,而往往直接借助于媒体技术,完善政党的一些机构与功能。例如改善政党内部的科层制机构,以及改变政党的政治输出、宣传以及社会化等功能,促进其更加民主和灵活,以适应社会发展需求。媒体对政党的党纲、价值理念的宣传和支持,对政党领导人风格和形象的包装、介绍与宣传,对政党政治的发展和走向都起到

---

① 赵宬斐:《西方政党发展路径及现代性变革》,中央文献出版社2013年版,第219页。
② 赵宬斐:《"国家—社会"结构中政党的定位及责任意识》,《江西师范大学学报:哲学社会科学版》2012年第4期。

了举足轻重的导向作用。因此,如何应对大众传播媒介已成为现代政党必须面对的课题之一。鉴于不同的国家,国情和党情都不尽相同,政党与大众传媒之间的关系模式也必然表现出不同形式。

无疑各种新兴媒体的发展对政党政治发展产生了诸多的影响:首先是政党信息霸权被打破。科技革命使现代信息通讯技术迅速发展,媒体在政治生活中所起的作用显著增强,媒体使人们获取信息的速度得以提高,途径更加多样,参与政治的方式和方法也日趋简便。人们甚至可以绕过政党,直接依靠新媒体技术,进行相关的利益诉求与政治表达,去影响公共权力,影响社会和政党的政治活动;其次是对政党的传统政治功能造成一定的削弱。媒介技术不仅打破了特定社会阶层对政治信息的垄断,而且打破了国界对信息扩散的限制,在许多方面不仅取代了过去由政党来体现的某些功能而且增添了一些新的功能。政党的一些传统政治功能,如宣传功能、教育功能等,在媒体的冲击下几乎丧失殆尽;许多政党几乎已经沦为以选举为工作重心,平时松散、选战时忙碌的选举机器与工具,朝着选举"俱乐部"方向发展,工具理性的色彩日趋浓厚,而价值理性逐渐削弱。如德国的社民党,在组织上有结构严密、层次较多的特点,过去在动员党员和选民方面存在巨大优势,现在也因决策程序长、信息传递速度慢而变成了劣势。这些都使传统的通过政党来参与政治的模式显得不合时宜。此外,代表各种利益的非政府组织大量出现,也在很大程度上挤压了政党的一些功能。媒体轰炸下的政党的一些纲领与政策表现出娱乐化、空洞化与低级趣味化等特征,这对政党今后如何更好地生存发展带来很大挑战。

上述发展情况进一步表明,在媒介化时代中政党要摆正与媒体之间的关系。政党内部的党魁与党员与媒体之间不仅是相互尊重的平等关系,是引导与被引导的关系,同时还是监督与被监督的关系。媒体不能利用自己的发表权优势压制他人的表达权,领导干部也不能利用人民赋予自己的公共权力资源凌驾于对方之上。政党要重视媒体、善待媒体、接受媒体、引导媒体,发挥媒体在政党治理中的积极作用,要尊重媒体报道的独立性和公正性,不以公共权力干预媒体的客观、公正的报道。而媒体作为社会之公器，要切实承担社会责任，促进新闻信息真实、准确、全面与透明。政党与媒体之间的引导与被引导的关系，主要由各级干部以身作则体现出来。因为领导干部在经济、政治、文化、信息管理中是非常重要的，责任也非常重大，它对社会风气，对舆论引导具有引领作用，领导干部要主动发布权威消息，消除一些网络谣言与不实信息，以公正、务实、民主的形象引导民众。在媒介化时代，还要高度重视媒体的监督功能。不能把媒体看成是我们的对手，更不是我们的敌人；从客观上讲，加强媒体对党的各级干部的监督是对党的干部的一种提醒、关怀和爱护；任何级别的党政干部都应当自觉接受媒体及舆论的监督，这对领导干部来说是一种胸襟气度，是一种政治修养，是一种执政素质，也是基本的文明素养。对待媒体，既不能盛气凌人、粗暴相向，也不能躲避拒绝，要以开放的心态与媒介打交道。在与媒体打交道的过程中阐释我们的主张，消除有关的疑虑，回应相关的质询。媒体与党的各级干部、党员观察事物的角度、工作手段、方法不同，但都是为了构建社会主义和谐社会，都是为人民服务，志向相同、目标一致。

政党要正确处理和调适与媒体之间的关系，要充分利用媒体技术完善纲领和政策，使政党的纲领以其能够按照传媒规律获得最佳方式传播，并为广大民众所认知与接收。同时，政党还要清醒地认清现代媒体实际上已经成为政党的最大竞争对手；因为现代媒体在和政党争夺受众（成员），争夺对社会主流舆论的主导权。在这种情况下，一些政党如果不能与时俱进调整一些策略，其党派意识以及意识形态都可能遭受进一步弱化。为了应对现代媒体发展需要，政党要充分利用传媒技术以改进各方面工作，尤其是要重视利用传媒规律修饰和包装政党的政策纲领，使政党的形象和宣传语言都要遵循媒体运作的规律。例如，英国工党上台执政后，非常注意加强政策包装，并对政策性新闻进行精心组织和协调，根据政治需要完善党的纲领与政策。因为在新媒体时代，阶层多元化、社会分散化、生活个性化，人们生活目标、观念和价值取向千差万别，在这种情况下，政党必须扩大活动范围，加强不断的政治交流，以赢得它所代表的社会群体的支持与认同，显然媒体发达迎合了现代政党的这种要求。

在媒介化时代，无论是党魁还是一般党员干部，都要加强对新媒技术应用的学习，有意识地不断加强和改进与媒体打交道的艺术。面对新兴的公民表达利益的媒介，党的各级干部应努力适应社会化媒体发展的趋势，深入研究新兴媒体的特点和影响规律，善于正确认识与应用新兴媒体，提升与民众沟通和交流的能力。在思想观念方面，摒弃过去"代替"型的"人民当家作主"的想法，转变为"领导和支持"型的"人民当家作主"，从"要我公开"到"我要公开"，切实使人民的民主权利得到尊重和保障，最终使媒介技术的发展真正成为推动中国民主政治发展进程的加速器。党的各级干部需要掌握与媒体沟通的技巧。面对媒体时，既要谦虚、谨慎，又要注意理智的问答，掌握新闻语言的特点，对事件的表述要准确、严谨，多用事实和数据说话，发出正确和权威的信息；同时要注意多用生动、形象的语言来表达，增强说服力和感染力，提高舆论引导的效果。

党的各级干部还需要注意媒体形象的建构。由于网络通讯技术的快速发展，现代的政治家不仅可以很容易频频地出现在本国的观众面前，而且也能够随意在世界人民的面前"登台亮相"，可以说一个政治家"在镜头中的表现不能打动观众几乎就不能当选"。所以，政党及政党中的活跃分子，有意识地不断加强和改进与媒体打交道的艺术，提升自己的形象，以具备良好媒体形象影响政党的支持率。现代选举政治似乎越来越呈现出这样一条规律：那就是谁在媒体面前表现得漂亮，谁就能赢得选民的选票。由于媒体的宣传作用，西方一些政党采取了一些策略调整，主动放弃了传统的靠广大党员和基层组织来传递理念的方式，转而更多地依赖政党党魁驾驭媒体的能力感染受众和引导他们，尤其是重视选择善于同媒体打交道的人作为政党领袖，然后通过媒体精心设计领袖形象来传递政党的政治意识和政治理念，进行政治宣传，赢得民众政治认同，赢取大众的政治支持。

政党还要高度重视媒体在选举中的作用。随着信息时代的到来，以网络媒体为代表的信息媒体不仅继承了传统媒体对选举政治的作用与影响，而且凭借自身的技术优势，在一定程度上改变着选举活动的方式、进程和趋势。因为"互联网是以使用者的能动性为前提的,频繁使用网络访问政治相关网站的选民,一般是对政治的关心程度比较高,甚至是具有固定党派态度的人。在这种前提下,网站和博客等可能会产生限定效果或者说强化效果"[①]。网络的发展也导致网络政治参与的形式多样化和便捷性,在一定程度上扭转了之前选民对政党选举关注程度和参与热情下降的趋势,重新激发了选民的参与热情。如果进一步加强网络候选人与选民之间的交流互动,这种双向互动的交流,有可能进一步促进选民参与政党选举的活动。这种发展趋势,一方面增加了互动性与交流;另一方面对于选举信息的公开,选举活动的公正性也得到了保障。

总之,在媒介化时代,政党要把执政看作是一种新闻事件。无论什么事件如果通过媒体持续不停地传播与表达,就必然会影响着民众的价值判断与倾向以及政党本身的治理动机与行为。所以,在媒介化时代中政党执政本身就是一个新闻事件。因为在政党的执政过程中,政党的价值理念与纲领政策的调整、执政行为的效果以及民众对政党执政的认同与评价等都会通过媒体得以充分反映;甚至是政党的发展历史、组织架构、结构功能、意识形态、政党的重要人物介绍、候选人介绍、政党新闻、政党选举信息等都离不开媒体的运作及发挥。

三、媒介执政的内涵

(一)从"新闻执政"到"媒介执政"。美国学者兰斯·班尼特在他的经典政治传播学著作《新闻:政治的幻象》中提出一个"新闻执政"概念。所谓"新闻执政"主要是和传统政治传播中的"宣传统治"相比较而言,是一种较新的执政方式与执政行为,主要是运用媒体新闻来执政,即运用媒体新闻来提高政党和政府执政形象、执政公

---

① 周秘银:《网络时代新媒体对政治的影响》,《人民论坛》2013年第5期。

信力和执政的合法性，向广大群众传播执政者的纲领、决策、方针、路线，并督促其得以达到贯彻落实的目的。新闻执政的这种提法主要源于美国白宫，指美国白宫利用媒体向民众发布有关新闻以传输政党与政府的政策，后来逐渐影响和开展到其他国家。世界其他许多国家都高度重视利用媒体进行执政，试图通过新媒体发声而传播执政者意图以影响社会，或通过多元互动来凝智聚力，做到提高执政形象、执政公信力和执政的合法性。可以说新闻执政已成为政党政治运作和治理国家的不可缺少的重要部分。

互联网传播技术飞速发展，媒介场域发生了明显的转换，社交化平台、微博等诸多新型传播平台逐渐成为主流发展趋势。扁平化、裂变式的碎片传播已然形成，以强大的传播力制造出地方性、全国性甚至全球性的舆论焦点和热点事件的成本大大降低。这对世界各国政党和政府来说，其舆论引导与舆情研判的难度系数必将成倍攀升，前网络时代的舆情传统传播的管理方式以及和民众的对话模式逐渐不适应形势发展的需求。我们正处在一个媒介化快速发展的时代。"新闻执政"的理念、内涵与意义也必然随着网络技术的发展进一步完善、优化与提升，这也是摆在执政党面前的一个新课题，显得重要而紧迫。那又该如何创新理念来优化完善"新闻执政"？简单来说，不仅要审时度势地认清世界大局的深刻变动，厘清各类媒介传播的结构与功能的变化；更要重视尊重新闻传播规律，尤其是网络舆论的及时性、开放性、渗透性和互动性，更新观念改变传统意义上的"网络舆情即敌情"的刻板偏见，用行动来制造新闻，用政策来改善形象。各级党委和政府的媒介意识必须亟待提升，尤其是被各种信息和媒介包围的各级党政干部，要养成对突发事件的新闻敏感和价值判断；在媒介场域已经转换的语境下，如果执政者顺应时势，主动提出介入媒介治理、媒体互动，通过改善媒体关系、善用媒介平台的创新方式，无疑能够巩固执政的合法性基础。

（二）媒介执政的内涵与特点。在信息化的社会中，民众了解政治、表达意愿、行使权力变得比以往更加便捷，民主渠道大为拓宽，民众参政的积极性大为提高。对于政党来说，也要与时俱进借助媒介技术，提升执政能力。所谓"媒介执政"就是指政党组织和执政者要充分运用各种新媒体技术提高自身的执政形象与执政能力等，同时向广大民众传播执政者的决策、方针路线和执政精神、执政理念以达到贯彻落实价值目标的执政方式。在当今高度媒介化时代，媒介执政已成为成功的政治和治国的不可缺少的重要部分。各级党政干部要充分认识媒介执政的重要性，尽快提升媒介执政的能力。和传统的执政相比较，媒介执政的内涵主要体现以下几个方面：

一是媒介已经充分介入政党、政府与社会的关系中。媒介不仅已经成为政党、政府与民众沟通和联系的重要渠道，更重要的是政党、政府与民众的多重关系也主要从媒介得以传达、反应和变现。传统意义把媒体看作是"工具论"、"喉舌论"的思维方式急需要改变；不能把网络媒体简单地看成是"对手"、把舆情看作是"敌情"。截至2013年6月底，"我国网民规模达到5.91亿，较2012年底增加2656万人。互联网普及率为44.1%，较2012年底提升2%。网民中使用手机上网的人群占比提升至78.5%"①。从上述统计数据来看，在中国有近6亿的网民浸润于各种现代媒介之中，可以说媒介生活不仅成为人们日常生活中的重要组成部分，而且已经和人们的政治生活、文化生活和精神生活等多种领域重叠在一起。在各种信息和媒介的时代中的各级党政干部要养成对突发事件的新闻敏感性，要善于利用媒介去执政，学会灵活驾驭媒介，学会通过媒介进行沟通、表达和协商，尤其是面对在社会转型、体制转轨和思想转变的时代中的群众，无论是解说政策、疏导情绪，还是疏通思想、了解民意、化解矛盾、促成共识，都需要各级党政干部擅长利用媒体来主动设置议题，做到善待、善用、善管媒体，求同存异，凝聚各方力量，促进社会和谐发展。

二是媒介素养。媒介素养这一概念首先是英国学者富兰克·雷蒙德·李维斯和丹尼斯·托马森在《文化和环境：批判意识的培养》一

---

① 参见中国互联网络信息中心（CNNIC）发布第32次《中国互联网络发展状况统计报告》，http: //news.qq.com/a/20130717/014008.htm。

书中首次提出的一个具有前瞻性的学术概念。所谓媒介素养,就是指人们对于媒介信息的选择、理解、质疑、评估的能力,以及制作和生产媒介信息的能力。对于领导干部来说,媒介素养主要体现在对媒介知识的认知程度以及运用媒介提升执政能力、行政能力和为社会民众服务的能力。"媒介素养"不仅对提升党政干部基本素养具有重要意义;对于提升整个国民的素养来说也是意义重大。因为,媒介素养已经成为一种赋予民众传播能力与表达和参与能力的重要标志。人们可以充分利用传媒加强自身的媒介素养教育,增进对周围世界的了解,增进在参与社会发展过程中完善自我,提升责任心和批判能力;通过对传媒理解,人们会增强对传媒信息及传播方式的判断能力,学会选择,识别良莠,形成拒斥不健康的媒体信息的自觉。只有在大众媒介素养不断提高的基础上,才能做到真正对促进社会进步和提升公民素质发挥媒介应有的和重要的作用。

三是尊重媒体作为"社会公器"。通常来说任何一件事务或事情不仅具有工具性、公共性而且还应当具有一定的价值性才能充当"社会公器"。也有学者指出:"社会公器者,乃一定的经济基础和上层建筑构成的整体、或由于共同利益而互相联系起来的人群、或社团之公共器物也,如公园绿地、消防环保、公共交通和卫生防疫及其管理机构等。"[1] 从上述界定来看,社会公器主要具有两个基本属性:一是工具性;二是公共性;社会公器的价值性、服务性与批判性等功能并没有完全展现出来,需要进一步探讨。把媒体看作是"社会公器",主要是"从新闻媒体所具有的特点来看,符合社会公器应该具有公众性、工具性的特点,因此,从这个意义上来说,新闻媒体就是社会公器"[2]。也有学者认为,新闻媒介是社会公器,是全体公民窥视社会和自然环境的共同管道和从事公共事务讨论的公共论坛。[3] 美国学者

---

[1] 高炜:《社会公器与新闻媒体》,《内蒙古大学学报(人文社会科学版)》2008年第1期。

[2] 黄基秉,向妍:《新闻媒体与社会公器辨析》,《成都大学学报》2009年第2期。

[3] 高炜:《社会公器与新闻媒体》,《内蒙古大学学报(人文社会科学版)》2008年第1期。

拉斯韦尔在《传播在社会中的结构与功能》一文中，主要从新闻媒介的监督功能方面论述其担当社会公器的作用。他认为："自然与社会环境是不断变化的，只有及时了解、把握并适应内外环境的变化，人类社会才能保证自己的生存和发展。在这个意义上，新闻媒介的信息传播对社会起着一种'瞭望哨'的作用。"① 从上述相关论述来看，媒体担当社会公器主要是指媒体不仅能够为社会提供公共信息交流平台，使社会各阶层各群体都能够在此进行平等、自由交流沟通，表达意见，最终达到观点和利益的整合，以促进社会秩序的稳定；同时媒体传达的意见基本属于能够为"主流群体"所认可接受的意见和舆论；媒体还承担起维护社会的公共秩序与保护社会公共利益，坚持公开性、透明原则，对政党、政府与社会还承担监督、批判与约束的功能。很显然，媒体不仅仅具有工具性、公众性、沟通性、监督性、批判性与价值理性功能。"公众享有知情权、表达权、监督权等权利，决定新闻媒体必须提供事实真相，搭建沟通平台，以及监督政府与社会。为此，我国颁布了信息公开条例。在实施信息公开的过程中，新闻媒体承担着特殊的责任。"② 尤其是在网络媒体时代中，由于民众了解政治、表达意愿、行使权力变得比以往更加便捷和强烈；同时民众政治参与和表达的渠道与方式也日益多样化，媒体更需要承担好社会公器的作用。对于信息，需要经过筛选，以保证真实客观，绝不能采用炒作、抹黑的手段。无论新闻怎么发展，还是有个最基本的标准，对受众有益，对社会负责。

能否正确和善于与媒体打交道，已经成为关系到世界各国政党与政府执政成败的一个重要测量指标。作为各级党政干部，不仅要正确看待政党、政府与媒体的关系以及媒体的各种权力与权利，而且要端正对媒体的态度与看法。尊重媒体作为"社会公器"不仅是社会组织与公众联系的最重要的桥梁，是传达各级党委和政府方针政策的需要，是民众了解政党与政府工作进程的途径，而且是忠诚而负责地维

---

① 郭庆光：《传播学教程》，中国人民大学出版社1999年版，第114页。
② 黄基秉，向妍：《新闻媒体与社会公器辨析》，《成都大学学报》2009年第2期。

护公众的根本利益，为公众着想，为公众讲话的公器。对于各级党政干部来说，要充分认识媒介执政的重要性，尽快提升媒介执政的能力。在舆情面前，首先做的不该是放大到更大范围进行炒作，而是应该大胆假设，小心求证，在未得出比较明确的论点前，不主张进行揣测性的报道。做到不经求证的新闻不外传、不表达和不议论，对于任何消息与新闻要认真核实，反复调查研究，做到客观公正和真实。掌握着话语权的时候，切切不可无语、失语、甚至乱语，只有始终做到负责任地谨言慎行、求真务实、公开透明，才能对得起公众的信赖，无负社会重托。

四是要善用网络媒体。随着各种网络媒体的快速发展，新媒体作为新兴媒体、新生事物，值得各级党政干部学习的内容很多、要做的事情也很多。正确面对媒体和有效引导舆论，必须加强对网络知识，特别是如何应对新媒体等方面的业务学习，并带头使用新媒体，努力成为新媒体推广应用的行家里手，并努力在媒介化场域中展示自身良好形象，在此过程中提升执政能力、领导水平和工作能力和媒介形象。各级党政干部还要善待媒体，对待媒体是什么态度，其实就是对待公众什么态度，这是执政水平和执政理念的一个具体体现和检验。中央领导早已强调媒体是治国理政的重要资源和手段，各级领导干部必须提高跟媒体打交道的能力，切实做到善待、善用、善管媒体，要学会沟通，学会协商，面对社会转型、体制转轨、思想转变，无论是解说政策、疏导情绪，还是疏通思想、促成共识，都需要媒体来主动设置议题、求同存异、凝聚力量、推动工作。

五是要充分认知网络媒体的聚合与放大效应。在网络媒体时代，各种新媒体的聚合效应与传播效应，从根本上会改变整个媒体的产业链。例如，作为新媒体的微博平台不仅可以成为聚合各种各样数字内容的平台，同时也成为一个分销、传播、发行各种各样的数字内容的平台，这对传统媒体带来巨大冲击。因为网络媒体的聚合效应，甚至瞬间就能产生"龙卷风"或"蝴蝶效应"现象，对当今政党执政的政治生态也产生重大影响。多元化的舆论平台让公众的知情权和表达权不断放大，民众的公民意识、权利意识、参与意识不断提高，公共舆论、公众诉求在政治决策中发挥的作用越来越重要；各级党政干部必须对网络舆论的聚合与放大效应做到充分认知、把握和应对，要充分认识媒体与自身的责任与义务，自觉提高自身的媒介公关意识及应对能力。

四、媒介场域转换中要高度重视政党的媒介执政能力

随着新技术革命的发展和深入，人们正在进入一个被许多人称为"信息社会"与"媒介化"的新型社会。在这个新型社会中，由于现代传媒技术的高度发展，对执政党的要求必然会越来越高，要求政党具有更强的吸引和引导公众的能力。由于双向沟通和去中心化发展趋势越来越明显，每一个公民既是受众，也可能是传者，现代社会的每一个个体成员都是媒介公民。人们的生活场域因为新媒体的到来发生诸多的改变。针对新媒体到来形成的媒介化场域，布尔迪厄在《关于电视》（1996年）一书中与他的合作者 Alain Accardo，PatrickChampagne，R6miLenoir，DominiqueMarchetti 及 LouisPinto 在电视场、新闻场等概念基础上发展了"媒介场域"的新概念。布尔迪厄利用场域理论来分析社会问题，大大拓展学界研究社会发展的思路。布尔迪厄认为："一个场就是一个有结构的社会空间，一个实力场有统治者和被统治者，有在此空间起作用的恒定、持久的不平等的关系，同时也是一个为改变或保存这一实力场而进行斗争的战场。"① 很显然，媒介场域呈现着社会系统中的政治、经济、文化等错综复杂的因素和关系，尤其对现实政治结构、权力结构产生重大影响。传统意义上信息垂直线性结构模式、信息生产权和传播权的垄断地位逐渐被打破。每

---

① ［法］皮埃尔·布尔迪厄：《关于电视》，许钧译，沈阳：辽宁教育出版社2000年版，第46页。

个人都有机会制作、分享新内容，具有自己的原创性和独创性，受众有较大的选择权和自主权，并可分享信息控制权，打破了传统新闻业的新闻垄断，突破了传统新闻场域的信息垄断和资讯控制。可以说民众"拥有许多以前没有的选择和发表的虚拟自由"①。其次，媒介场域的到来也宣告"全民监督"的时代的来临。因为新媒体将"信息平台"和"意见市场"融为一体，从而构建了一种新的公共的社会功能，更能有效地发挥监督功能。媒介场域展现出的是先进网络技术与丰富信息资源进行完美结合的传播载体，并成为公众与执政党和政府之间进行信息沟通的重要桥梁和纽带；再者，互联网传播技术飞速发展使媒介场域发生了明显的转换，社交化平台、微博等诸多新型传播平台渐入主流，扁平化、裂变式的碎片传播已然形成，以强大的传播力制造出全国性舆论热点事件的成本已经大大降低。这也意味着舆论引导与舆情研判的难度系数成倍攀升，可以说以前对待传统传播的管理方式、与民众的对话模式皆不再适用。随着微博的崛起和迅速扩张，使得公民了解政治、表达意愿、行使权力变得比以往更加便捷，民主渠道大为拓宽，民众参政的积极性大为提高。"或许在所有传播权中最基本的是能被他人听到的权利……信息传播技术能放大我们的声音，比以往更容易让人听见。"②并且，这种表达的权力实际上是难以控制的。不仅让政府（政治人物）与公众之间的信息沟通更加通畅，而且可以更好地及时解决某些现实问题。

传统媒体的场域已转向媒介化场域，对干部的媒介素养与媒介执政能力提出了新要求。面对这种状况，政府在决策、沟通、处置乃至公共治理等方面将面临新的考验和思路。执政党必须转变观念，实现从传统领导向"数字领导"的转变，从传统宣传方式向媒介宣传方式转变。过去那种"我打你通"、"我指示你执行"的思想政治教育方法，以及简单地用"堵"、"盖"、"封"等利用和控制传媒的老思维在互联网高度发达的今天，已难以奏效，甚至适得其反。

---

① 陈力丹：《试析因特网上的自由与民主》，《现代传播》1999年第1期。
② 李晓红：《新媒体：民主政治发展的双刃剑》，《湖北社会科学》2012年第9期。

媒介化时代党的执政能力研究
meijiehuashidaidangdezhizhengnengliyanjiu

在这个信息爆炸的时代中,公民获得了更多的话语权,公民意识更加提升,公民参与民主政治的渠道更加拓宽,无疑会大力推动中国特色社会主义民主政治的发展进程。西方政治学把这种因信息通信技术的发展而促进了民主的现象,叫作"媒介民主",媒体也被人们称为"第四种权力"[①]。媒介一方面为政党沟通民意提供了很好的渠道,但另一方面媒介的高度发展,使得公民不再把参加政党作为获得信息的主要渠道,民众对于政党的独立性增强。民主政治是参与政治。政党要重视媒介化发展造成民众政治参与的这一现象。执政党"不是该不该对其进行控制,而是如何根据传媒自身固有的规律进行控制"[②]。英国工党领袖布莱尔强调"不变革的政党将会死亡"[③]。任何一位政治上有头脑、有创新思维能力的党政干部,应该及时跟上时代步伐,积极去学习现代信息技术,如学会网上调研、开设博客、与网民在线聊天、召开网络会议等本领,时刻关注社情民意,为民主决策、科学决策提供依据,不断更新执政理念,改善党的执政方式和提高执政本领。面对新兴的公民表达利益的媒介,执政党应努力适应媒体社会,深入研究新兴媒体的特点和影响规律,善于正确领导新兴媒体,加强对公众的沟通和引导,由过去"代替"型的"人民当家作主",转变为"领导和支持"型的"人民当家作主",从"要我公开"到"我要公开",切实使人民的民主权利得到尊重和保障,最终使媒介时代中的问政真正成为推动中国民主政治发展进程的加速器。

在新时期,执政党能不能在遵循社会发展规律和新闻传播规律的前提下有效使用和正确驾驭大众传媒,是衡量其执政能力高低优劣的

---

① 第四种权力是指除了行政、立法、司法三大权力之外的"第四权力"。第四种权力,是1974年美国联邦最高法官 P. 斯特瓦特在演讲中提出的。他根据新闻媒介在现代社会的重要作用,从法学的角度提出了"第四权力理论"。他认为,宪法所以保障新闻自由,其目的就是保障一个有组织的新闻媒体,使其能够成为政府三权之外的第四权力,以监督政府,防止政府滥用权力,发挥制度性功能。"第四权力"所表达的内涵是:新闻传播媒体总体上构成了与立法、行政、司法并立的一种社会力量,对这三种政治权力起制衡作用。

② 王长江:《中国政治文明视野下的党的执政能力建设》,上海人民出版社2005年版,第203页。

③ [英]托尼·布莱尔:《新英国:我对一个年轻国家的展望》,曹振寰等译,世界知识出版社1998年版,第59页。

重要标示。党政干部应首先立足大时代、大局势中审时度势，厘清各类媒介传播的结构变化，充分认识媒体与自身的责任与义务，进行角色定位，自觉提高媒介认知和运用能力。如何善待、善用、善管媒体，利用新媒体发声而传播执政者意图以影响社会，或通过多元互动来凝智聚力，切实提升"新闻执政力"，是摆在我们面前亟待破解的一个重要课题。

第二章 媒介化时代的"全民围观"现象

近年来,一再被网络"狂飙"、"爆料"的一些中国网事可谓变幻莫测,令人眼花缭乱、目不暇接。进行网络围观的助推力与人群也越来越强、越来越多,甚至有人认为"关注就是力量,围观改变中国"。诸多舆情、焦点和痛点事件,经过人们的网络围观,夹杂着各式各样的观点、看法和意见等,掀起了一轮又一轮的舆论风潮。一次次网络围观构成了一幅别样的政治景观,让人过足了眼瘾。可以说网络时代是民权舒展的时代,更是民意伸张的时代。我们党一定要珍惜网络民意,把民意纳入制度化建设之中,让民意得以畅通表达和圆满解决,促进社会和谐发展。

一、一种"围观"的政治样态呈现

近期,被网民围观的比较具有代表性的事件有李天一事件(2013)、陕西安监局局长杨达才"微笑门"事件(2012)以及江苏溧阳市卫生局长谢志强"微博直播门"事件(2012)。稍早点的代表性事件还有广西钦州市烟草局局长韩峰的"日记门"事件(2010)、南京市江宁区房产局局长周久耕的"天价烟"事件(2009)。这些事件迅速成为网络围观中的轰动新闻,并反复被人们津津乐道。2011年初，新华社发表《新载体不断涌现，"全民围观"时代到来》一文认为：从 2010 年起，网络文化进入"全民围观"时代。① 随着互联网的深入发展，网络围观必将成为一个普遍现象，这种围观实质是对现实生活的一种反应与折射。有的学者提出："围观者在网络空间对被围观者进行话语批判，有时围观者的行为会延伸至现实世界，从而对被围观者产生直接影响。"② 近年来社会现实中的一些强拆、打假、维权、反腐以及其他一些焦点事件都是通过网络围观被关注和解决。

网民进行网络围观的特别之处，就在于将虚拟网络的无限参与和围观的现场真实感有效地结合起来；在这个时代中，人人手里都可以握着"麦克风"，人人都能够成为新闻发布者，通过悄无声息的点击、长短不一的跟帖、嬉笑怒骂的表情，三言两句或者是万千字符，不断交错、堆积，构筑起庞杂繁复、自由平等的言论表达与传播空间。网络围观效应进一步表明了现实社会中威权政治去魅化、政治空间透明化、权力运行弥散化的现象越来越明显，大众渴望借助于网络技术进行扩权与增权。一次次网络围观构成了一幅幅别样的政治景观，让人过足了眼瘾。这种政治景观让人们视觉得以充分享受之外，甚至连味觉、嗅觉、触觉、听觉、感情、思想、好奇心得以充分享受。

这个时代似乎一切都越来越视觉化乃至被视觉替代了，人们甚至可以直接将思想从行动中剥离出来，将直接的经验就地转换为景观、图像和符号组成的耀眼景象，现实生活中的政治事件、人物等主要通过消费、图像、外观以及风格界定自身，而这些主要取决于外部的景观世界。这种现象的本质在于"反映在景观中的社会分离与现代国家密不可分。这种社会分离作为社会分工的产物不但是阶级统治的主要手段，而且也是全部社会分裂的集中表达"③；这恰恰表明"景观不是影像的聚积，而是以影像为中介的人们之间的社会关系"④。由此我们可以理解今日世界不仅存在五花八门、无处不在、无孔不入的广

---

① 吴生华：《"围观时代"的新闻价值判断》，《新闻实践》2011 年第 5 期。
② 静恩英：《网络围观的界定及特征分析》，《网络传播》2011 年第 8 期。
③ [法]居伊·德波：《景观社会》，王昭凤译，南京大学出版社 2006 年版，第 8 页。
④ [法]居伊·德波：《景观社会》，王昭凤译，南京大学出版社 2006 年版，第 3 页。

告，也理解人们为何乐意围观了。围观形成了一个又一个公共事件，掀起了一轮又一轮的舆论风潮。在这个过程中，人们也尝试通过围观揭露一些贪腐的事实，揭开了一些事件的内幕，给不少人讨回了公道。千万人你一言我一语的零碎话，突显出"全民性"、"自发性"、"及时性"特点，在政府信息公开程度还远远不够满足民意诉求的情况下，通过公众的广泛自主性的参与，加大对官员的监督力度意义显得尤为迫切。

二、"湘潭神女"与"口罩实名制"等事件的围观效应

（一）"湘潭神女"围观事件。2012年4月，网络爆料出一件"震惊"社会的事件。湖南湘潭市，一位名叫王某年仅22岁刚参加工作不久的女孩，就被相关部门任命为岳塘区发展改革局副局长。当时，这是一件颇为"神奇"的事情：参加工作仅仅一年半多、不满21周岁、非党员的女孩王某，拟提拔为湘潭市岳塘区发展改革局副局长。这个事件一发生，就立即因为民众的网络围观，并引发诸多质疑。人们质疑其年龄、工作经历、学历以及组织部门选拔任命程序等等，认为这些环节中存在令人困惑与神奇的地方。天下人都知道，现在要当公务员是须参加国考的，那么，"湘潭神女"又是如何跻身公务员队伍的呢？因为这些诸多让人费解的一些地方，王某也因此获得了"湘潭神女"的称号。例如，有关她于2010年9月参加工作加入公务员队伍，立刻就有人查询了2010年和2011年的《湘潭市考试录用公务员录用人员公告》，发现这两份公告里并无王某的名字，且亦未发现岳塘区发展改革局的相关招录信息。随着该事件曝光和不断发酵，引发越来越多的人围观，有关王某的背景信息渐渐浮出水面：其父亲是湖南省发改委重大项目办公室主任王某某，她的海外留学经历也是弄虚作假的。人们在进行网络围观的时候，并进一步引发对干部

选拔机制的思考,干部选拔机制能否做到公开、透明与公正,能否满足以及如何、怎样来满足当今网络时代中民众对知情权、参与权和监督权的强烈诉求等等。

所幸的是"湘潭神女"的造神计划,被曝光仅仅10多天就迅速破灭。21岁的王某,这个差点被任命为岳塘区发改局副局长的留洋辍学生,将包括她父亲在内的一大批官员拉下马。在此事件中,网络围观再次扮演了推动吏治的催化剂。有关部门从介入调查至问责处理一气呵成,全无拖泥带水或捂盖子,很好地回应了民众的监督。不过,当这起事件尘埃落定趋于风平浪静的时候,公众心中的一个谜团依然未解——"湘潭神女"究竟是怎样炼成的?"湘潭神女"将是一个与众不同的标本,在这起违规任用提拔的丑闻中,没有金钱交易,取而代之的是项目交换,落马者至今仍在辩解,说这样做"也是为了岳塘的发展",这些仍然值得人们反复玩味和深入思考。

(二)"口罩实名制"带来的围观。2013年5月24日,网上爆出一则令人啼笑皆非的消息:昆明下辖的安宁市工商局下发一份名为《关于加强对各类口罩销售监管工作的通知》,要求所有安宁市范围内的口罩经营户自2013年5月21日起,在销售各类口罩时须执行实名制购买登记。但是,该通知发布、执行不到一个礼拜,又马上被安宁市工商局撤销,并为此向广大市民和消费者致歉,同时感谢市民群众、新闻媒体和网民朋友对安宁市工商工作的关心与监督。

1."口罩实名制"事件缘由。安宁市工商局颁布的《关于加强对各类口罩销售监管工作的通知》的主要内容分为三点:一、安宁全市范围内各商场(超市)、百货零售店、药店、精品店等口罩经营户自2013年5月21日起,销售各类口罩的,必须执行实名制购买登记;二、实名制购买登记应详细记载购买者的姓名、身份证号码、购买口罩的类型、数量、购买日期;三、对实名制销售口罩的登记情况,工商部门将适时进行巡查和检查,未按照通知要求执行的,将按照有关规定进行处罚。该通知由昆明市下辖的安宁市工商局下发。一些市民与网友表示对此类匪夷所思的"管控"法十分不解,纷纷猜测,这类举动可能与引发争议的昆明炼油项目有关。因为炼油基地就在安宁,并曾引发部分市民对戴口罩表示反对。

"口罩实名制"一经网上爆料迅即演化成为万人瞩目的轰动性滑稽事件。昆明市工商局立即责成相关部门进行整改，并迅速发布如下通知：一、安宁市工商局撤销原下发的《关于加强对各类口罩销售监管工作的通知》。全市各级工商部门要认真开展对照检查，如有类似情况的，要立即纠正。二、对广告、宣传材料及相关物资的印制业务要求实名登记的，要及时整改。全市各级工商部门要立即进行自查自纠，依法开展市场监督管理工作，绝不允许发生影响经营者正常经营和消费者正常消费的行为。对从事不文明、不健康、不利于社会和谐稳定或不利于经济社会发展等内容的印刷品和广告的印制行为，要依法加强监督管理。三、近期部分媒体和网络转载报道"昆明禁售白衬衫、白T恤"的消息，经查，我局和下辖各级工商部门在市场监督管理工作中，从未作出类似规定。全市各级工商部门要高度重视，澄清事实，发现编造谎言、造谣滋事的人，及时向公安机关报告，依法惩处。

2. 后续的相关新闻。上述有关通知除了"购买口罩需要实名制，登记身份证号，集体购买的不允许销售外"的有关规定外，有的网友爆料一些打字复印店同样采取了实名制。曾经有南方都市报记者就此事专门作过调查，昆明市主城区多家复印店在消费者需要打字复印时的确要登记。例如，昆明市区一家专业图文服务企业的分店经营者告诉南方都市记者，是否需要登记要看具体资料，PX的就需要登记，需出示身份证。被问及是哪个部门的要求，上述工作人员表示不知情，声称"都是领导交代下来的"。

根据云南工商咨询网公布的消息，2013年5月25日，呈贡区斗南工商分局通报辖区开展印刷企业清查专项行动，就包括"开展地毯式检查，按分局网格化管理要求摸清辖区广告企业、印刷企业底数，并逐一上门核实，造册登记，建立健全台账。重点检查广告、印刷企业的广告发布行为，要求从事印刷业务经营户建立实名制"。稍早在2013年5月20日，昆明市工商分局召开该局干部职工会议，传达上级"迎南博、保稳定"会议精神，并在此基础上加强"创新手段"，其中一项手段即"组织辖区内从事广告、印刷、打字复印、口罩、文化衫销售等经营者签署200多份保证书……保证不参与印刷、制作、发布、销售与炼油项目、'南博会'有关的、有负面影响的任何形式的广告、宣传材料及相关物资；保证即日起到6月30日，对所承接业务做到实名登记"。昆明市的这种"实名制"做法其实并不是"创新"。几年前在发达的广东地区就有"菜刀实名制"的先例。为维护社会秩序，保障公共安全，确保广州亚运会和亚残运会安全顺利举办，广州市公安局就起草了《广州市人民政府关于加强刀具安全管理的通告（征求意见稿）》（2010年8月）。其中最引起关注的内容是：菜刀、大型水果刀在亚运期间将实施实名制购买、定点销售制度。据了解，上海世博会期间的安保工作也曾要求买菜刀实名登记，并强调清除"高危人员"。2011年，广东深圳在为迎接第26届世界大学生运动会时，深圳警方就启动了所谓的"治安高危人员"排查清理的百日行动。警方对什么是"高危人员"还做过专门解释：无正当理由长期滞留深圳、行踪可疑、对深圳社会治安和人民群众生命财产安全构成现实威胁的人员。同时针对农民工群体还作出禁止"群体讨薪"，并设立了拖欠农民工工资的"严肃处理期"。

昆明市沿袭其他地区几年前老套的做法，其背后主要还是涉及"炼油项目"，这才是实质所在。在昆明要上马的"PX"项目，从2004年开始酝酿，2006年开始开展可行性研究，2012年7月获得国家环保部的批准，但在此过程中，当地居民几乎不能从官方渠道获得任何相关信息。在处理这个事件时，当地政府似乎陷入了一种误区与偏见之中，那就是一开始就认为民众必然会反对这个项目，因为有大连、厦门和宁波等"PX"事件的前车之鉴，因此，似乎不愿意把这一项目的真实情况如实清楚地告知民众。2013年5月4日1点30分，陆续有居民聚集在昆明市中心百货大楼广场，他们手持"反对PX"、"我要绿色"等字样的纸张，有的衣服上书写类似标语，有的戴口罩表达诉求。在当天下午3点，广场聚集了约数千人，经有关部门做工作，至五点左右人们渐渐散去。如果民众真的能够原原本本彻底明白该项目的一切情况，政府又能够放下身段及时与民众理性慎重地沟通交流，群体性事件并非不可避免。

2013年还有一则全民围观事件堪称典型，那就是李天一事件①。通常来看，任何一个公共性事件就算是经过深度的关注发酵，也要遭遇吸引力逐渐衰减的过程，但李天一事件却鲜明地呈现出一个反面的标本。从2011年9月李天一打人事件到2013年2月李天一等涉嫌轮奸案事件，直至2013年11月底总算才有正式的收场。这场从微博出发的热点事件，历经数月依旧吸引力不衰，与它相关的每一起细微新闻，几乎都能招致围观者在网络之上的迅速聚集与"痛扁"。李天一事件持续发酵不仅成为国内民众最为关注的话题，也引起了外媒的注意，美国、法国、印度、日本等多国媒体对此事进行了报道，李天一一跃成了"国际名人"。例如，美国《惠芬顿邮报》、葡萄牙《公众报》、法国国际广播电台等多家媒体都以《将军之子涉嫌轮奸》作出了相关报道，大多数都刊登在了亚洲版面的醒目位置。此外，美国《惠芬顿邮报》更是直接将此事贴上了"丑闻"的标签。

三、围观带来的问题思考

如今随着信息网络和媒体技术的发展，人类的交往互动方式发生了革命性变革。人们不仅能够根据自己的需要自由、主动搜寻、衡量或者制造信息，而且人们的交往自主性、独立性与随意性、即时性与共时性更加明显。尤其是网络带来的围观现象，也很可能形成网络集群效应，其非规范性、随意性与非理性，可能打破政治秩序，导致社会不稳定。马克思曾指出："蒸汽、电力和自动纺机甚至是比巴尔贝

---

① 2013年2月19日，北京市海淀分局接到一女事主报警称，2月17日晚，其在海淀区一酒吧内与李天一等人喝酒后，被带至一宾馆内轮奸。2013年3月7日，李天一等人因涉嫌轮奸被依法批捕。7月8日，北京市海淀区人民检察院依法对李天一等人涉嫌强奸一案向海淀区人民法院提起公诉。2013年8月28日上午9时30分，李天一等人涉嫌强奸一案在海淀法院第17法庭正式开庭审理。

斯、拉斯拜尔和布朗基诸位公民更危险万分的革命家。"① 马克思的深刻论述，表明信息革命所带来的并不仅仅是技术，而是一场复杂的政治与技术的互动过程，必然深深地改变着现实政治活动的方式与路径。人们常说网络时代也是"全民围观时代"。因为在围观的过程中，人们只是借助于围观的平台，来探究事件背后的一些深层次问题。

（一）"围观"彰显出深层社会问题。经济增长越快，社会分工越发达，利益群体越分化，社会各阶层各群体就可能越会借助传媒表达利益诉求与参与诉求。网民数量仍然将会持续攀升，权利意识不断提高，热点话题层出不穷，我国已经成为世界上少有的超强舆论场。一些焦点、公共性和突发事件如经网上曝光，即可迅速"引爆"全国舆论，把地区性、局部性、偶然性的问题，变成全民"围观"的公共话题与公共焦点，甚至变成需要党和政府"出手"干预的公共事件。因为这些事件涉及官员、权钱、腐败、警察、城管、司法、央企、富人、下岗工人、小商贩、农民工、房价、物价等诸多敏感问题；民众对这些问题的围观，实质上是反应出问题背后的一些社会公正、贫富差别、权力与权利之间的制约和博弈等等中国社会存在的深层次矛盾。这些问题容易在网民中产生强烈共鸣，很容易引发铺天盖地的舆论声浪。在这种形势下，追踪、关注和研究网络舆情，分析年度网络热点事件领域分布，有利于把握社会发展的脉搏和"焦点"、"难点"和"痛点"，找到官民对话和互动的桥梁，找到为社会"活血化瘀"的疗法。

（二）"围观"凸显社会存在"整体假想"症。在当今社会中，围观确实存在过分渲染，甚至刻意歪曲、以讹传讹，不断地聚焦放大事件的现象，以至于导致社会发展过程中存在着"整体假想"症。无论通过网络爆料出什么问题与事件，人们会在第一时间内探究其背后是否存在权力斗争、权钱交易、贪污腐败和权势背景等等，这种猜忌往往带着一种习惯性的意识形态偏见。例如，一些年轻干部得以提拔，人们马上就推测是否存在权力背景，久而久之，社会公众可能会陷入

---

① 《马克思恩格斯全集》第1卷，人民出版社1995年第2版，第774页。

一些思维定势。所谓"好事不出门,坏事传千里",社会公众很容易产生"天下乌鸦一般黑"的思维方式,会下意识地进行"有罪推定"的怪圈之中,染上"整体假想"症。"整体假想"症,实质上是社会存在的一种"纠结心理"或"病态心理",折射出民众对社会公平持久渴望而又得不到满足的公平焦虑症,更重要的是反映出当前我国一些制度上存在着种种缺陷和尚待解决的深层次问题。

如何有效地解决社会存在的一些"整体假想"症?一是加强公权的自我克制。屡屡遭受人们围观的事件再次提醒人们,公权不仅要表现出对法的尊敬,更要清醒地保持自我克制,在实施过程中还要得到有效规制。各级政府部门要出台任何一项与民生息息相关的规定之前,不仅要思考其规定的科学性、有效性,而且要经过严格的科学民主的程序论证,需要民众代表参与沟通给予充分了解与支持,更重要的是不能产生越界的冲动。例如,前面提到的安宁市的口罩实名制事件,虽已得以圆满解决,但如何防止此类可笑事件再次发生,需要各地相关部门严肃认真地从中吸取教训,认清行政权力的有限边界问题,时刻保持对法治的敬畏,进而依法约束权力、谨慎理性地行使权力。二是网络平台表达意志须尊重法律。当民众表达的时候,无论你是如何愤怒、如何想表达,但是一定要坚持法律底线。可以讨论具体问题,但不应该突破法律底线,要做到遵法守法。在互联网上,确实存在一些人并不是批评某些具体的问题,而是罔顾左右而言他,有所思有所指,就是想突破政治、法律和道德的一些底线。这种情况是比较复杂的,有些人怀有某种政治意图,有些人心存怨恨,有些人对社会不满,有些人则可能是发牢骚,缺乏理性。三是防止侵害他人合法权益,破坏社会秩序。互联网应当是一个追求真实、负责任的平台,人们真正所需要的是真实、客观的信息。但现在互联网的传播、转发、分享越来越快,一些信息尤其是不良信息很容易被放大。这种情况下,我们每一个人在互联网上,除原创的信息要负责任外,分享、传播、转发都要负责任。要自觉传播社会主义先进文化,弘扬中华民族美德;应带头遵守法律和道德规范,努力成为法治和道德的倡导者;应积极倡导社会诚信,为社会诚信建设作出贡献;应带头维护公民个人合法权益，自觉抵制一切有损他人名誉和利益的行为。2011年12月7中华人民共和国工业和信息化部第22次部务会议审议通过了《规范互联网信息服务市场秩序若干规定》，自2012年3月15日起施行。该《规定》出台了二十一条，主要是解决互联网发展存在的一些问题。国家互联网信息办部署从2013年5月9日起在全国范围内开展为期两个月的规范互联网新闻信息传播秩序专项行动。目的就是规范互联网新闻传播秩序，为公众提供真实快捷、格调健康、形式多样和内容丰富的新闻信息，营造积极向上的网络舆论生态。2013年8月15日闭幕的中国互联网大会发出倡议，都应坚守"七条底线"：法律法规底线、社会主义制度底线、国家利益底线、公民合法权益底线、社会公共秩序底线、道德风尚底线和信息真实性底线。

（三）从"围观"看舆论的发展走势。当前社会舆论的总体态势热而不乱，保持着积极平稳的状态，主流舆论积极健康向上，为全面推进中国特色社会主义事业、实现中华民族伟大复兴的中国梦营造了良好的舆论氛围。但是，网络舆论中的重大理论问题凸显，争论有所升级，意识形态领域的斗争更加错综复杂，尤其是在网络舆论中，总有些人试图利用微博阵地，实施网上网下互动和国际国内联手，试探新一届中央意识形态底线。他们的粉丝比较多，影响也很大，因而产生的负面影响也较大。此外，当前存在的历史虚无主义泛滥的现象也很严重。一些势力操纵网络舆论，个别意见领袖、媒体记者造谣传谣。一些所谓网络精英通过炒作维权事件和公共事件批判政府，恶意攻击现行制度，指责和抹黑党和政府，甚至煽动公众颠覆党的领导和国家政权，把普通的问题扩大为严重的问题，把社会问题扩大为政治问题的倾向十分明显。这些所显现的态势和倾向性问题值得高度重视和积极应对。一定要坚持既要打击网络谣言，又要防止各地滥用治谣权，又要坚持正面舆论宣传，弘扬主旋律，传播正能量。

今天，我国互联网正以庞大的体积规模和数据流，昂首迈入大数据时代。大数据带来的信息风暴正在改变我们的生活、工作和思维，是人们获得新认知、创造新价值的源泉，还可能改变人们与社会组织之间的关系。从网络围观也能看出网络舆论的一些发展走势。通常舆论的大小、强弱主要是根据舆情发展的规模、持续度、关注度等而定的，舆论通常与舆情紧密结合在一起，如果没有舆情就不会有舆论的跌宕起伏，如果没有舆情舆论就会转化为人们的日常生活之中，甚至为人们所忽略。刘鹏飞等学者在《2012年网络舆情走势和社会舆论格局》一文中引用相关统计指出："我国社交媒体的活跃，大大缩短了突发舆情延续的时间周期。60%的事件持续周期在1周以内，另有约18%的舆情事件延续时间不超过2周。少数出现舆情反弹的重大舆情和热点话题，延续时间超过2周。只有约11%的事件发展曲折（含重大活动），舆情时长超过30天。"①

刘鹏飞等学者在研究2012年发生的舆情回应率时，统计出"当事单位和当事人回应速度有显著提升。1天以内回应的比例超过半数。有超过四分之三的舆情事件，第一次回应都是在2天以内作出"②。（见图）

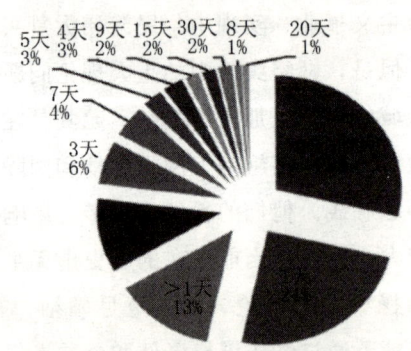

图 2012年热点舆情官方响应时效明显提升（抽样：100件）③

---

①　刘鹏飞、齐思慧、周亚琼：《2012年网络舆情走势和社会舆论格局》，《新闻记者》2013年第1期。

②　刘鹏飞、齐思慧、周亚琼：《2012年网络舆情走势和社会舆论格局》，《新闻记者》2013年第1期。

③　刘鹏飞、齐思慧、周亚琼：《2012年网络舆情走势和社会舆论格局》，《新闻记者》2013年第1期。

这反映了我国政府、组织和企业舆情应对能力的普遍提升；同时，也和大量政务新媒体的开设使用息息相关，相关领域工作人员的新媒体素养也有大幅提升。需要注意的是，通过舆情释放的舆论有助于缓解社会压力，激发社会活力，增强忧患意识，提醒政府善政善治。网民权利意识的提高，热衷于对"身边事"发表看法，有助于搭建信息公开的公共协商渠道，主动沟通，"问计于民"和"问政于民"，才能从根本上化解舆情危机。

在网络围观中，社会舆论格局出现巨大改变，公众注意力高度碎片化，传统媒体丧失速度优势，需要主导围观中的话语权以及积极应对围观中的舆论引导，尤其是增强传统媒体对网络舆论的影响。因为"传统媒体可以通过在社交网络中构造活跃广阔的公共舆论空间，借助于突发事件和热点话题，形成重要的舆论磁场"[①]。

每一次网络围观事件的发生几乎都会引发媒体的持续关注，形成一波又一波的舆论高潮。面对舆情的时候，各级党委和政府要迅速作出回应，除了表态及时，抢占时间先机外，还要高度重视，尽快回应，迅速切割，果断处置，主体明确，具有权威性，尽量缓解舆论压力。尤其是面对网络民意、民情，各级党委政府都应该主动积极采取各种有效措施，规范自身治理行为与施政行为。无论是哪级党委、政府和组织乃至个人，只要违规了、违纪了，被群众举报了，相关部门都必须立即采取措施，做到不遮掩、不护短、不回避，求真务实、公开透明地把事件真相公开，在处理的时候要果断坚决，严格遵守相关法律规定，以赢得民心与支持，提升党的媒介执政的公信力和执行力。

（四）围观中凸显网络反腐。网络技术的发展使社会转型时期出现的问题显得更加突出，一些深层次的社会发展的矛盾和问题，包括近年来一些官员的贪腐或者是不法行为的情况屡屡暴露，使得民众仅仅通过互联网的简单技术手段也能够对他们进行一定的监督。社会上

[①] 刘鹏飞、齐思慧、周亚琼：《2012年网络舆情走势和社会舆论格局》，《新闻记者》2013年第4期。

流传的"不怕控告，就怕登报"之说，就表明了舆论监督的威慑力量，而今通过网络围观进行反腐监督，网民更不会留有情面。无论是拍照、摄像，还是录音、短信和留言或是展开"人肉搜索"，不管是普通人也好，还是官员也罢，都有可能面对被揭出老底的尴尬，尤其是对一些腐败贪污分子，网民往往是进行狠追猛打，绝不手软。

近年来在一些围观的事件中，新兴媒体与传统媒体共同发声、交互发力，形成舆论高潮和监督力量屡屡奏效。通过围观进行网络反腐的方式主要体现以下几个方面：

一是在围观中权力自下而上与自上而下双向监督的效能增强，从而形成上下联动的监督格局。民众可以将腐败分子的丑恶行径公之于众并使高级权力机关及时掌握，使腐败分子无力遮掩规避自身的腐败丑行；二是网络监督匿名隐蔽，利于自我保护。网络监督作为监督领域的一支新锐力量，有着许多与传统监督相同的特性，但由于网络自身还具有匿名性、自由性、开放性、互动性等特点，有利于对监督者的保护。所以网络监督中，会涌现出越来越多的志愿者、义务工、正义者等推动网络反腐；三是围观中个体监督的崛起。由于"自媒体"①快速发展，人人都可以拥有麦克风，网络使得个体拥有了召唤大众、广泛传播信息的可能。众多的个体借助人海战术对全社会各领域进行无孔不入的监督；加之充分利用各种网络社区、网络论坛、BBS等为网络监督信息的披露提供了广阔的空间，表现出令人威慑的力量。"表哥"落马事件中，最初个体的愤怒，在一次次的传播和扩散中，汇集成公众的关注和质疑，而随后有关部门的介入，直至当事人被撤职调查，则标志着网络监督新模式的建立。但是，网络监督主要还是依靠广大网民群体掀起的舆论压力来发挥监督效力的，而以个体身份出现的网友所反应或揭露的某种不合理现象，如果不能引起网民群体

---

① 自媒体是指私人化、平民化、普泛化、自主化的传播者，以现代化、电子化的手段，向不特定的大多数或者特定的单个人传递规范性及非规范性信息的新媒体的总称，是一种为个体提供信息生产、积累、共享、传播内容兼具私密性和公开性的信息传播方式，也叫"个人媒体"。自媒体包括但不限于个人微博、个人日志、个人主页等，其中最有代表性的托管平台是美国的Facebook和Twitter，中国的Qzone、微信和Weibo。

的注意则很难推动该事件的解决；四是大众无奈的监督与"集体焦虑"症。不少网民更愿意在虚拟网络进行监督反腐，主要基于网络来的虚无，具有匿名性，因为现实中他们想发出自己的声音太难了，他们发声的机会几乎没有，只能游走江湖，漫无目的的追寻。这种监督与反腐也反映出广大社会民众内心存在的"集体焦虑"，是社会集体意识的折射，体现了民众对司法公正的焦虑与无助。如果通过网络反腐，首选需要信息的高度对称，至少民众有充分的知情权掌握详细的情况，他们的判断才是有效的，只有把民众的参与力量吸收进去，才能使问题官员不再获得制度内生存的侥幸。只有这样，民众通过网络围观，才能积极进行参政议政，进行舆论监督，推进政府的民主化进程。

但是，网络监督目前还处于初级阶段，自身还存在一定局限性。网络监督信息失真现象严重。网友在进行网络监督时，对自身言论的把关质量参差不齐，甚至令人担忧。发布不良信息，故意夸大事实，歪曲事实真相；有的网友甚至有意用带有强烈的情绪化和煽动性言论干扰着普通民众的判断。有学者在研究网络信息失真的原因时指出："大多数网站对网络信息的真伪都没有具体的监测措施，同时由于没有社会与职业监督的压力，网络环境中把关程序的缺失导致网络信息内容的准确性远低于传统媒体。"[①] 使网络世界中的个体游离于社会规范的约束之外。网络监督过程中的语言伦理失范也比较严重。甚至一些网民打着监督和反腐的旗号，进行诽谤谩骂。网络监督中的语言伦理失范，将会威胁到公众的安全感。"当人成为群体中的一员时，就会意识到人数赋予它的力量，这足以让他生出杀人掠劫的念头，并且会立即屈服于这种诱惑。"[②] 实质上这就是一种网络语言暴力。"语言暴力是指在人际关系中一方用带有攻击性或侮辱性的不文明语言伤

---

① Kaye B. K, Johnson T. J, *Cruising is believing Comparing Internet and traditional sources on media credibility measures* [J]. Journalism and Communication Quarterly, 1998, 2: 175.

② [法] 古斯塔夫·勒庞：《乌合之众——大众心理研究》，冯克利译，中央编译出版社2004年版，第335页。

害另一方的现象。"① 例如，网络监督的许多网络词语，如"扒皮"行动、"网络追杀令"、"死亡博客"等，同样令人胆战心惊。从网友言语表达方式的层面来看，语言暴力同样会对当事人的身心造成巨大伤害。

早在2009年，就有一份关于网络反腐的调查。提出公众最急切希望解决哪些腐败问题？排在第一位的就是"贪污贿赂"（86.3%），接下来依次是："失职渎职"（72.6%），"公款接待、公款吃喝"（70.1%），"重大事故背后的腐败"（68.5%），"公费出国、旅游"（68.0%），"生活作风腐化"（63.2%），"商业贿赂"（61.9%），"公车使用问题"（56.9%），"贪官外逃问题"（55.6%）。② 调查显示公众对贪污贿赂关注度最高，时代的发展显示出廉洁从政必定是中国挡不住的发展趋势，腐败官员侥幸生存的空间已经越来越小。无论是谁，都不应在提高侥幸技巧上下工夫，而应从根本上身正行直，坦坦荡荡，才能彻底规避在互联网时代的"当官"风险。在网络时代，只要官员有一丝贪腐的蛛丝马迹，网民们就会紧追不舍，从而揪出违法乱纪的官员。当调查公众最愿意用什么渠道参与反腐？调查中排在首位的是"网络曝光"，75.5%的人选择此项。接下来依次是："举报"（58.2%）、"媒体曝光"（53.8%）、"信息公开"（48.0%）、"信访"（30.6%）、"审计"（30.1%）。③ 调查显示公众最愿意通过网络曝光参与反腐。针对腐败，我们需要的不仅是官员的自省和自警，也不仅仅是网络问政反腐的"高歌猛进"，最重要的依然是制度。急需注意网络反腐要从"民意"走向"制度"。规范、引导民间反腐，还广大群众的知情权、参与权、表达权和监督权，在引导网民遵循传统舆论监督规则的同时，还要加快建章立制的步伐，以便对网络舆论监督进行必要的规范和约束，特别注重厘清与网络舆论监督相关的知情权与

---

① 艾秀梅、江波：《论网络空间中的语言暴力》，《江苏广播电视大学学报》2007年第4期。

② 《调查显示公众最愿意通过网络曝光参与反腐》，http://news.qq.com/a/20091027/000183.htm。

③ 《调查显示公众最愿意通过网络曝光参与反腐》，http://news.qq.com/a/20091027/000183.htm。

隐私权、政务公开与党政机密、社会监督与造谣诽谤、言论自由与人身攻击等法律界限，明确规定网络舆论监督的形式与内容、权利与保障以及网络侵权的法律责任等，使网络舆论监督中的评价、讨论、互动、传播等各种行为都能有章可循、有法可依是当前急需解决的重点与难题。虽然围观之中有些行走江湖的"侠客"、"义士"的"墙外扔砖"也能够在茫茫人海中收获不少"意外"，但这些"意外"一击即中，一是与一些官员不甘心长期"潜伏"一时胆大妄为、自以为是有关，更重要的是折射出我国监督制度的局部休眠与缺陷。如果这种"撞上谁谁倒霉"的监督方式成为一种常态，必然无助于中国监督制度的完善与健全。

当前我国制度化的反腐建设确实已经落后于社会现实发展的需求；只有从制度上预防腐败，并加大对腐败官员的惩处力度，提高腐败的成本，这样，才会让官员们不敢去腐败，使腐败现象逐渐趋少。而当前网络问政式的反腐成为时尚的时候，正说明我们制度性建设的滞后，如果网络反腐不再成为焦点的时候，那么就是我们的反腐败工作取得重大成效的时候，就是政府廉洁度获得民众赞许的时候。网络反腐是对我国以往反腐机制与方法的一种创新，是在信息网络时代增加反腐法规与制度实施力的重要内容与表现形式。当前，全民性、自发性和及时性的反腐凸显了公民参与政治的热情和治理腐败的决心，如何将网络反腐纳入法治轨道，正考验着中国官民双方的智慧。反腐是一种具有长期性、科学性和执行性的严密的制度活动，在现代文明社会中，社会大众对于正义的渴求和对于丑恶的惩罚，只能依靠健全的法律制度才能得以实现与保障。当前我们需要做的是健全法制，堵住任何一个可能诱发腐败的制度漏洞，要用法律制度规范、分解、监督、制约权力，防止权力的滥用，同时要强化公共监督，让权力的运行置于阳光之下。

十八之后，党中央的"老虎"与"苍蝇"一起打的决心与行动更加坚决。民众对中央"打虎"与"打苍蝇"拍手称快，认为"打大虎"充分显示了党要管党、从严治党的坚定决心，向全社会传递了反腐倡廉正能量，认为从整治"舌尖上的腐败"、"车轮上的腐败"，再到整治"会所里的腐败"、"烟草的腐败"、"年货节礼的腐败"等,反"四风"招招进逼,让"四风"问题无以遁形和无处可藏。

(五)围观:一种醒目而有待升级的公民参与。在前网络时代,公民围观受到交通、通讯、媒体覆盖等方面的限制,速度与规模都上不去。但在网络时代,时空限制被彻底打破。成千上万身份各异的网友,坐在陋室或豪宅中,利用手机或电脑,登陆微博、社交网站或论坛、转帖、发布一手信息或评论,迅速完成对突发事件的围观。网络时代的围观,在场感极强,完全不输于实时实地的围观。网络围观无论是感性、泄愤,还是客观、理性或成熟,事实上已经成为民众的一种醒目的生活方式与活动方式。只要愿意,公民就有权聚集在一起,以主权者的身份审视公共决策、公共事件及政府官员。围观的动机也十分明显与多样,不仅仅是为了传播谣言、感官娱乐,而且还具有通过围观来促进政党的善治,以及实现个体利益诉求,保护各项权益。由于围观掺杂着诸多娱乐、非理性等等,因而围观表现出的这种政治参与方式需要进一步升级和改造。从当前网络围观发展的状况来看,还停留在民众的公共参与的初级阶段,它距离真正影响公共决策,真正付诸集体行动,仍有很长的路要走。但是,它的重大现实意义并不能因此而被忽略或矮化和异化,网络围观并不是仅仅做单纯的看客,它是旗帜鲜明地表达一种"我在"的立场、"我知"的诉求以及非暴力不合作方式的"我能"的博弈,个人与社会权利得以张扬。网络围观需要进一步发展,需要发展根繁叶茂的"在地政治",要接地气,要与现实社会各种生活场景结合在一起;而不仅仅是转瞬即逝的围观政治或一笑了之,网络围观不应忽略全国性的公共事件,但重心应在本土,着眼本土,着眼解决民众身边具体的事项。

(六)如何应对"围观"的民众诉求。之所以发生这么多网络围观事件,是因为民众的许多需求可能在现实生活中很难得以满足,因此,就会有不少民众借助网络围观进行各种表达,既可能怀有对社会不平、不满,也可能怀有一份追求正义与真相的责任;但无论如何,更多的是集中在真相和责任。所以对围观事件处理的评价标准应该是以问题的真正解决为目标,而不是以民众不再闹事、事情平息下去作为目标。处理的方法并不是大事化小、小事化了,不应该狭隘地从个人或地方的利弊得失角度来判断舆情处理的好坏。要对围观事件调查结果正式公布,真相得到披露,涉事官员也得到相应的问责和行政处理,让民众得到真实确切的各项信息,要让民众的诉求得到快速和满意的回应。特别是在围观事件发生后,要紧密围绕围观时民众发出的各种舆论焦点和走势,除了揭示事件真相之外,还应通过积极有效的处理回应,从制度层面上消解民众的公平焦虑,努力矫正受损的政府形象。诸如《关于加强对各类口罩销售监管工作的通知》这类通知能够草率地成为文件出台管理民众,从某种程度上讲,也是政府决策不透明,且又缺乏与民众有效的沟通方式引起的。昆明市出现的这次围观事件主要源于政府包办"PX"项目,排斥民众的意见所致。在互联网时代,如果政府还经常采取粗暴的措施,阻遏民意沟通渠道,那是十分愚蠢的。因为网络时代不仅是一场信息革命的时代,更重要的也是政治民主必然要经历的发展时代,传统的通过层层级级从上而下的管理社会的手段,可能很难适应互联网时代的发展。各级党委和政府要学会从网络上听取民意,并积极回应民间的质疑,应该成为新时期政府官员的一项基本素养;网络同时也为各级领导问政于民,问需于民,问计于民,提供了更加便捷、有效的渠道。到网上听民声、集民智、解民忧,逐渐成为当前各级领导干部提高执政能力和水平的迫切需要。在网络时代,传统意义上的群众路线工作急需创新。各级党员干部接纳并重视网络民意的前提就是要随时让自己的思想上"网",认识网络民意对推进社会管理制度建设方面的积极作用,以及反映基层群众需求方面的重要作用,进而走进网络,参与其中、感受其中;尤其要重视网络民意,因为网络民意实质是现实生活中民众的看法、意见、建议等通过网络以多种方式表达出来,应当学会提炼、整理和综合民意,尽量搞清真实的民意。在这样一个多元化、个性化、专业化的时代,尤其要重视加强对民意的沟通交流,从民意中汲取营养,增强自身的合法性认同。

(七)在围观时代亟待提升执政的公信力。当前的中国社会随着全球化、信息化正在发生着日新月异的变化,早已是一个不堪被权力压制的社会。你也许能够管得住口罩,却不一定能够管得住口,更锁不住民心,或许是管了口罩却会失去了民心或公信。网络时代信息的开放性会将政府的失范行为迅即公之于众，甚至放大，造成公权的公信力陷于困境，其合法性遭到质疑。当事的地方政府和官员的公信力受到网民质疑，陷入西方的一个经典说法即"塔西佗陷阱"①。公信力是党和政府的影响力与号召力，是党的执政能力与政府行政能力的客观结果。党是否真正做到科学执政、民主执政和依法执政以及其权威性、民主程度、服务程度和法治建设处于什么程度，主要是从公信力反映出来；公信力同时也是人民群众对政党执政水平高低的评价，反映着人民群众对政府的满意度和信任度；公信力还能够增强人民群众的社会信任感和归属感，因此也是民众对政党合法性的检验。社会的诚信更需要党的公信力提供支持，因为党无法选择人民，人民可以选择政党，政党只能以人民的需求来变革自身。社会的诚信是由政府信用、企业信用与个人信用各种共同体走在一起共同构建的，其中政党的信用对社会的诚信建设具有导向性、全局性作用。要全方位重塑政党的公信力，归根到底是要塑造人民做主的政党、为人民服务的政党，值得人民信赖的政党。

今天，治理的方式和理念往往通过媒介呈现、传播甚至放大，一个"治理媒介化"的时代已经到来。许多民生领域舆论争论频现，通过网络围观展现在人们面前。这些热点话题与群众切实利益密切相关，往往一个接着一个，有时多个热点同时出现，各种问题相互叠加，时常会引发网络舆论波动。党的各级干部要迅速介入各种舆论波动之中，倾听民意，问政于民，问需于民，问计于民，到网上听民声、集民智、解民忧，重视加强对民意的沟通交流，从民意中汲取营养，增强自身的合法性认同。如果政党失去信任，好的政策与坏的政策都会同样得罪人。各级党委与政府应从中汲取教训，积极解决实际问题，维护群众合法权益，有效缓解社会矛盾，以实现网上交流与网下办事的有机结合，积极为群众解决实际问题，才能赢得群众的欢迎和信任。

---

① "塔西佗陷阱"得名于古罗马时代的历史学家塔西佗。通俗地讲就是指当政府部门失去公信力时，无论说真话还是假话，做好事还是坏事，都会被认为是说假话、做坏事。这个卓越的见解后来成为西方政治学里的定律之一"塔西佗陷阱"。参见百度百科"塔西佗陷阱"，http://baike.baidu.com（2014，1，21）。

第三章 媒介风险与政党执政的策略调整

互联网技术的发展，对社会的结构、功能以及社会群体、阶层都发生了重大影响。在这样一个时代，网络也深刻影响了人们的政治生活，人们可以通过各种网络平台与载体进行各种话语表达和利益诉求，很容易迅速聚集大批网民，最终形成网络群体性事件。这种现象给政党和社会带来很大的影响与冲击。如何加强对媒介风险的治理，将是网络时代执政党治理的一项重要课题。

一、媒介化风险社会的来临

随着互联网技术的发展，尤其是在 Web2.0、Web3.0 时代中"Twitter"、"YouTube"等"网络媒介"和以手机为代表的"随身媒介"与"自媒体"的蓬勃发展，使大众传播过程中"传者"和"受者"之间的明确的等级与界限逐渐被削平；人们逐渐被裹挟到一个媒介高度饱和的时空之中，人们的生存状态发生着很大的改变。当大众传媒本身开始成为一种独立运作的"机制"与"程序"的时候，"大众"不仅意味着大量的、具有主动选择权的受众，而且还意味着是各种信息的生产者、制造者、发布者和传播者。媒介仿佛空气一样无所不在，虽然不能时刻亲身体会，却一直蔓延和包裹在自身的周围。人们越来越多地依赖媒介获得各方面信息、生活体验和认知，媒介为公众设置各种各样的值得关注和探讨的"议题"。用加拿大学者麦克卢汉的著名论断来概括，"不是我们制造了媒介，而是媒介塑造了我们"。媒介的高度发展把社会带到了一个高度"媒介化"的风险社会，大众传媒也开始由边缘逐渐走向中心，获得了诸多的话语权与表达权，对人们的日常生活和工作的影响越来越大。现实社会的许多危机事件都是由于主管部门对媒体——尤其是各种新媒体——的影响力不太重视，或应对不及时，使一些本可以平息的"茶杯里的风暴"，逐步演变成大规模的公共危机事件。

针对社会存在的"风险"这个具有高度现代性内涵的概念，德国学者乌尔里希·贝克结合现代社会演进的规律与发展状况，赋予其新的涵义。乌尔里希·贝克认为："风险是个指明自然终结和传统终结的概念。或者换句话说：在自然和传统失去它们的无限效力并依赖于人的决定的地方，才谈得上风险。风险概念表明人们创造了一种文明，以便使自己的决定将会造成的不可预见的后果具备可预见性，从而控制不可控制的事情，通过有意采取的预防性行动以及相应的制度化的措施战胜种种（发展带来的）副作用。"[①] 风险在现代性社会中表现越来越明显，风险不仅在过去、现在得以呈现，但更重要的预示着一种未来和趋势。可以说"风险预示一个需要避免的未来"[②]。也就是说风险指向未来，是尚未发生的，它可以通过预防性行动和制度化措施战胜之。贝克还对风险社会理论的要素做了以下8点总结：

　　①风险既不等于毁灭也不等于安全或信任，而是对现实的一种虚拟；
　　②风险指充满危险的未来，与事实相对，成为影响当前行为的一个参数；

[①] ［德］乌尔里希·贝克等著：《自由与资本主义》，路国林译，浙江人民出版社2001年版，第119页。

[②] ［德］乌尔里希·贝克：《风险社会》，何博闻译，译林出版社2004年版，第35页。

③风险既是对事实也是对价值的陈述，它是二者在数字化道德中的结合；

④风险可以看作是人为不确定因素中的控制与缺乏控制；

⑤风险是在认识（再认识）中领会到的知识与无知；

⑥风险具有全球性，因而它得以在全球与本土同时重组；

⑦风险是指知识、潜在冲击和症状之间的差异；

⑧一个人为的混合世界，失去自然与文化之间的两重性。①

风险是风险社会的基本范畴，对风险的理解构成了风险社会理论的基石。乌尔里希·贝克指出风险社会的这种定义关系是对特定文化背景下建构特定的规则、制度和对风险的认定与评估能力。为了更好地理解风险社会的定义关系，乌尔里希·贝克还提供了以下4组问题供人们思考：

①谁定义并确定产品的有害性、危险、风险？责任在于谁？是那些风险制造者，那些从中渔利者，那些潜在地受影响者，还是公共机构？

②涉及了哪一种对原因、维度和行为者等的知与不知？对于他们来说，有可以提交的证据和"证明"吗？

③在一个环境风险的知识必定是有争议的和随机的知识这样一个社会里，什么可以算是充分的证据呢？

④谁决定对受害者的赔偿，决定用什么来构成未来灾害限度控制和规则的适当形式？②

风险社会发展，使在现代性社会中生活的人们处于这样一种尴尬的境地：人类越来越依靠科学技术进行生活和工作，但是科学技术的发展会给人类和社会造成更大的风险危机，而人类摆脱风险危机又不

---

① ［德］乌尔里希·贝克：《世界风险社会》，吴英姿、孙淑敏译，南京大学出版社2004年版，第174—189页。

② ［德］乌尔里希·贝克：《世界风险社会》，吴英姿、孙淑敏译，南京大学出版社2004年版，第174—189页。

得不依靠科学技术的手段。

英国社会学家安东尼·吉登斯（Anthony Giddens）主要从现代性上考察当代社会存在的风险，他认为政府、工业和科学是导致社会产生风险的主要缘由。一些文化学者包括斯科特·拉什（Scott Lash）、玛丽·道格拉斯（Mary Douglass）、阿伦·维尔达沃斯基（Aaron Wildavsky）和海伦娜·约菲（H. Joffe）等学者主要从文化风险角度来解读风险社会的丰富内涵。沃特·阿赫特贝格（Wouter Achterberg）则探讨了风险社会与民主的问题，指出自由民主政治不一定适合风险社会，协商民主政治才是风险社会的适宜模式，有利于化解风险。莱恩·威尔金森（Lain Wilkinson）从大众心理学的角度来研究风险与忧虑问题。马克·丹尼尔（Mark Daniel）则从全球战略角度构想了规避风险的新机制。

正是因为媒介技术的迅猛发展，使当代社会逐渐浸润成为一个"媒介化社会"甚至是"过度媒介化（hypermediation）社会"。所谓媒介化社会，是指在一个社会中各种社会生活、社会事件以及社会关系等等都可以通过媒介进行展露。媒介化社会的重要特征，是媒介影响力对社会进行全方位渗透。从本质上来讲也就是人的媒介化、人与人关系的媒介化。每个人都是媒介影响下的"媒介人"，甚至每件事情发生、发展都离不开媒介的影响，人的思维方式、自我意识、行动方式和发生的每件事情都带上了媒介化的烙印。法国哲学家波德里亚（Jean Baudrillard）在研究中指出，随着大众传播媒介推波助澜，现代生产领域向后现代拟像社会的发展更加迅速。人们不再依赖于真实的人际传播，而是被媒介所主宰，媒介信息构成了人们的真实体验。在高度媒介化的社会里，普通人无法脱离媒介来理解什么是"真实"，因为正是媒介将"真实"带至"在场"和"当前"，同样，普通人也无法脱离媒介来认识什么是"风险"，因为正是媒介设定了各种议题，使风险从不可见变得可见。

各种风险无论是物质性还是非物质性、无论是可预见性还是不可预见性的，所有关于风险的知识都是媒介性（mediated）的，都依赖于解释、说明与表达。风险是高度媒介化的，也是高度政治性的，媒

第三章
媒介风险与政党执政的策略调整

介参与了风险的建构或形塑,媒介自身也是各种界定风险的权力力量的角斗场,这些力量共同决定什么可以算作是风险,以及如何想象和呈现这种风险,从而完成对风险的生产、操纵、协商和置换。如果说当代风险在很大程度上已经是媒介化的风险,那么清晰了解媒介自身的风险与局限,是理解风险社会的题中应有之义。当代很多学者认为,与现代性相关的结构性风险是风险社会的最本质特征。不难发现,媒介化风险主要也来自媒介结构性风险,包括媒介技术风险、媒介信息风险、媒介知识风险、媒介舆论风险、媒介政治风险等方面。斯科特·拉什说:"用技术手段来防范风险和化解风险、危险和灾难的风险预警与控制机制,又必然会导致另一种我们不愿意看到的结果,那就是,这种风险预警与控制机制可能会牵扯出新的进一步的风险,可能会导致更大范围更大程度上的混乱无序,可能会导致更为迅速更为彻底的瓦解和崩溃。"①

在媒介化社会里,经济趋向于符号经济,信息趋向于媒介信息,政治趋向于媒介政治,文化趋向于媒介文化,任何显性的风险总会体现为一个媒介事件,转变为一种更具弹性的侧重于感知和表述的媒介化性质。对于媒介经济风险来说,主要表现为媒介技术的高度发达,使经济发展越来越趋向于符号与消费,在媒介技术的影响下,可能一夜成为暴发户,也可能迅速成为穷光蛋。社会存在的各种经济危机都可能与媒介存在各种各样的联系,随时都可能发生危机;对于媒介信息风险来说,主要指媒介能制造出全球化的"信息螺旋",在这个螺旋中,相关的事件自动集合成一个冲量,可能导致任何无法预测的结局。媒介技术的高度发达,使各种事务都可能超越时空的限制,由原来的彼时彼地变成了即时即地,人人都可能卷入全社会性的乃至全球性的"在场"。尤其是信息发展会由许多并不能明确的一些机构或怀有各种利益诉求的群体而推动,无疑会夹杂着诸多不实信息,甚至谣言,煽动不理性的舆论加以推波助澜,而演变为舆情危机;对于媒

---

① [英]斯科特·拉什:《风险社会与风险文化》,载李惠斌、王武龙编译:《全球化与公民社会》,广西师范大学出版社2003年版,第314页。

政治风险来说,主要指随着媒介化社会的发达使政治的媒介化程度加深,政府对政治的暗箱控制能力受到限制,于是"公开化"的媒介执政成为当代政治不可或缺的部分。媒介政治风险主要源于风险议题的各种设置方面,媒介经常会认可统治性的观点和支持现存统治关系;对于媒介文化风险来说,主要是人们的思想文化在媒介中的交融呈现出明显的多元性、差异性与偏向性。媒介化的发展不仅改变着传统意义上的文化内涵、结构与组合模式上,同时也使文化发展超越了一定的时空制约,展现出更多的自由与自主特性;具有浓郁的传统性与民族性特色的文化在现代性和后现代性发展冲击下,趋向于衰落和解构。正如美国学者马克·波斯特所言:"媒介往往会改变其所探讨的事物,改变了原本与指称性之间的同一性。"[1] 新媒体发展,导致大众狂欢、多元混杂的草根文化、个性化的景观文化、感官文化、消费文化和视觉文化样态层出不穷;文化演进呈现出"泛政治化"和"泛道德化"趋势。正如有的学者指出的那样:"我们好像陷入了一种道德焦虑之中,对于社会道德问题的高度警觉和敏感超过了我们对于具体问题认知的愿望和应对的能力。"[2] 在媒介化时代,国人思想价值观领域的脆弱性、易变性和核心价值观虚化,自由主义、无政府主义思潮泛滥和道德失范现象表现得十分明显。

　　面对已经到来的风险社会,除了以制度修正制度的方式来规避风险,我们尤其要培养一种高度自觉的媒介风险文化意识,建构反思自省的媒介风险文化。在这种发展趋势下,对当下中国社会道德建设、核心价值观和共识的培养凝聚,提出了全新要求和严峻考验。

---

[1] [美]马克·波斯特:《第二媒介时代》,范静哗译,南京大学出版社2000年版,第42页。

[2] 张颐武:《网络愤青患了道德焦虑症》,《青年参考》2006年09月01日。

二、网络群体极化：媒介化时代的一种新型危机

"极化"最初是来自于物理学的一个概念，后延伸至社会学、政治学等领域。"极化"主要意义是侧重于公众的舆论行为而不是行动行为出现了高度分化并走向极端的趋势。由于极化现象一直被学界认为与政治冲突和社会不稳定存在潜在的因果关系，因而对"极化"的研究在政治学领域中始终处于重要地位。

在18世纪末，佛里（A. Fouillie）与古斯塔夫·勒庞（G. Le Bon）观察法国大革命发现，各种人一起行动的行为有着不同于单个人时的特征和结果。由此，这种行为开始被称之为"Crowd behavior"（群众行为），后经麦孤独修改为"Group behavior"（团体行为）。1920年，美国社会学家罗伯特·E. 帕克在《社会学导论》一书中提出"Collective mind"（集体心理）的概念。此后，将这种现象称为"Collective behavior"（集群行为、集合行为或集聚行为），随后逐渐被学术界约定俗成地沿袭了下来。罗伯特·E. 帕克认为："集群行为是在公共和集体冲动的影响下发生的个人行为，换句话说，那是社会互动的结果。"[1]另一位美国学者N.J. 斯梅塞尔认为，集群行为是"在重新规定社会行为的信念的基础上产生的社会动员"[2]；美国社会学家戴维·波普诺则认为集群行为"是在相对自发、不可预料、无组织的以及不稳定的情况下，对某一共同影响或刺激产生反应而发生的行为"[3]。在网络空间，同样也存在着形形色色的未被准确定义的集群行为。较为极端的例子，如网络审判集群、网络暴力、网

---

[1] Park R E, Burgess E W, *Introduction to the Science of Sociology* [M] Ⅲ, Chicago: Universityof Chicago Press, 1921, p865.

[2] Smelser N.J, *Theory of Collective Behavior* [M], New York: Free Press, 1963, p8.

[3] [美] 戴维·波谱诺：《社会学》，中国人民大学出版社2007年版，第647页。

络战争集群和网络民族主义集群等都可视为集群行为。因为互联网技术的发展为人们的集群行为提供了更为便捷的种种条件,尤其网民的民意表达与政治诉求极端化倾向经常会转化为不可忽视的舆论力量,影响当权者的执政行为。"集群行为"的基础上又出现了"群体极化"的概念。这一概念主要由美国学者凯斯·桑斯坦在《网络共和国——网络社会中的民主问题》一书中提出并产生很大影响。凯斯·桑斯坦指出,在网络时代形成的网络群体"将无可避免地导致群体极化"[1]。这种群体极化在网络时代也叫集群行为。美国社会学家戴维·波普诺认为这种行为"是指那些在相对自发的、无组织的和不稳定的情况下,因为某种普遍的影响和鼓舞而发生的行为"[2]。另一位美国心理学家萨拉·凯拉尔认为:群体极化现象不仅存在于现实中,而且同样存在于网络中。他认为,和现实生活相比网络中的群体极化更容易出现。"群体决策可以分散责任,存在更多的非理性偏执行动,人们容易形成极端意见,引发网络集群效应。"[3] 另一位美国学者斯梅塞尔提出"价值累加理论"。用此理论阐释集群行为更具有一定的启发性。N.J.斯梅塞尔认为一般的集群行为的产生都有一个确定的模式,可以把集群行为在发展的每一阶段理解为"追加价值",最后才有最终产品,即集群行为的出现。其描述的导致集群行为发生的六个必要且充分的条件是:(1)结构性助长;(2)结构性压力;(3)普遍的信条;(4)催化因素;(5)行动动员;(6)社会控制机制。[4] "集群行为"与"群体极化"交相呼应,共同推进了人们网络行动的发展。

网络集群极化与现实集群极化的相同点在于,个人在集群中都具有匿名性、过激性、情绪化、被暗示性、无批判性等特质。不同点在

---

[1] [美]凯斯·桑斯坦著:《网络共和国——网络社会中的民主问题》,黄维明译,上海人民出版社2003年版,第49页。

[2] [美]戴维·波普诺:《社会学》(下册),刘云德、王戈译,辽宁人民出版社1988年版,第566—567页。

[3] 张孝廷、赵宬斐:《网络集群效应下的执政风险及其规避》,《宁夏大学学报(人文社会科学版)》2012年第4期。

[4] Smelser N.J, *Theory of Collective Behavior* [M], New York: Free Press, 1963, p 168—169.

于：网络的极化比现实的极化更充分地表现出偶发性、匿名性、情绪性等特质，更容易形成集群的冲动。① 有学者指出，网络群体行为的特点是：网络传播匿名性特点造成的个体心理变化，网络群体的情境化行为，网络群体行为的规模效应。②

实际上群体极化是一种典型的社会风险与危机现象，这种群体性特征呈现出风险集聚性。所谓风险集聚性有两层涵义：社会风险主要涉入群体集中在社会基础阶层；社会风险指向客体主要集中在与民众密切相关的基本民生问题，且是较大规模的卷入。③ 社会风险的集聚性与社会财富的集聚性正好成负相关，"社会财富在上层集聚，而社会风险在下层集聚"④。一方面是网络民情、民意增强；一方面是网络缺乏应有的监督以及网民的自我约束。一方面是个别地方政府地方主义色彩较重，对舆情处置不力，加之网上突发性强、扩散性快、网上网下互动紧密等都容易导致极化现象；另一方面从政府、媒介管理的行为来看，对网络集会，采用行政不作为、任其发展的态度，抑或运用技术、行政、新闻控制手段进行盲目打压，也有可能使其发展为现实的集群及过激行为。因此，应以正确方法对待网络上的民意表达，增强政府与公众的沟通，促进社会稳定。

三、网络集群的表现特征

网络集群具有明显的"扩散效应"或"示范效应"。随着网络深入发展，通过互联网的聚合能够轻而易举地将散布在各地火种似的观点聚集为"意见同盟"，形成强大的舆论场和群体性意见，进而转化

---

① 何白：《网络集群：非理性行为的温床》，《东南传播》2007 年第 7 期。
② 周湘艳：《从传播学视角反思网络群体行为》，《东南传播》2007 年第 8 期。
③ 吴忠民：《中国中期社会危机的可能趋势分析》，《东岳论丛》2008 年第 3 期。
④ [德]乌尔里希·贝克：《风险社会》，何博闻译，译林出版社 2004 年版，第 36 页。

成网络集群行为。尤其是针对现实社会问题与事件，发表看法时，往往通过网络进行表达与诉求，这是现实世界的互动在网络虚拟空间中的再现。与现实的集群行为相对而言，网络集群行为同样对当政者的合法性造成很大的挑战与风险，其特征主要表现以下几个方面：

（一）集群的"蝴蝶效应"。随着微博、开心网、人人网等为代表的社交平台的崛起，以及"自媒体"的崛起，尤其是微博的快速发展，网络舆论以强大的生命力演绎了现实生活中的蝴蝶效应样态。"蝴蝶效应"本是指在一个动力系统中，初始条件下微小的变化能带动整个系统的长期的巨大的连锁反应。后来被美国气象学家爱德华·诺顿·罗伦兹（Edward Norton Lorenz）用于气象学研究，他曾经作过如下生动地比喻：一个蝴蝶在巴西轻拍翅膀，可以导致一个月后德克萨斯州的一场龙卷风。蝴蝶效应既可以带来一定的正面影响。但更多的可能造成的是负面影响，这种效应是一种混沌学理论的一种应用，也可以解释社会学、政治学等领域发生的事件，可以说明一个坏的微小的机制，如果不加以及时地引导、调节，会给社会带来非常大的危害，或称为"龙卷风"或"风暴"。但是，反过来说，一个好的微小的机制，只要正确指引，经过一段时间的努力，将会产生轰动效应，或称为"革命"。互联网时代中，在传统媒体的视野之外民意表达有了更为高效与畅通的渠道。互动功能加剧了信息传播的扩散与渗透，非理性的声音也应运而生，也导致了诸如谣言、偏激、群体盲从等问题产生。尤其是一个个特定事件诱发的人们群体性的政治行为，具有很大的突发性、偶然性和随机性。在缺少适应性和强有力的政治制度的情况下，民众也很容易产生从众行为，即在暗示、诱导以及情感的渲染之下等等会产生重复性"累积效果"。某种见解、观点尤其是重大舆情一经上网，群体内部成员之间容易出现从众或者众从现象，能够形成群体意识和群体结构，并对个人成员的态度和行为产生制约，思想和感情转向一个共同的方向，就可能引发"蝴蝶效应"，最后导致群体极化。这种现象有可能迅速扩大，过度涌入的政治参与，就容易形成集群突发性。如果应对不当，会导致一系列的连锁反应，甚至诱发政治混乱，埃及、突尼斯、利比亚等国家发生的动荡就佐证了这一点。

（二）集群的"超地域性"。在前信息时代社会中，群体性事件大多影响事件本身所危害到的区域，具有一定的地域性，一般不可能超越时空的限制。但是在信息时代，互联网上任何一个地方发生的事情，可以通过网络结点间无数通道之间相互链接，只要轻点一下鼠标，任意一个结点都能够随意交换信息，而且通过强大的搜索引擎，可以将不同网站所有关于同类事件报道都链接起来。这种信息串联机制使某地的某一事件在极短的时间内，就传遍世界任何一个网络所能够延伸到的角落。这些都有可能成为不同地方、不同种族的人们共同讨论的话题，并可能成为网络群体性事件的肇始因素。人们在虚拟的网络空间，进行超时空的交流或组织活动非常容易，从而使得网络群体成为政治参与的主体之一。随着网络的普及，网民人数的增多，虚拟社区也迅速得以扩展，各种虚拟社区可以就事件按照不同的主题将网民进一步细化，或归为时政评论类、利益诉求类、政治参与类、起哄或看客类等。在网络空间，网络成员的身份被数字化了，匿名性和虚拟性合二为一，使得网民能以隐性人的身份在网上自由操作，大大减少了政治参与的不安全感与风险性，从而很容易摆脱现实社会的规范，放纵自己的行为。在网络面前，每个人可以量身定制自己的信息需要。"随着一般杂志和报纸的重要性逐渐降低，针对个人量身定制的节目越来越蓬勃，不同的群体也将选择不同的节目。"[1] 甚至"在网络上，每个人都可以是一个没有执照的电视台"[2]。网络让量身定制变成了现实，人们可以享有更加充分的自由性与自主性，这对促进网络群体极化发展提供了很大的简便性。"当筛选的力量没有限制时候，人们能够进一步精确地决定，什么是他们想要的，什么是他们不想要的。他们设立了一个能让他们自己选择的传播世界。"[3] 各级党

---

[1] [美] 凯斯·桑斯坦：《网络共和国：网络社会中的民主问题》，黄维明译，上海人民出版社2003年版，第2页。

[2] [美] 尼葛洛庞帝：《数字化生存》，胡泳译，海南出版社1997年版，第205页。

[3] [美] 凯斯·桑斯坦：《网络共和国：网络社会中的民主问题》，黄维明译，上海人民出版社2003年版，第2页。

委要高度重视网络群体性事件,这是当代社会经常遭遇的一种新形式的危机。

(三)集群的"众声喧哗"。互联网时代是个众声喧哗的时代。在这个时代中,人们扮演着信息传播者、接受者,交流者三种身份,可以通过电子邮件、论坛、聊天室、个性化的网页等场域把共同的兴趣、诉求和理念凝聚在一起。这些场域既是社会群体冲突的承载所,也是各种声音与意见交融与冲突的接触地。在这种场域中充斥着差异多变的观点和看法,在集群中被制造、流动、弥漫、否定,构成了一个众声喧哗的世界。人们通过网络将表达冲动最大化激发的可能,在近乎"话语狂欢"的氛围中完成了一次又一次表达欲望的发泄,形成了一套独立于官方之外的"在野的话语体系与行为方式"。这个时代类似法国学术大师勒庞笔下的"乌合之众"与"群氓"时代;在这个众声喧哗时代中,尽管人们在发泄着狂欢甚至愤懑,但人们仍能在这些表达中感受到最浓厚的自由气息、平等色彩和无限制原则。"众声喧哗"打破了传统媒体"一枝独秀"的话语霸权和思想专利权,"打破了昔日信息垄断的中心话语模式,促成个体话语,小众话语对主流传媒话语的消解。形成了开放、透明、民主、平等、宽容的大众话语新格局"[①]。在当今社会发展中各种舆论场层出不穷,也绝不是传统媒体与新媒体中的"两个舆论场"或简单意义上的官方与民间"两个舆论场"的对峙那么简单。多元舆论场中的"新意见阶层"、"公民报道者"、"草根的呐喊"以及"意见领袖呼声"等在社会舆情中的地位迅猛崛起,使现实社会充满了"众声喧哗"。

(四)集群的"群体偏好"。网络政治群体是基于共同的兴趣爱好、政治立场、政治情感、政治态度、政治理想而形成的,参与什么样的政治群体,网民具有高度的自主性,而且表现出群体内部之间一定的同质性和群体之间的一定的异质性特点,这样极易导致群体认同的现象。网络民意传播速度快、容易失真、情绪化色彩强烈,传播与接受双方会轻而易举地完成关于公共事务的集体偏执性想象。无论是

---

① 欧阳友权:《网络文学的后现代文化逻辑》,《三峡大学学报》2004年第3期。

情感方面的宣泄、精神层面的狂欢还是利益诉求方面的抗争，都可以在这里找到生存空间。在网络中，人们有时更容易失去独立思考能力与清醒的辨别能力，对事物形成较为偏执的立场加之。当前的网民偏重于年轻化和平民化，更易形成偏执的立场。美国学者凯斯·桑斯坦也指出："因为志同道合的人可以在网上轻易且频繁地沟通，但听不到不同的看法。持续暴露于极端的立场中，听取这些人的意见，会让人逐渐相信这个立场。"① 由于兴趣爱好趋同，因而大家遭遇相左、相异的看法与建议的机会可能会很少。"在网络中，不同的人群由于认知、经验、兴趣等的不同，对信息存在不同程度的筛选和吸收，在集体无意识的网络激励之下，轻而易举地完成关于公共事务的集体偏执性想象。群体中原已存在的倾向性，可能因相互作用而得到加强，促使一种观点朝着更极端的方向游移。"② 这种从众心理表现为："有意识的人格消失，无意识的人格得势，思想和感情因暗示和相互传染作用而转向一个共同的方向。"③ 大量的旁观者及后来参与事件的网民则根据论坛上表现的主流舆论去判断事实，被群体一致所感染、认同并加入到同质信息的传播中。在缺少适应性和强有力的政治控制下，这种迅速扩大、过度涌入的政治参与，就容易形成集群突发性。

（五）集群的集体无意识。"集体无意识"指的是群体处于情绪化、盲目性而缺少理智判断的状态。集体无意识现象最早由法国学术大师勒庞研究发现的。他认为无意识现象不但在有机体的生活中，而且在智力活动中，时刻发挥着一种完全压倒性的作用——在集体心理中，个人的才智与个性可能遭受进一步削弱，差异性可能会被同质性所吞没，无意识的品质会占据一定的上风。此后，瑞士心理学家荣格正式提出了集体无意识的概念。他在研究中提到集体无意识的非理性

---

① ［美］凯斯·桑斯坦著：《网络共和国：网络社会中的民主问题》，黄维明译，上海人民出版社2003年版，第50页。
② 张孝廷、赵宬斐：《网络集群效应下的执政风险及其规避》，《宁夏大学学报（人文社会科学版）》2012年第4期。
③ ［法］古斯塔夫·勒庞：《乌合之众》，冯克利译，中央编译出版社2005年版，第18页。

状态所带来的破坏作用,即"通常,当集体无意识在更大的社会团体内积聚起来,结果便是疯狂,这是一种可能导致革命、战争或类似事物的精神瘟疫"①。荣格在这里提到的"无意识"实质上是指群体的冲动和急躁、缺乏理性、低劣的推理能力、少有深思熟虑而混沌懵懂的状态。荣格认为,当集体无意识在更大的社会团体内积聚起来,结果便是疯狂。有学者在研究中认为:"参与网络舆论行为的网民,一般情况下处于匿名状态,受到的社会约束力较弱,加之'法不责众'心理,如果遭遇到一些情绪化的煽动,在我的'宣泄'与他者的'聆听'过程中,情绪化的论调会不断弥散、高扬与喧嚣,其行为可能会通过群体感染不断放大,最终造成集体性的情绪宣泄。"② 当集体无意识被激活时,人们可能暂时失去了自我,个体与群体已经失去了分辨能力,此时人们对事物所作的判断完全是依据"信念",即"无意识的品质"。因此,如果仅仅依据信念的判断,这便是一种主观的、潜意识的判断。当前网络发展表现出一个比较明显的趋势那就是很少有网民自愿进入与自己的观点与看法相左或对立的一些网站,因为那必须顶着巨大的压力,很可能冒着被孤立被围攻的风险。所以,在某一网站所聚集的网民具有较大的同质性,人们很容易因为在网上发现了很多与自己的见解有这样或那样共同之处的帖子而获得某种想象出来的群体认同感甚至安全感。在这样的场域中,没有人知道其确切的规模和效应,置身其中的人往往倾向于把意见群体的力量进一步夸大甚至虚构,从而完成自我肯定,并且这种自我肯定还会很快地得以复制,以至于事实本身常常被淹没于各种感性与情绪之中,会导致情绪化舆论在网络中不断弥漫。而且大都涉及官员腐败、政府公信力缺失、社会弱势群体等极为敏感的话题。一旦出现此类重大事件,互联网就会成为各种不满和失望情绪的集中宣泄平台。

(六)集群中的"网络哄客"行为。近年来网络平台上常出现非

---

① [瑞士]荣格:《分析心理学的理论与实践》,成穷、王作虹译,三联书店1991年版,第46页。
② 张孝廷、赵宬斐:《网络集群效应下的执政风险及其规避》,《宁夏大学学报(人文社会科学版)》2012年第4期。

常活跃的各种网"客",其名称也多种多样,有的叫晒客、有的叫换客、有的叫拼客、有的叫印客和哄客等。这些"客"沉淀于网络世界中,虽然他们彼此可能陌生,少有联系,却因某一个共同关注的事件而聚集在一起;针对所关注的事件发表自己的观点,表达着自己的看法。他们聚集在一起产生一股强大的能量和影响,往往这种影响会从虚拟世界中扩展到现实生活中。他们如游侠一般行走网络江湖,哄客们讲的是"起哄",喜欢一哄而上,可谓"马甲"与高帽齐飞,骂声与口水一色,外行群殴内行,叫嚣胜过真相。近年来,中国社会这些日益泛滥的哄客现象,似乎预示着中国社会演进的一个明显特征就是哄客社会的发展。"哄客"一般分为"赞客"、"笑客"和"骂客"三种类型。他们主要依托一些网络社区以及一些博客网站而生存,这些地方成为哄客栖息地域集散地。一般来讲,"哄客"向人们展示的最佳状态,应当以笑客为主流,应以积极、负责的人生态度看待社会现实和促进社会发展,藉此维系健康"公民社会"的基本风格。但在文化畸形的当前社会转型期,"愤青"却构成了骂客的主体,取代了笑客的地位,成为支配大众舆论的主流。更多的骂客现象存在说明,一方面说明当前社会现实确实存在很多的问题;另一方面也说明社会确实延续着一种强有力的话语遗产,这种暴力话语滋生蔓延,为骂客的存在和发展提供了温床。对"哄客"的研究近年来逐渐为学界所重视。学者张咏梅指出:"网络哄客因一个共同关注的事件而聚集在一起;阐述个人观点,表达个人好恶;他们聚集产生一股强大的力量,并把这种影响从网络虚拟世界扩展到现实生活。"[①]她认为网络哄客是消解了中心话语的网络传播方式,与传统的权力阶层分享话语权,从而形成对精英话语的一种挑战,草根性是网络哄客的主要特征。

在这个时代,起哄精神被极大限度地张扬。如果把"起哄"作为合法话语系统的一种话语表达形式任由其在网络上随意发言肯定是有害的,人们很有可能无缘无故陷入一群并未故意纠集起来的人的集体

[①] 张咏梅:《狂欢广场上的欲望化言说——试析网络哄客的话语特征》,《中国矿业大学学报(社会科学版)》2008年第2期。

哄骂之中。在今天的喧闹聒噪的哄客时代，人们似乎不太重视理性思考、耐心与协商沟通交流，反过来更在乎哄骂，表达他们真正的快意恩仇。当前，确实存在相当一批骂客，他们的言语和表达中带着的是刀剑的锋利，是语言暴力与炸弹。这种现象的存在不能不让人们思考，随着更多的人获得自由的话语权、表达权与传播权后，就可能会产生一个无须为自己言论承担任何道德和法律风险的话语表达平台，那么哄客应该如何承担社会责任？当一个巨大网络言论平台的主流是一片对骂场景的时候，这种现象还能称为正常吗？起哄已经成了人们话语表达与观点传播的一种重要形式与途径，无论是一般的民众，还是知识分子以及网络的一些意见领袖等，莫不是如此。每个人都心浮气躁，每个人都流行使用网络上的思考方式，随心所欲地从事件中发掘自己所需的兴趣点，常常是断章取义，只言片语，而从不去探寻真相和细节。哄客的兴起无疑反映出当前社会转型期，人们怀着集体焦虑症。这是个众说纷纭的时代，每个人都有不可剥夺的表达权利，但这种权利正在被少数人滥用，从而给大多数人带来威胁。骂客正在改变着中国的各个层面，少数人的一时快活写意却增加了大多数人的痛苦与不安，而在全民起哄的潮流下，大部分网民不辨事情的真假与曲直，他们的独立思考精神和清醒的思辨能力往往会沦丧在这种低层次的起哄之中。哄客现象的发展迅速，但时间很短，人们还来不及对这种现象进行系统直接研究。哄客现象到底是一种进步还是一种退步，目前还是很难断定，但有一点是肯定的，污言秽语的铺天盖地、你死我活的紧张关系、不容争辩的话语霸权，都在一定程度上污染着洁净的社会生态，对构建先进文化也是一种戕害！对于这样的一个既存的现实问题，我们一定要保持高度的清醒认知。

（七）参与"显性化"趋势明显。网络政治参与一般表述为参与主体依法通过互联网直接或间接介入政治生活，从而影响公共决策的活动。从网络政治参与主体看，主要包括现实主体和虚拟主体两部分，现实主体是普通的公民和公民团体，虚拟主体是以虚拟代号出现的网民和网络群体。从网络政治参与的客体看，网络政治参与一般政党与国家政权系统、公共决策活动以及具体的民众利益诉求。当前民

第三章 媒介风险与政党执政的策略调整

众的网络参与越来越呈现出"显性化"趋势,由最初的"隐姓埋名"和"潜水",到现在越来越多地站到前台,愿意公布自己的姓名,愿意让社会大众认识和了解自己,尤其了解参与的缘由、内容和目的,直接与相关领导、部门和民众进行交流与对话。随着网络的发达,相当多的网民已经不再是孤立的个体,他们在网上容易结成各种虚拟的社群,同声相应,同气相求;有时候,机遇背后巨大利益的唆使,很可能进行网络炒作、网络营销和网络公关。这种情况通常是先组织成网络圈群,由一名或者几名网络意见领袖发出倡议,再转化到线下的行动的。比较重视网络参与的民众具有一个共同的特点,他们关心各类时事,有自己的独立观点,并且愿意并善于表达自己的观点,甚至"有强烈的表达自己的冲动"。由于"网络空间已经变成了不需要护照、没有边防检查站、出入境畅通的'数字化王国'"[①],由于互联网是一个弥漫着各种信息的海洋,"信息伪造"和"信息诱导"也是随处可见,必然会使信息自身缺乏权威性和公信力,足以引发情绪性网络民主。民众倾向性地只考虑自己的利益,只对其感兴趣的、或者认为正确的、价值较大的舆论表示关注,对其他同样有价值的部分可能弃之不顾。当通过网上投票或网上参与,偏激而非理性地自由表达各种看法时,以大众情绪左右国家决策时,可能会造成严重的后果。普通民众在传统媒介渠道很难表达的意见和不满情绪,在网络中得到宣泄出来,逐渐形成了虚拟网络的民粹主义思潮。当前,网络民粹主义思潮的发展,在遏制权威和精英、关怀弱势群体、实现各阶层之间的权利均衡等方面,具有一定的进步作用;但是,民粹主义思潮带有非理性、随意性、感性、偏激情绪化,如果不加以适度控制,无疑会对社会发展产生一定的破坏作用。

[①] 刘文富:《网络政治——网络社会与国家治理》,商务印书馆2002年版,第198—199页。

67

四．网络群体极化造成的风险性危机

毋庸置疑，积极的舆情极化能使占主导地位的意识形态得到认同与增强，但是，舆情极化更多展现出消极性的一面，不仅会破坏秩序，影响社会稳定，而且给中国政党的治理带来诸多不确定的风险与危机。

（一）造成社会秩序的稳定危机。网络舆情极化具有的群体偏好、众生喧哗以及民粹主义特质，经过互联网产生了"蝴蝶效应"，无疑对社会生活秩序造成一定的冲击；这种聚合往往会形成一股无形的力量，甚至可能形成与政党、政府和社会对立的势力，破坏社会秩序，造成社会动荡。斯坦福大学社会学教授格兰诺维特早年曾在一篇论文中揭示了"社会不稳定原理"，该原理被通俗地称为"多米诺效应"——即社会骚乱往往只需要第一个人参与，然后，由于集体行为可能非常敏感地依赖于个体行为，"集体意识"被这第一个人的行动激活，迅速卷入骚乱，后者于是升级为"社会动乱"①。从社会学分析来看，社会发生骚乱并逐步升级的决定性参数被称为"个体从众倾向"，当这一参数的取值超过某一阈值时，该个体可被任一微不足道的事件激怒从而实施过激行为。通常一群个体是按照从众倾向的阈值的顺序，只要阈值最低的个体受到激发参与骚乱，其余的个体将依次受到激发，纷纷参与骚乱。那么舆情极化就是这方面的典型例子。一定要关注舆情极化现象，因为它与我们今天广泛讨论和倡导的和谐社会息息相关。如果我们认为和谐社会的建构是当前中国社会现代化建设的努力方向，那么就应当接受以多元主义为原则的网络讨论而非"群体极化"。不同立场的人有权利表达自己的意见和观点，其表达方式应当是理性的、非暴力的；但是在网络传播中，数量巨大的人群很

---

① Mark Granovetter, "threshold models of collective behavior", *American Journal of Sociology*, vol. 83, no. 6, 1978, pp. 1420—1443.

容易卷入到某个具体讨论之中,个体行为易于被感染与影响,个体行为能量易于被聚合,迅速超过临界水平,然后突然释放,对社会经济和政治活动产生影响。再者,伴随着网络恶搞、网络暴力、网络迷信、网络色情以及网络庸俗化的不断升级,这些都容易促进极化效应的发生。极化倾向是人们潜在心理需求的折射,是产生网络文化阴暗面的必不可少的助推力量。在少数人发起,多数人或附和、或默许、或添油加醋的过程中,逐步形成网络文化中的极化倾向,对社会文化发展产生不良影响。

(二)造成政党组织运作的管理危机。美国学者霍华德·瑞恩高德(Howard Rheingold)在《虚拟社区:电子疆域的家园》(1993)中指出,互联网不仅是一种传递信息的工具,更重要的是它形塑了一种全新的社会环境和生活空间,一种新的社会空间和社会结构正在逐渐浮现。例如,网络集群表现出的一个比较明显的特征就是自组织特性。自组织理论是20世纪60年代末发展起来的一种系统理论,它的研究对象是系统进化的原因以及系统结构的形成过程。主要是从耗散结构理论(Dissipative Structure)、协同学(Synergetics)、超循环理论(Hypercycle Theory)、突变论(Catastrophe Theory)、混沌理论(Chaos Theory)、分形学说(Fractal Theory)等多学科中演化出来的。"协同学"创始人哈肯(H. Haken)在1976年提出了"自组织"的概念:如果一个体系在获得空间的、时间的或功能的结构过程中,没有外界的特定干涉,我们便说该体系是自组织的。这里所说的"特定"是指那种结构或功能并非外界强加给体系的,而且外界是以非特定的方式作用于体系的。随着社会化媒体(以 SNS、微博为代表)的迅速扩散和使用,自组织理论也找到了新的结合点和发展空间,以协同和开放为基本理念的社会化媒体构建了一个让用户能够参与、创造和分享内容的民间舆论平台,在社会中扮演着重要的减压阀的作用。网络集群行为的自组织特点主要体现在协同、合作、分工等过程,具备开放性、远离平衡、非线性作用机制、涨落等特征。而我们党传统的执政方式,在对待信息方面是处于"倒金字塔"状态。一般来看,级别越高的组织和领导,往往掌控的信息越充分,而对信息的传递往往也是采取"金字塔"型,很多文件都打有"秘密"字样,通过开会、发文从高向低一层层传递。也就是下级应和着上级,不能更改,不能发挥,如果存在疑虑或遇到特殊或紧急情况也往往先请示、静候再处置。而在如今的互联网时代,一切都变了,信息传递是网状的、扁平的,人人都是传播者与表达者,个个都是麦克风和小喇叭,谁都可以发表意见、观点与看法,说三道四,甚至骂娘。"传统执政"的方式受到严重挑战,也引发了管理危机,因为,现在"民意汹涌"、"意见领袖"纷争。执政党的任何一个决策、政令、任免都要在网上经受群众评说。以前靠组织体系、靠报纸广播来进行社会动员。现在,传统的语言体系和风格,官话套话,极其容易被边缘化,尤其是在网上,因此,党的各级组织的管理难度空前增大。

(三)对舆情的引导造成危机。在媒介化时代中,社会大众在获取信息、话语表达与舆情传播方面获得了前所未有的自由,他们"可以自己设置新闻议题、办报或分布消息等,使新媒体的新闻源头不可控,传播速度不可控,内容真假分散不可控,舆论容易放大也不可控"①。美国学者尼古拉斯·尼葛罗庞帝在研究互联网技术的发展时指出:"每一种技术或科学的馈赠都有其黑暗面。"② 这说明技术的工具理性如果不给予适当干预的话可能会逐渐吞噬价值理性。另一位美国学者埃瑟·戴森也认为:"数字化世界是一片崭新的疆土,可以释放出难以形容的生产能量,但它也可能成为恐怖主义者和江湖巨骗的工具,或是弥天大谎和恶意中伤的大本营。"③ 在这种环境状况下,如果对互联网时代的一些新兴媒体不高度重视、不善于调用的话,就很有可能使社会陷入舆情危机中引发动荡。通常来说,网络群体事件爆发后,与传统的群体性事件相比较会在很短的时间内扩大、形成高

---

① 张孝廷、赵宬斐:《网络集群效应下的执政风险及其规避》,《宁夏大学学报(人文社会科学版)》2012年第4期。
② [美]尼古拉斯·尼葛罗庞帝:《数字化生存》,胡泳等译,海南出版社1996版,第26页。
③ [美]埃瑟·戴森:《2.0版数字化时代的生活设计》,胡泳等译,海南出版社1998版,第17页。

潮甚至造成极化现象。面对这些突发性的事件,各级党委、政府部门如果对网络舆情不保持高度的敏感,疏于应对,不抢占舆论控制与引导的先机,很可能造成被动甚至混乱局面;有些地方仍然采取传统意识形态领域斗争策略与方式,以我为先、以我为主,一味地进行截杀、封堵、删除,结果只能是自欺欺人、掩耳盗铃,伤害民意、民愿和民情,动摇自己的合法性支持与认同。

（四）执政的合法性遭遇危机。美国网络研究专家尼葛洛庞帝认为,后信息时代是"真正的个人化"的时代,人的个体能力需要增强、人的主体性需要发挥。网络时代中涌现出的各种群体、组织与团队,都"可能成为政党与国家的竞争性的替代物"[①];而且"当人们对自身密切相关的群体认同越加强烈时,对政党与国家的认同就会越加减弱,其结果可能造成合法性危机"[②]。再者,网络中还存在一些"另类"精英,他们或以底层群众利益代言人的面目出现,积极活跃在各大论坛和时事评论中,或匿名或公开,一般都是通过网络表达心情、感受和看法,或者希望通过网络舆论影响政治和社会决策,使社会朝着有利于自己的方向发展。在网络世界中,"这些精英的言论本身未必极端,也可能不是极端情绪化网络舆论的主体,但是,往往是舆情极化中的肇始者、催化者和引领者,极大地影响着网民情绪和网络舆论的走向,也影响着健康和谐的网络舆论环境的形成,进而影响民众的政治认同,销蚀着执政合法性的基础"[③]。

---

① 赵宬斐:《现代性视域中马克思主义学习型政党研究——以历史的维度与视角》,科学出版社2013年版,第211页。
② 同上。
③ 徐家林:《网络政治舆论的极端情绪化与民众的政治认同》,《马克思主义与现实》2011年第3期。

五、政党化解网络群体极化的策略应对

网络时代,民众政治参与的广度和深度都在拓展,作为执政党,必须及时调整策略,创新社会治理模式,这样才能保持社会的和谐稳定。

(一)创新治理思维,发挥主导功能。在中国社会,执政党无疑是具有最强实力和最丰富资源的组织系统,在应对网络群体极化问题方面,要创新治理思维,积极发挥主导功能。要根据时代的变迁,及时调整意识形态,坚持从控制、灌输到整合、引导;确立由"网络监管"思维向"网络治理"思维转变,以寻求政治参与和政治稳定之间的相对同步,促进社会和谐发展。引导网络舆情,不能只在"危机处置"上作文章,必须做到"危机处置"与"解决问题"并重。在众声喧哗中,"尽可能打捞那些沉没的声音"[①]。执政党必须转变传统的舆论控制思维,适应网络时代的要求,遵循"以疏代堵"的原则,采用"以网治网"的方式去达成治理的目标。危机处置,这只是解决问题的第一步。事实上,网络舆论是社情民意的表达符号,执政党必须站在推进民主政治建设的高度,努力读懂这一符号隐藏的公众诉求,深刻反思事件的本质,找到存在的错误与问题,并拿出切实措施纠正错误、解决问题,以期民意通达、民心回归;同时要加强电子政务建设,为民众从政府网站上获取信息和服务提供方便,降低信息收集和传播的成本,让公众能够更加方便地在官方网站上表达意见和建议。

(二)加强网络舆情引导。各级党委和政府首先要及时捕捉网络舆情热点,预测和把握其发展规律,尤其增强对有关热点的预见性。以重大突发事件为契机,争取舆论引导"第一落点"在重大突发事件发生时,及时与相关部门主动沟通,力争第一时间发布权威信息,及时发出正面声音使"谣言止于事实";其次,要建立公开透明、及时

---

① 参见《倾听那些"沉没的声音"》,《人民日报》2011年5月26日。

有效的政府信息发布制度。在网络传播环境下，随着科技的发展特别是网络媒体的诞生，信息发布的渠道已经被拓宽，党政机关已不再拥有信息的优先发布权和控制权。只有建立公开透明、及时有效的政府信息发布制度，才能真正遏制谣言，才能让民众全面了解事实真相，减少民众的猜疑和恐慌，有利于事态的稳定；信息发布的及时有效，才能在第一时间阻止网络谣言的散布、恐慌情绪的蔓延，控制和引导舆论走向。及时进行后续报道，利用网络的海量性推出专题，通过准确、客观、全面的报道，向社会提供全方位信息，满足不同社会群体不同层次的信息需求，消除能产生负面舆论热点的信息盲点；再次，要强化网络媒介管理，规范媒体信息发布机制。加强对网络信息的把关，明确网络经营者的职责，各级部门要与大众传媒建立互动机制，及时将真实的情况反馈给相关新闻单位，充分利用这一容易控制的传统媒体，消除谣言，澄清事实，满足民众的信息需求；最后，要建立网络表达诉求解决的长效机制，畅通现实表达渠道。有关部门应主动关注网民的意见和建议，并将其纳入决策全过程。从决策目标的设定、决策方案的选择到决策的执行过程、实施效果评价等，都应广泛吸收公众参与，反映公众愿望和要求，保证公众现实利益表达渠道的畅通。

（三）实施适度的社会控制。针对网络时代集群行为特点，对其要采取适度的社会控制策略，运用行政手段和暴力手段的时候要慎重，尽量运用技术进行柔性控制，各级党委与政府要善于把握掌控宏观政策，把网络控制的具体操作权交给网络行业专门机构；在运用技术的同时，重视政府、学术界和网络业界的互相交流对话与磋商；科学把握自由与限制的尺度，必须建立在对网络有深刻认识的基础上，相应地改进对其控制的方式方法，力争使其处于一种动态的平衡之中，使其更好地服务于社会。尤其是运用权力和组织对因特网实行控制时，坚持从"硬性"转向"柔性"的对话与协商，最终达成共识。控制的目标不是打击与镇压，而是为了真正解决社会冲突和社会问题，保障公民的基本权利，保证社会正义，社会各阶层都能分享社会发展的成果，各阶层能顺畅地表达自己的利益和价值要求。由于"互联网既不是随心所欲的天堂，也不是无法无天的地狱，只有自律才有自由"①。社会大众养成很好的自我约束意识,这是一个漫长的政治社会化过程,在这个过程中,政党、政府、家庭和学校等要承担起责任来,对大众承担起宣传与教化作用;同时,社会大众自身要加强媒介素养和道德自律,在利用网络进行利益诉求、舆情信息传播和话语表达时,必须遵守相关的法律和道德,要学会运用理性和法律素养去甄别和判断,做一个健康成熟的社会公民。

(四)促进多元理性交流,增强共同互信。无论我们是赞成还是反对,我们生活的这个时代是一个怀疑主义与政治宽容和多元的时代。"当然,'意义的多元性'并不是暗示着理解的失败而是暗示着事实的丰富性和历史解释的多变性。"② 在集群事件发生后,应积极引导民众按照事件发生、发展的逻辑来分析问题,参与对事件的讨论,发表自己的意见,为事件的解决提供合理可行的策略,容许带有意见观点的交锋与融合,要以理性的态度、合法的方式,表达正当利益的诉求。政党要根据时代的变迁,及时调整意识形态,坚持从控制、灌输到整合、引导,不是压制冲突、消灭冲突,在分歧中寻求合作和共享。积极通过抑制、改善、宽容、解决和转化冲突的方式来处理冲突。迫切需要加强对各级领导干部进行网络监督下与网民互动沟通交流能力的培训,尤其是要培养和提高各级领导干部面对重大、特殊、突发的网络舆情事件时与网民即时沟通、交流化解危机与风险的智慧与能力。地方各级领导与网民开展在线交流活动风起云涌,通过开设博客和微博,让领导干部与民众之间的沟通更加简单容易,民众的参与面更加广泛。尤其是在群众最艰苦、最急需的时候,能在第一时间找到党和政府作为主心骨。此外,还要开展网上民主听证会、民主恳谈会,多从网民的"牢骚话"、"诉苦话"甚至骂声中捕捉民意,虚心听取人民群众对党和政府的意见和建议;还要打造"网上信访大厅",设置"领导网上接访室",让民众足不出户,就可以与有关领导"面对面"地交流沟通、反映诉求。一是了解民意;二是让民众参与公共

---

① 参见:《中国互联网网民报告2008》。
② 陈喜贵:《维护政治理性》,中央编译出版社2004年版,第118页。

决策的制定过程；三是吸引民众参与公共决策的修改过程。面对网络舆情，执政党要着力引导民众培养公共空间中的协商精神，给每个发言者自由发表观点的空间，尊重差异与多元的观点与建议，在有礼有节的辩论中辨析真理，修正自身的观点，最终达到一种更高层意义上的协商一致；积极引导民众具有高度的责任心和道德标准约束自己的网上行为，遵纪守法；相互之间以诚恳和善意的态度进行交流沟通，不要人身攻击，不要侮辱谩骂，以事实为依据发表评论，尽量言之成理，言之有物，共同维护并竭力塑造互联网上的自由精神。注意把从互联网公共论坛上搜集信息作为决策输入过程中的常规步骤，建立健全长期稳固的民众协商制度。在重大决策中，尤其是在政策定案之前的重要阶段，安排政府官员、民意代表、专家学者进入公共论坛与网民反复讨论，理清细节，阐明政策意图，这不仅能使双方达成一定程度的谅解，而且还能增加相互信任。各级党委和政府要支持一些虚拟社区、网络平台等公共论坛的建设，鼓励网民通过各种网络公共论坛协商参与各种公共事务，尤其要积极引导他们参与可能发生或已发生的舆情极化事件，实事求是地分析，进行各方面协商，以取得共识，提高网民的网络治理能力。

第四章 媒介化时代执政党话语能力建设

中国式的"革命"概念最初来自西方话语体系,在历经现代社会、思想运动的洗礼,尤其马克思主义科学革命理论的传播与指导之后,其内涵得到进一步拓展和显现。"革命"最初是指天体周而复始的时空运动,后经历1783年美国革命和1789年法国大革命实践的残酷洗礼,才最终与现实政治秩序紧密地勾联在一起。在中国社会发展的语境中,革命话语获得了无比丰富的内涵,从经典性革命到后现代性革命,"革命"话语与"革命"范式发生了巨大的流变与转型。过去,革命话语追求的是单一、宏大和充满浪漫与激情的现代性叙事,随着社会发展与变革,这种叙事方式必然要得到修正与重写,必须建构新的执政党建设话语体系。这种话语体系既能够反映中国共产党的优良传统的,又是与时俱进、不断发展的;既能够表现中国共产党特色的,又能够和世界其他政党展开话语对话;既是来自实践为党员干部所熟悉的,又是高于实践指导实践的,使革命的内容、结构以及意义与当今社会的发展变化更加契合,对内能够为全党全社会所掌握,提升党的建设科学化水平;对外既有助于借鉴人类文明优秀成果,又有助于世界更好地了解中国共产党,增强中国政党理论的国际影响力竞争力,尤其与当前主流意识形态以及当前的执政党的合法性相融洽。

第四章
媒介化时代执政党话语能力建设

一、话语权与政党

话语权一般指人们的说话的权利,即个人或群体通过说话进行意见表达和利益诉求的权利,即通过话语施展出的影响力。有学者把话语权定义为:"公民有就社会公共事务和国家事务发表意见的权利,是一种表达权和参与权的体现。"① 话语权和知情权是社会公民言论自由权、选举权和参政权等实现的基本前提。话语与权力不可分,真正的权力是通过"话语"来实现的。话语权的重要部分是由话语构成的。"话语意味着一个社会团体依据某些成规将其意义传播于社会之中,以此确立其社会地位,并为其他团体所认识的过程。"② 波林·罗斯诺在《后现代主义与社会科学》一书中给"话语"下的定义是:"所有被书写、被言说的东西,所有引起对话或交谈的东西。"③ 话语不仅是一种单纯的沟通手段,也是社会结构再建构和再生产的一个中介。社会中所发生的各种各样的话语交换活动,不仅实现了话语表达者之间的意义沟通、情感表达和思想意愿的交流,而且实际上也是建构、调整和协调他们之间的相互关系以及与他们相关的一切社会关系;同时,也是进行和实现他们之间的权力较量、协调和权力再分配。任何权力的较量和竞争,都是通过语言交换的活动进行的,是通过语言交换所带动和贯穿的象征性实践而实现的。

关于话语的叙述研究具有悠久的历史,并演变出多种流派。无论是西方马克思主义及其法兰克福学派的批判理论,索绪尔、罗兰·巴特的符号学以及后现代各种文化理论,都把话语作为解释当代文化与传媒研究中的一个重要概念。随着互联网技术的发展,人际交流时空

---

① 刘华蓉:《大众传媒与政治》,北京大学出版社2001年版,第11页。
② 王治河:《福柯》,湖南教育出版社1999年版,第159页。
③ [美]波林·罗斯诺:《后现代主义与社会科学》,张国清译,上海译文出版社1998年版,第2页。

得以巨大拓展，话语概念及含义有了很大变化。其表现在：一是超越了对话语的工具性认知；二是研究角度的多元化取向。而网络媒介的兴起又把话语的发展带向了一个更新更深入的阶段，特别是语境。一方面，网络传播模糊了语境，出现一种语境确实的倾向；另一方面网络传播又予以了新的不同于以往任何一种媒介的表达语境，使网络中的话语有了新的特点。

所以，话语权一直是媒介研究者讨论的热点。从广义看，话语权是新闻自由权利的重要组成部分，它属于新闻自由权利中的"表达权"的一部分，是公民的一项不可让予和剥夺的民主权利。①

法国后现代大师福柯认为，关于权力问题，最关键的不在于谁掌握了它，而在于权力是如何发生与运作，这是最为重要和关键的，这就是权力的技术、权力的策略、权力的机制问题。当我们回到网络传播话语权这个问题讨论中的时候，话语权主要表现为，受众在什么地方、以什么方式、和什么人、如何去说话，还有这些话最终起到了什么作用。在很多事件、时间和不同场域中，不同的人，甚至同样一个人说的话可能存在着极大的差异。"话语权"中的"权"有两种含义——权利与权力，这也就决定话语权有两种意义，即话语权利与话语权力。后现代大师福柯认为，每一个话语的背后都体现着特定的权力意向和权力关系，对公共领域的事务发表意见并实行着一定影响。话语是受主体内在自我感受、外在环境变化以及主体之间相互作用等多方面影响的。福柯进一步指出，其实人类的一切知识都是通过"话语"而获得的，任何脱离"话语"的事物都不存在，人与世界的关系是一种话语关系。西方杰出马克思主义者代表葛兰西对话语权具有独到的研究。因为生活的时代与环境以及自身斗争经历所影响，他比较注重从意识形态斗争的角度涉及话语方面展开对话语权的研究。因此，话语权就是葛兰西所谓的"文化领导权"。葛兰西认为，在一个国家，政权只是其"前沿阵地"，文化领导权才是其坚固的"堡垒"，隐匿于"前沿阵地"之后，其抗压性和抗打击性更强。

---

① 转引自贾奎林：《谁在说话？》，《新闻爱好者》2007年第4期（上）。

第四章
媒介化时代执政党话语能力建设

话语权本质上讲是一种掌握、控制、支配"话语"的软性权力。不仅意味着话语是某种被传达和接收的信息，更重要的是话语表达、包含或潜藏着某种或显明或隐晦的是非判断、价值取向和意识形态，包括一整套价值观、历史观、世界观等等。因此，可以这样认为，话语权就是对"话语流"的方向进行调控的一种能力或权力，即对话语背后的是非判断、价值取向和意识形态进行引导和塑造的软性权力——它不是采用强制命令的方式，而是通过各种议题设置、叙述策略等多种手段，暗示、诱导、感染、表达与说服，以支配舆论，使人们自愿地按照某种规定的方式去思想和行动。除了葛兰西的"领导权"、福柯的"权力话语"之外，哈贝马斯从"合法化"角度审视过话语权，罗兰·巴特则从"泛符号化"角度研究话语权的转变，而后现代学者鲍德里亚从后现代语境丰富了话语理论，为研究媒介话语提供了理论基础。

在互联网时代，话语权表现出的信息传播主体对虚拟与现实社会的影响力越来越明显。因为高度的媒介化发展使话语、话语权获得了无比丰富的内涵与意义。与传统的话语权相比，当前又出现了媒介话语权概念。媒介话语权是指公民运用媒体对其关心的社会公共事务和公共政策以及各种社会现象提出建议和发表意见的权利。也就是说媒介话语权是公民话语权在大众传播媒介上的实现。社会成员是否有通过传媒发表意见的自由和了解信息的自由，是一个国家的公民是否享有和在多大程度上享有政治自由和权利的重要衡量指标，大众传媒是否能够发挥对政治的监督作用更是衡量一个国家政治民主化的重要尺度。因此，媒介话语权是社会公民权利中最主要的和最重要的权利之一，是大众传媒发挥舆论监督作用的必要条件。

传播技术的发展，尤其是以互联网为代表的新媒体技术，为民众分享媒介话语权进一步大众化、世俗化和自主化攻克了技术屏障。网络传播的互动特性使得传者和受者之间的双向信息交流成为轻而易举的事情，网络媒体的用户既可以是传播者，同时也可以是受传者，真正意义上的传受互动及传受一体成为现实。个人网站、网络论坛（BBS）、博客（个人空间）及播客等，为民众提供了表达自己话语的多种途径。此外,作为第五媒体的手机的发展也为民众媒介话语权的扩展提供了无限空间。手机媒体是以手机为视听终端的个性化信息传播载体,它是以分众为传播目标,以定向为传播效果,以互动为传播应用的大众传播媒介。互联网自身所具有的独特性质——开放性、时效性、交互性以及匿名性,为人们广泛参与公共事务、发表意见和言论提供了一个自由交流的平台。基于传播技术发展和普及的基础上,使得受众参与传统媒体的互动具备了更多的可行性,热线电话参与和手机短信参与到传统媒体的互动传播中,使得民众话语权的表达又多了一种更为方便快捷的途径。以网络时代为代表的新媒体,为多元文化和多元思想的生存提供了空间,一个拥有民众话语权的社会才更有可能公正,只有实现公民的普遍参与才更有可能缔造真正的公民社会,促进民主化进程。话语权在媒介中,就是说话权,即控制舆论的权力。话语权掌握在谁手里,谁就有可能决定社会舆论的发展走势。"虽然每个人都拥有说话的权利,但就其社会声音的表达而言,社会层次的分布是很不相同的,有些人的音量比较大,比如他掌握着某种权力,操纵着某种国家机器,拥有某种财产;有些人的音量比较小,因为一没有权、二没有势、三没有财。"[1] 但是,这种权大财大,话语权就大的现象,在媒介化时代必然会得到逐渐改变。汤林森指出:"大众媒介正以平稳而快速的步调扩张其技术能力,在西方社会当中,它们对于公私领域的生活、夹其渗透、报道及再现的能力,已经具备非凡的影响效果。"[2] 传媒营造了一个巨大的话语场(布尔迪厄所谓的"新闻场"[3])或话语生产平台,它容纳并呈现政治、经济、科学、宗教、道德、文学、艺术以及日常生活等各种话语形式,根据自己的意图与模式给予改造,通过转换、移植、膨化、过滤等方式对这些话语进行再组织。这里所说的能力就是话语生产能力。媒介话语权的转

---

[1] 喻国明:《21世纪传媒业揭秘》,载赵均主编:《透视中国——在北京广播学院听讲座》,中国工人出版社2001年版,第101页。

[2] 汤林森:《文化帝国主义》,上海人民出版社1999年版,第45页。

[3] [法]皮埃皮·布尔迪厄:《关于电视》,许钧译,辽宁教育出版社2000年版,第46页。

第四章
媒介化时代执政党话语能力建设

变,首先得益于传播理念的重大转变,大众传媒的传播者逐渐开始重视研究受众,传播观念也开始由传者中心向受众本位逐渐转变,并进而带来受众自身的觉醒和成长,作为公民的受众也由此开始注重自身话语在媒介上的表达。相应于传播理念的转变,在传播内容方面,大众传媒也由党报体制的政策宣传为主逐渐向新闻本位回归,舆论环境日益趋向多元,对多种声音的宽容度也得到提升。

对于一个政党来说其文风不好,就有可能失去了话语权,便没有人听它说话,没有人替它说话,没有人为它辩护,必然失去民心,失去执政根基,自然就会解体。中国共产党是一个马克思主义政党,从延安整风以来,一直为培育和弘扬马克思主义文风而努力。我们党对党八股文风做过深刻的检讨与批判,并始终坚持生动活泼新鲜有力的马克思主义文风。我党的领导人历来高度重视党的文风建设,从毛泽东、邓小平到江泽民、胡锦涛,再到习近平一直大力倡导并率先垂范全党同志要开短会、讲短话、讲实话、讲新话。习近平同志还专门强调改进文风要有的"三个才能":胸有成竹才能出口成章,找准症结才能对症下药,源于实践才能指导实践。他还提出改进文风要短、实、新。改进文风,首先要按照科学理论武装、具有世界眼光、善于把握规律、富有创新精神的要求,钻心向书本学习,学习新知识,研究新问题,做到胸有成竹、厚积薄发。尤其是在互联网发展的条件下,更要静下心来沉思,坚持提升阅读理论的文化实质、精神品质。如何培育好文风,最重要的是虚心向群众学习。毛泽东同志指出:"没有调查,就没有发言权。"[1] 实践证明,调查研究是文章、讲话"有骨有肉"的一大法宝。不调查研究,就倾听不到来自基层的声音,就不了解人民群众创造的丰富经验。只有深入基层、深入群众,真实掌握基层社会情况,了解群众在想什么、在干什么、在说什么,才能更好地运用通俗易懂、生动活泼的群众语言,让人一看就懂、一听就明,进而使每个人都懂得,都相信你的号召,都会决心跟着你。

我们党历来高度重视话语权。因为谁真正掌握了话语权,谁就能

---

[1] 《毛泽东选集》第1卷,人民出版社1991年版,第109页。

引导舆论，引导社会心理，引导思想理论潮流。例如在拉萨"3·14"打砸抢烧严重暴力犯罪事件中，西方一些国家和媒体充分利用巨大的舆论攻势，向世界散布中国军队镇压和平请愿的藏人，还要为达赖搭建各种讲台，让他拥有关于西藏问题的话语权，并宣扬他是"为世界和平做出了非暴力政治抗争的典范"等谣言，混淆视听，误导世界人民，这一事件足以证明话语权的重要性。我们党总结经验教训，改进宣传报道工作，把握导向，公开透明，有序开放，有效管理，先声夺人，首先做大中国的话语权，引导了这些议题的国际舆论。

特别需要指出的是，当今世界各种思想文化交流、交融、交锋更加频繁，各种政治利益、经济利益、文化利益相互矛盾、相互交织、错综复杂，因而导致意识形态领域的斗争更趋激烈，掌握话语权的任务更艰巨，责任更重大。尽管世界上越来越多的国家对我国的发展模式、发展道路、发展成就越来越认同，与我国合作的愿望越来越强烈；但是，国际敌对势力总是把我国的成功发展说成是"威胁"。事实上，国际敌对势力西化、分化中国的图谋从来就没有停止过，其重要的手段之一就是利用其强势的话语权进行意识形态渗透。这种渗透同国内否定党的领导、否定社会主义制度、否定改革开放、否定党的理论和路线方针政策的噪音、杂音相呼应。为了有效抵御国际敌对势力的政治图谋，为了更好地用社会主义核心价值体系引领多样化的社会思潮，为了巩固全国人民团结奋斗的思想基础，我们同样必须进一步努力掌握话语权。同时把中国先进的治国理政经验和人权、民主、法制建设的实践经验上升为中国话语权，还有一个普遍接受和广泛认同度问题，不能关起门来自说自话。特别注意解决好国内国际两套话语体系兼容的问题、中国特色与国际通用语言的问题、中西方文化差异的问题。在建立中国话语体系中，应善用中国因素，特别是要善用中国理念，努力将其转化为中国国际形象创新的着眼点和重要工具。要在坚持和平发展道路，宣传和谐世界理念，不断推进构建和谐世界进程中，鲜明地提出反映时代前进方向的新的世界观和国际治理理念，并将其凝聚为有感召力的时代话语，用以提升中国软实力，重塑中国话语权。

二、执政党"革命"式话语的出场及特质

"理论在一个国家的实现程度,决定于理论满足这个国家的需要程度。"① 20世纪初期的东方边缘大国——中国之所以选择了马克思主义的现代性革命理论指导中华民族的奋斗与国家建构,是因为当时中国面临的现实最终只能是通过暴力革命的方式来完成;而马列主义现代性革命理论是能够适应当时中国社会的实际需求,能够解决长期困扰中国社会的根本问题,并理直气壮地回答"中国,出路何在"这一世纪性的难题。"革命"在中国的现代性出场,不仅和法国的大革命、苏联的十月革命有别,而且在中国历史发展不同阶段的表现也有所不同。从法国的大革命、苏联的十月革命和中国民族革命发展演变来看,马克思主义的革命话语"每一次出场都不是原有场域结构的简单重复,或原有场景意义的简单复制,而是一种重新布展和意义重构"②。马列主义现代性革命理论在东方大国一出场就获得了有别于"革命"在西方国度里展现出的现代性意义。

19世纪末与20世纪初动荡的历史中,中国式革命主要依托阶级与民族的平台,逐渐获得了合法性与正当性的话语权。因此"革命被建构成为一种与自由、解放、翻身、新生等意涵相关联的主流政治文化"③。而且这种话语文化"在日趋神圣与正义化的同时,又意含着浓烈的任意性和专断性成分"④。很显然,当时中国共产党的"革命充满了'辩证法'、'意识形态'、'不间断'、'英雄气概'和'浪漫情

---

① 《马克思恩格斯选集》第1卷,人民出版社1995年版,第10页。
② 任平:《创新时代的哲学探索:出场学视域中的马克思主义哲学》,北京师范大学出版社2009年版,第309页。
③ 王奇生:《革命与反革命:社会文化视野下的民国政治》,社会科学文献出版社2010年版,第100页。
④ 王奇生:《革命与反革命:社会文化视野下的民国政治》,社会科学文献出版社2010年版,第100页。

怀'特征，为马克思主义的现代性革命话语在中国的运用带来新的想象空间、表达空间、新的思想特征、新的思维方式和新的行动风格，并赋予拯救世界于水火中新的宏大使命"①。马克思主义关于阶级斗争理论与暴力革命观念，在东方边缘大国获得了崭新的时代内涵，使得中国传统革命获得了某种超越，可以说，"'出场者'的新变化、出场语境和出场路径的新变化，都可能造成对整个场域结构的重新安排与历史设计"②。革命话语一旦进入中国场域之中，就立刻与启蒙和救亡密切联系在一起，并形成独特的样态。在当时的环境和革命条件下，中国共产党的革命话语主要表现出以下几个方面主要特征：

一是革命话语与启蒙和救亡紧密结盟。在马克思革命理论视域中，革命的最初目标在于通过对批判资本主义发展表现出的弊端进行揭露，进而实现无产阶级革命的胜利。当马克思革命理论被国内先进知识分子用来指导中国社会革命的时候，因为中国革命的场域与西方世界各国具有很大的差异，在当时的中国不仅仅需要民族的启蒙，同时更需要迫切的民族救亡，马克思革命理论一下子促成了启蒙和救亡在中国革命场域的紧密结盟，人们通过革命展开系列的启蒙与救亡，革命成为意识形态中最重要的斗争武器。二是革命话语具有一定的暴力特征。在20世纪初，当时的中国社会主要是封建半封建社会，民族独立与国家建构是当时候革命的主要目标。革命是摧毁当时旧制度实现民族独立和国家建构的主要手段，革命具有一定的正当性与合法性。正如毛泽东所言："革命不是请客吃饭，不是做文章，不是绘画绣花，不能那样雅致，那样从容不迫，文质彬彬，那样温良恭俭让。革命是暴动，是一个阶级推翻一个阶级的暴力的行动。"③ 使革命话语表达中充满了"阶级"斗争与"民族"解放的激情，并通过革命话

---

① 赵宬斐：《现代性视域中马克思主义学习型政党研究——以历史的维度与视角》，科学出版社2013年版，第112页。
② 任平：《创新时代的哲学探索：出场学视域中的马克思主义哲学》，北京师范大学出版社2009年版，第309页。
③ 毛泽东：《湖南农民运动考察报告》，载《毛泽东选集》四卷合订本，人民出版社1968年版，第17页。

语的号召，来引导社会上的农民阶级、小资产阶级和民族资产阶级等反对帝国主义、大官僚、大买办和封建统治阶级，支持各被压迫阶级的解放与自由，实现了民族国家的建构。三是革命话语具有浪漫情怀特征。在中国近现代社会很长的一段时间里，因对现代性的追求促使革命话语长期地保持高涨的情怀。革命的情怀与革命的浪漫弥漫于整个社会之中。人们发起革命话语表达，反对外族侵略和民族压迫，反对封建统治和民族分裂，憧憬美好的未来，追求理想主义社会。四是革命话语具有强烈的反叛性和创新性。人们在革命话语的感召下，不但积聚着巨大的能力，而且这种能力随时都可能转化为破坏一切的能量，敢于索取原本不属于他们的一些东西，特别是在社会动乱或改朝换代之际，"敢为天下先"，敢于打乱社会正常的秩序，通过暴力手段实现一种新的政治程序，即民族复兴与国家建构；真正的目的在于创造另一种新的获得民众认同与支持的合法性权威。

针对当时的革命是偏重于启蒙还是救亡，无论是李泽厚的"救亡压倒启蒙"论[1]，还是金冲及的"救亡唤起启蒙"论，或者是王元化的救亡与启蒙关联论[2]等，一时众说纷纭，但是，革命话语在中国场域中的演绎，绝不是要么是"救亡压倒启蒙"，要么是"救亡唤起启蒙"这么简单的二分法。革命话语在中国的现代性出场，不仅和法国的大革命、苏联的十月革命有别，而且在中国历史发展不同阶段的表现也有所不同，革命话语已经超越了经典叙事中，无产阶级对资产阶级的暴力斗争，一个阶级推翻另一个阶级统治的简单的二元对立，这种革命充满了宏大叙事、浪漫情怀和豪迈激情。

在革命期间，中国共产党的政治话语叙事的主题是要建立现代民族国家，追求政治统一和国家与民族的独立。中国共产党在中国处于半封建半殖民地革命斗争进程中，接受马克思主义的现代性启蒙与教育，由于马克思主义理论本身具有的开放性和世界性意识，中国共产党在马克思主义的现代性指导过程中，具体、科学和有效地结合中国

---

[1] 李泽厚：《中国近代思想史论》，人民出版社1979年版，第311页。
[2] 顾昕：《中国启蒙的历史图景》，牛津大学出版社1992年版，第42页。

社会发展的实际状况,实现了政党的"本土化"和"中国化",并成功地把晚年马克思对发展中国家能否跨越资本主义制度的"卡夫丁峡谷"问题的思考转变为现实。马克思主义话语由启蒙转化为有效的社会动员与控制。中国建设成为一个独立自主、民主富强的社会主义强国;同时,又以中国革命的胜利为契机,以"不断革命"的英雄气概去变革、推翻资本主义主宰的旧世界,试图建立一个共产主义的新世界并最终实现人类永久和平的理想状态和秩序。马列主义话语之所以能够成为中国共产党领导无产阶级革命运动的思想基础,就是因为马列主义话语能够适应中国社会的需要,能够解决困扰中国现实的根本问题,并能理直气壮地回答"中国,出路何在"这一世纪性的难题。

三、时代的变迁与主题的呼唤:
媒介化时代的话语发展趋势

美国媒体研究学者爱德华·赫尔曼曾说:在与卫星通讯和光缆网结合之后,数字通信使得单个用户通过个人电脑及时获得全球各种信息并与任何人进行交流,因而"互联网生来就是一个全球媒体"①。网络媒体又是一个高度互动性的传播媒介。传统的报刊、广播、电视等媒体,从总体上说,受众处于一种被动状况,缺乏及时信息反馈的余地和机会,传播者与受传者之间无法进行实时性的互动。但媒介化时代的网络媒体就不一样了,话语及其话语表达的结构特点、功能、内容与方式和前媒介化时代完全不同。在全球化、现代性迅速扩展,特别是互联网日新月异的今天,时代主题已经发生了巨大的变化,社会阶层、社会结构迅速变化的同时又遭遇着"数字化王国"②的浸润。

---

① [美]爱德华·赫尔曼:《全球媒体——全球资本主义的新传教士》,甄春亮等译,天津人民出版社2001年版,第147页。
② 刘文富:《网络政治——网络社会与国家治理》,商务印书馆2002年版,第198—199页。

第四章
媒介化时代执政党话语能力建设

当今的社会一如德国学者乌尔里希·贝克认为的那样是"风险社会";而风险社会又与媒介的发展存在密切关联,风险特性往往由传播媒介建构或呈现出来的,因而"风险社会"又呈现出"媒介化风险"特征。网络时代是"大众传媒"时代,人们的话语表达得到了最充分的释放,人们可以在任何时间、任何地点就任何问题与任何对象进行互动式交流。对此,我们党应认真研究。"面对社会矛盾日益激烈的状况,政府有关部门和官员必须意识到中国的社会政治稳定依赖于各个阶层之间的力量均衡,特别是在舆论表达上更要让各方、尤其是让话语权上处于劣势的中下层群众和他们的意见领袖能发出声音来。"[①]尤其是网络舆论作为后现代社会中民众情绪的一种真实、广泛的表达与流露,对中国的政治讨论和决策的影响力正在持续性增加。由于时代主题发生着重大转向,大众话语表达与传统相比较主要体现以下几个特征。

一是话语表达主体呈现出多元性与异质性。在前媒介化时代中,各种媒介资源主要由各级党委和政府所掌握,话语权也主要由各级党委和政府来分配与调度的。但是,随着媒介化的快速发展,广大民众借助于网络技术,使其话语表达的空间和自由度得以极大拓展和提高,各级党委和政府也很难在媒介化高度发展的时代对媒介资源和话语权实施绝对的控制,广大民众所掌握的言论自由化、话语表达的主体多元化的倾向也越来越明显。话语表达的多样性开始受到重视,一切从自己利益要求来规范其他话语表达的做法,逐渐遭到摈弃;同时,话语表达的鲜明个性主要通过博客、论坛、网络杂志和手机短信等多种形式体现出,真正实现了在"任何时候,任何地点,对任何人"的信息表达与传递。人们可以自主提供内容、发表评论,与其他人进行实时交流,对社会舆论的形成产生影响,从而突破了传统主流媒体的话语权壁垒,也就是具有了人们所说的"大众传媒"的特点。执政党依靠传统意义上的行政的组织手段引导、控制话语表达,从而

---

① 李希光:《走出互联网:话语权失衡的应对之策》,《人民论坛·学术前沿》2013年第12期。

影响受众,以达到引导舆论效果的做法在网络传播时代,已难以对所有人奏效。时代的变化,必然要求政党顺应时代潮流,以符合社会主流需求的价值观、理念,以民众欢迎的话语表达去引领社会舆论。

二是民间话语表达的场域与路径的转向。网络时代为中国的民意表达开创了极其宽广的天地。"众声喧哗"是不可逆转的趋势,舆论不再完全按照公权力设想的路线传播;实际上,数千年来的历史发展演进,民间的舆论场始终是"众声喧哗"的。美国民俗学家道森认为,"民间"主要指"非官方的民间大众","这种非官方文化可以在民间宗教、民间医术、民间文学、民间艺术和大众哲学中找到自身的表达方式"①。话语权属于每一个言说者,每一社会成员都可成为言说者。巴顿·普里散特(Barden Prisant)在《互联网对艺术意味着什么》一文中说:"Internet 就是所有平等者之母。"② 约翰·巴洛在1996年发表的《赛博空间独立宣言》中满怀激情地宣称:我们正在创造一个每一个人都能进入的,没有由种族、经济权力、军事权力或出身带来特权与傲慢的世界;我们正在创造一个每一个人不论在什么地方都能表达他或她的不管多么单一的信仰的世界;你们有关财产、表达、身份、运动、背景的法律概念并不适用于我们。③ 数字化"赛博空间"开始向民众开启新的话语权,确立了民众的民间本位的文化立场。米·巴赫金在《陀思妥耶夫斯基诗学问题》、《弗朗索瓦·拉伯雷的创作以及中世纪和文艺复兴的民间文化》等著作中提出了"复调"(polyphony)、"对话"(dialogics)和"狂欢"(carnival)理论。巴赫金认为,狂欢化的"无等级性"、"宣泄性"、"颠覆性"和"大众性",打造的是一种"怪诞"(grotesgue)而又"去中心"(decenlralization)的"广场文化"。这种广场无等级和障碍限制,展现出浓郁

---

① Richard Mercer Dorson, *Folklore in the Modern World*, Mouton Publishers, 1978, p12—13.

② Prisant, Barden, *What Does the Internet Mean for Art*, Art Business News V. 27 no9 Sept. 2000.

③ http://www.eff.org/~barlow/Declaration—Final.html(2002/01/14). 译文见高亮华:《一个新的精神家园》,《科技日报》1998年4月18日。

第四章 媒介化时代执政党话语能力建设

的平民气息,任何人,不分种族信仰和尊卑贵贱都可以在此抒发心声、放纵本能,广场具有的平等结构特点正是人与人之间平等的象征。赛伯空间就类似这样的公共"广场"。这个"广场"虽不能在现实中展现,却存在于自由自在的虚拟世界。因而这样的"对话"是真正自由的对话,完全平等的交流。正如池田大作所说是"把灵魂向对方敞开,使之在裸露之下加以凝视"[①]。虽然网络直接表达并不能代表所有的民众,但至少减少了传统的利益表达所要经过的层层组织过滤、筛选,并且由于其匿名的方式,使得人们可以心安理得地进行表达与宣泄;虽然这种表达也未必能够涵盖众多特殊但合理的利益诉求,但至少使人们看到了表达的多样性、差异性和直接性。互联网是一个反中心化、非集权性的自由空间,它鄙视权威,消除等级,拒斥英雄情怀和盛气凌人,无论是达官贵人还是黎民百姓,在这里都是平起平坐的网民,这是一个尊重个性的世界,一个张扬自由的世界,一个坚守民间立场和兼容各种对话的世界。网民很好地利用了这一资源,将话语的理性分析和表达让位于虚拟世界的感觉撒播和情绪渲泄,找到感觉、表达感觉并在互联网上交流彼此的感觉,实现个人境遇的临场倾吐和对生命轮回及意义的不同阐释与表达。民间话语表达实质上是一种当下的生命表达,通过话语张扬利益诉求、正义期盼,无疑是有积极意义的。

三是大众话语表达呈现"去中心化"与"群体偏好"特征。传统社会中,只有"权力精英"和"经济精英"独享话语权的时代逐渐消退,社会大众的话语表达的机会越来越多。而如今,网络话语权的发展壮大,又使话语传播回归到社会和人们的日常生活之中,充满着具体感性的生活气息。话语权也逐渐分解到普通民众的手中,造成了话语表达的"去中心化"现象,这对"话语霸权"造成了前所未有的冲击。传统媒体对"新闻"和"重大事件"的解释与定性的权威地位日益受到削弱,话语权力正在向受众倾斜。网络话语权的主体削弱了现

---

① [日]池田大作:《我的人学》,铭九、潘金生、庞春兰译,北京大学出版社1992年版,第155页。

实中的相互关系及其等级界限,也消解了专家与权威,尤其是政党与政府的权威性。与传统表达相比较,随着新媒体的兴起和民众对其的接受与使用,它为公众表达利益和宣泄情绪提供了最佳的渠道,公众往往会利用新媒体大胆地表达一些通过其它渠道无法表达的诉求;由于正常的、制度化的表达渠道经常受阻,所以通过新媒体的政治表达时常表现出非理性、情绪化,甚至偏激与极端,很显然民众的网络表达存在"群体偏好"特征,这种群体偏好如果不科学有序引导往往会演化成群体极化现象,酿成群体性事件。正如尼古拉斯·尼葛罗庞帝所说的那样:"每一种技术或科学的馈赠都有其黑暗面。"① 不实资讯会到处散播,网络舆论时而情绪化或者走向偏激,网络舆论观点分散、立场多样,党和政府的舆论引导更加困难。

四、时代主题的诉求
——中国政党"新话语"体系的建构

从20世纪50年代至今,中国式"革命"话语的转型,也印证了社会的变迁。几十年间,中国社会从封闭、僵化走向开放、松动、调整与转型,社会身份、社会关系、知识体系和信仰体系发生了根本性的改变与调整;对于生存于社会母体的中国"革命"话语必然发生着改变。尤其是上世纪90年代中期,互联网的兴起更是极大地改变了全社会的语言生态、话语权格局以及话语模式。在互联网时代,由于网络具有开放性、交互性、匿名性、透明化和去中心化等特点,瓦解了政府独占话语权的技术基础,网络民意犹如潮水,社会多元话语的兴起,迎来了一个话语权日益平均,观点和表达方式日益多元,自由言说已呈不可逆转之势的新时代。中国政党面临的执政环境发生了深

---

① [美]尼古拉斯·尼葛罗庞帝:《数字化生存》,胡泳等译,海南出版社1996版,第26页。

刻变化，通过由注重特定阶级资源，向注重社会公众资源的转变，以增强执政的社会基础，并通过社会主义和谐社会的构建，改变了过去注重从思想意识形态、政治、经济某一方面获取执政资源的方式，转为从社会的政治、经济、文化等各个领域全方位、多角度获取执政资源的模式。

在当今世界发展进程中，许多主题发生了重大的切换，其中比较鲜明和典型的是以人为中心叙事的转变，即从以实践为轴心的主张宏大叙事转向以发展为中心的主张人与人和谐的多元叙事。在这多元世界和谐共进的态势中，传统意义上的单一理性、意志、真理、思想，转向了解构、话语、文化，甚至是国家、社会、文化、民族等也转向多维度和多元的价值取向与融合。面对今天这样一个多种多样"话语"叙事与文本，中国政党的发展理应与全球的知识、文化、思想和现代性意识保持协调的节奏，以利于我们能够理性地在政党政治领域内积极开阔视野、拓展思路和深入研究，以保持与"国际语境"衔接的发展态势。中国政党在主导话语权的过程中，既要秉持合法性与世俗化价值原则，适时调整、修缮和整合中国传统意识形态资源，推动国家意识形态与社会主流文化相融合，又要创建新的适合当代中国社会发展实际的新话语体系，使中国政党在和国际上一些政党对话与交流中显示出独特的中国气度与作风。凝练核心价值观的过程，其实就是核心价值观不断得到普及、推广和认知的过程，其实就是统一思想和行动、凝聚智慧和力量的过程。这不仅是中国政党实现话语体系进行现代性转化的关键，同时，这也是牢牢确立马克思主义意识形态在当代中国话语场中主导地位的关键。这就"迫切需要中国共产党构建一套科学的、成熟的执政党建设理论的话语体系，去承载、表达、传播党的信仰、纲领、政策主张和自身建设理念，向世人展示中国政党政治的发展全景和基本特色，以获得理解和认同，有效应对各种风险挑战，破解各种理论迷思，实现执政实践与理论创新的良性互动，提高党的建设科学化水平"①。构建科学有效的话语体系关键在于"把主要精力放在丰富和完善已有的思想理论体系上;同时还要看到,不同特色、不同风格、不同气派的话语表达,对于增强某种思想理论体系的传播力、竞争力、吸引力、感染力、影响力,意义是重大而深远的"②。目的就是"要科学地表达和传播党的思想观念体系,有效引领与整合多元化的社会思潮,牢牢掌握意识形态领导权,以获取广泛认同,巩固党的执政地位"③。在话语的转变和重构中,有学者指出尤其要重视以下几个方面的问题:一是回应性话语的增长;二是民意回应机制的建立;三是政府及其官员全面触网;四是政府话语的重塑;五是官方话语的新姿态。④

"在高度网络化的时代,随着公众话语权扩张,行政话语的形式和内容正在得到重构,政府及其官员的言说策略也在发生积极的转变。这些是社会形势发展所提出的要求,也是政府主动运用网络技术来改善言说效果的结果。"⑤ 总之,在高度网络化的时代,随着民众话语权扩张,政党的话语的形式和内容必须与时俱进地加以调整。

(一)实现"一元主导"与"多元辅补"。所谓"一元主导,多元辅补",一方面是始终牢牢确立马克思主义作为中国特色社会主义话语权的主导地位;另一方面要承认马克思主义话语与各种差异话语在中国现实社会中的多元存在,同时马克思主义主流话语要吸取多元话语的精华,发挥其对主流话语的辅助补充作用。中国共产党的主流话语应当展现出民族性与世界性、历史性与时代性、传承性与创新性、科学性与实践性;主流话语不但体现出党的指导理论与时俱进,同时

---

① 姚桓、邹庆国:《论构建中国执政党建设理论的话语体系》,《新视野》2013年第2期。

② 姚桓、邹庆国:《论构建中国执政党建设理论的话语体系》,《新视野》2013年第2期。

③ 姚桓、邹庆国:《论构建中国执政党建设理论的话语体系》,《新视野》2013年第2期。

④ 韩志明:《从"独白"走向"对话"——网络时代行政话语模式的转向》,《东南学术》2012年第5期。

⑤ 韩志明:《从"独白"走向"对话"——网络时代行政话语模式的转向》,《东南学术》2012年第5期。

也反映出适应我国社会经济政治结构变化和时代发展特征。多元话语则展现出丰富的差异性与鲜明的个体性,既有纷争又要协商,多元话语对主流话语来说起着一种辅助与补充的作用,不仅需要主流话语的承认,更需要主流话语与多元话语之间的平等,尤其是平等的政治、社会和文化地位。主流话语在继承"百花齐放,百家争鸣"方针的民主精神基础上,坚持"一元主导,多元辅补;汇通古今,兼融中西"的和谐话语观。一元主导必须与多元协调互补才能发挥主流话语的主导和引领作用,否则,就会导致主流话语的固步自封和孤芳自赏。多元话语也只有在主流话语引领下,传承和传播社会主流价值,并满足社会不同需求,才能获得社会认同和发展生机。主流话语在巩固和强化其领导地位的同时,要充分借鉴吸收其他话语的有益内核和表现形式,创新主流话语的时代内涵,不断扩大主流话语的社会覆盖面和吸引力;注重改革创新的主流话语体系、表达方式和传播方式,使其更加贴近时代、贴近生活、贴近大众口味。

(二)营造与完善公共话语场,提升话语的公共性效应。当前中国话语的公共性不足使我国大众话语发展面临最严峻的挑战。话语公共性在我国的缺失,很容易导致党和政府与民众之间形成一种鸿沟,这种距离最终会造成民众参与意识淡薄、公民精神的孱弱和信任匮乏。只有不断加强话语的公共性建设,公平、公正、公开等公共性品格才能日益凸显,公共性才能呈现出总体递增与趋强的态势。随着全球化、互联网以及社会转型的快速发展,使执政党和政府面临多元性与复杂性的环境,社会问题的日趋复杂多变,使我党执政面临的不确定性因素空前增加;互联网的发展带来了民间社会组织的重新组合,人们纷纷结成"虚拟共同体",通过"虚拟社区"等平台,彼此进行思想、知识和意见交流,以表达对现实政治生活认知。这种"公共话语场"如果得以有效运转,最重要的是要完善公共话语场的规则,以容纳"异质性",听到不同群体、不同阶层的"话语",确保在过程中听到不同演讲者对不同主题的不同意见。① 正如桑斯坦指出的："最重要的是，一个共和国，或一个异质的社会，需要一个竞技场，让一群经验、见解和想法各异的公民们，可以在此和他们碰面磋商，讨论什么是对大家都好的，什么才是对的。"② 从而促进相互间的交往与合作，从而有效地增强其话语的影响力。政党应积极增进民众的话语权，适当降低大众传播的门槛，把政党、媒体与民众三方面关系在公共话语场进行充分展开。政党的首要任务是尊重任何一方的话语表达，而不是制造封闭，通过不同话语表达的释放，解决好话语背后的问题与矛盾，满足各方利益与诉求，以推进民主、自由与和谐的社会发展，在此过程中实现社会主义核心价值体系的建构，并确保社会主义核心价值观成为真正引领我国舆论的核心和主流，政党在充分掌握话语权的同时，必须积极引导民众的广泛参与和互动，并自觉地形成对政党政治的合法性认同。

我党一方面加强主流话语主导权建设的同时，要尊重多元话语主体的独立性，破除话语表达的行政级别制约，以实现多元话语主体间的全方位交流，营造排除强制力介入的自生自发和谐共存的秩序，实现话语之间的良性互动。"平等、自由、参与"等为价值取向的话语民主理论，引导多元话语和谐发展，倡导理性、务实、真诚的对话与协商，促进公民积极的参与意识与公共精神，促进政府与公民、政治国家与公民社会之间通过话语的良性互动实现善治。例如，始于1999年浙江温岭民主恳谈会以及发端于2002年的南京市"市民论坛"等活动，就很好地提升了话语的公共性，促进了"话语民主"的有效发展。

（三）实现"官方话语"与"民间话语"的有序互动。在今天的大众传播的时代里，一方面是大众传媒话语即报纸、杂志、期刊、电视、电影话语的发展；一方面是以电脑为媒介的网络话语的崛起；另

---

① ［美］凯斯·桑斯坦著：《网络共和国——网络社会中的民主问题》，黄维明译，上海人民出版社2003年版，第77页。
② ［美］凯斯·桑斯坦著：《网络共和国——网络社会中的民主问题》，黄维明译，上海人民出版社2003年版，第142页。

一方面还广泛存在着的公共和日常话语,导致中国社会的话语生态环境呈现出前所未有的复杂、多元、动态、网络化、个性化、开放性和透明性的特点。民众在面对和理解党和政府的政策、纲领以及社会事件时,已经不再是典型的"被动接受"、"被动消化"和"被动表达",民众越来越需要开放性、民主性、公正性与透明性的话语表达,需要更加民主和贴近现实,趋向于关注生活具体问题的话语表达。需要主流话语在履行表达的同时,能够倾听一切人的声音,哪怕是卑微的小人物的声音。

互联网的发展,逐渐演化出"官方话语"与"民间话语"两大场域,而且民间话语场域由小到大呈现扩大趋势。民间话语开始争夺话语权,对官方话语的认同也逐渐降低。面对这种情景,政党要在网络社会中肩负光荣的使命与责任,深入各个民间话语场域,充分了解民情、民意,积极寻求与民众的协商与交流,就社会热点、焦点与公共性事件与民众敞开心扉平等、坦诚地交换意见,并在真诚、友善、宽厚的交流和沟通过程中获得民间的信任。"现在的网络上聊天室和论坛不是把持不同政见的各类公民吸引到网上就共同关心的问题进行政治协商,而是把思想、政见、价值观和爱好基本相同的个人吸引到一块加深他们的原有价值观和偏见,而不是挑战和改造原来的价值观和偏见。"[①] 为全社会编织一张更加平等、更加透明的话语体系网络。当前,"一方面是传统媒介传播市场的份额在不断收缩,其话语权威和传播效能在不断降低;另一方面则是新兴媒介的勃兴与活跃,传播通路的激增、海量信息的堆积以及表达意见的莫衷一是,这便是现阶段传播力量构建所面对的社会语境"[②]。在这种复杂多变的语境中政党应当以我为主提供情况,把握话语主导权,懂得如何与新媒体受众交流,建立伙伴关系,引导社会舆论,平息公共危机,政党一定要充分考虑到政党、媒体与民众三方面的关系,尊重任何一方的话语表

---

① 刘文富:《网络政治——网络社会与国家治理》,商务印书馆2002年版,第298页。
② 喻国明:《"碎片化"语境下传播力量的构建》,《新闻与传播》2006年4月号。

达,而不是制造封闭,通过不同话语表达的释放,解决好话语背后的问题与矛盾,满足各方利益与诉求,以推进民主、自由与和谐的社会发展。

(四)掌握话语主导权,积极引领网络话语。中国政党不仅是领导党,还是民众与政府沟通联系的桥梁。政党要牢固掌握话语主导权,实施正确话语导向,提升把关能力、新闻敏感能力,通过把关提供优质的信息,进行正向的舆论引导。对于各种意见的纷争导致舆论的分散化、情绪化及负向舆论形成的问题,不能熟视无睹,应及时进行因势利导的"治疗"、组织和管理,及时化解危机,规范网络话语秩序。对一些重要敏感的事件,应迅速做出反应,否则就会失去制造舆论的先机,导致舆论引导中的被动;政党要时刻关注事态发展,及时领先于潜在的竞争者做出正确的反应,成为社会的"安全阀"、"减震器";伴随着互联网技术的快速发展,社会话语权力的格局也随之发生了深刻的变动。互联网的诞生,使当权者和精英控制话语权的历史逐渐解构。互联网使全人类几乎同步进入了众声喧哗的时代。从此,一家独大、唯我独尊的话语方式也渐渐成为明日黄花,民间话语也必然会在主流话语空间中获得一席之地,并且在未来的话语权力博弈中展现出更大的影响力。尤其是随着微博时代的到来,话语表达的路径、演进方式以及话语权力的格局将会得到彻底改变。

对于中国执政党来说,虽然对媒体拥有最终管理权,可以通过主流媒体的政治叙事、政治表达等手段对社会实施管理和调控,这与西方政党同媒体保持对等和平衡最大的不同;但是,媒体自身发展与整个社会民主环境的客观变化,必然导致执政党对于领导与管理媒体的方式需要与时俱进。网络时代的新媒体通常被人们称作为"第四权力"。新媒体之所以获得这样的称呼,是因为该媒体获得了一些传统意义上的权力的资质和功能,但传统意义上的刚性和物质意义的权力属性表现得又不太明显,是一种"软权力"的展现,主要体现在政治表达、政治参与和舆论监督等方面。对于中国执政党来说,应该在新的政治环境中认真考量和审视如何娴熟地使用媒体,对各种网络话语做好引领工作,这是一个很紧迫的现实问题。如果说在"媒体社会"

第四章 媒介化时代执政党话语能力建设

到来之前,中国执政党主要是通过大规模的纲领传布、庞大的党员队伍、严格的组织等级结构和严明的政治纪律规范来实现政治信仰和政治意志传递,那么在"媒体社会"时代中,中国执政党必然更需要在电视、广播、报纸、杂志以及网络媒体中作为主角站到前台,积极发挥话语权的优势,直接面对社会大众甚至全球观众,以寻求不同阶层民众的政治认同,巩固执政的基础。

(五)实现话语与合法性的融通。话语权是法律规定的公民自由表达权利在媒介中的直接体现,也是最基本的人权之一。话语权的本质属性在于公民可以在公共空间传播思想观点的自由。随着互联网的发展以及各种新媒体的崛起,话语权概念一再被网民和各种社会力量强化与提升,其内涵和外延都不断得到深化拓展,话语的增权意识、平权意识、参与意识愈加增强;话语表达形式、表达立场、信息来源渠道也都具有多样性特征,话语表达更为全面和充分;话语主题更加丰富多样。多元差异的话语表达不仅有利于培育平衡,培育理性,更有利于实现与合法性的融通,因为各种不同声音都能得以表达,有利于"舆论生态"的平衡,有利于增强话语的凝聚力。不同的观点、思想和价值取向通过相互的论战、思辨和沟通容易达成共识,进而潜移默化地促进社会认同,最终结晶成为国家权力、制度设计和公共政策的合法性来源;积极实现宪法赋予的公民言论自由权利,实施和实现这些权利必将是当代社会民主政治和媒介发展的重要目标追求。

(六)倡导以人为本,建构和谐社会。随着时代的发展,中国共产党根据社会环境的发展变化,及时提出了"以人为本"、"建构和谐社会"的新时代的革命话语。时代的发展变迁,进一步提升和丰富了革命的现代性内涵,把人作为价值的核心和社会的本位,把人的生存与发展作为最高的价值目标,这应当是中国共产党革命的本质追求和使命。中国共产党提出"以人为本"和构建"和谐社会"的政治理念,这表明中国共产党治理社会的理念将发生重大转变,因为中国共产党正是在这些新的不平衡和矛盾中,看到了蕴藏着人们的巨大的物质和精神需求,蕴藏着巨大的发展机遇,而这些只能在一个和谐的社会中,才能得到实现。要充分把握这个机遇,必须高度重视人民群众在实现发展中的主体地位,坚持以人为本,充分依靠和发挥广大人民群众的积极性、主动性、创造性,把一切为了人民的原则贯彻于发展的实践中,切实让人民群众共享发展成果。

五、中国执政党话语变迁余留的思索

发轫于20世纪初,成熟于40年代,极盛于"文革"时期的现代性革命以及与之密切的革命话语、合法叙事、暴力的正当性、斗争哲学和专制叙事等,随着历史的发展和社会的变革总归要走向衰落。中国启动改革开放,标志着那个时代革命的转型与退场。"革命"话语与"革命"范式开始转型,彻底告别了乌托邦式的宏大叙事。

在政治行为中如果"没有了意见表达与交流,任何经宪法宣布了的政治参与、利益表达、舆论监督等公民的自由和权利只不过是一种点缀"[①]。因"当今社会的时代主题已经发生重大切换与转移,社会的发展已由单一理性、意志、真理、思想,转向了解构、差异、多元、协商、沟通、融合与共识,传统意义上的坚持以实践为轴心的宏大叙事表达已转向以发展为中心的主张人与人的和谐、多元叙事表达"[②]。在媒介化时代"不实资讯可能到处散播,网络舆论时而情绪化或者走向偏激,网络舆论观点分散、立场多样,党和政府的舆论引导更加困难,国内外政治团体利用网络从事颠覆活动等。这些都需要加以管理与引导,但是如果以此压制网络舆论,不啻因噎废食,不如通过更加开放舆论环境将极端化的观点边缘化。政党对于网络舆论的管理的底线不在于全盘控制,而在于引导和营造一个和谐、理性、平

---

① 参见成协中:《公众参与的模式选择与实施机制》,载罗豪才:《行政法论丛》(第10卷),法律出版社2007年版,第88页。
② 赵宬斐:《新媒体视野下中国执政党政治表达的范式转向》,《中国出版》2012年第22期。

第四章
媒介化时代执政党话语能力建设

等与民主的健康舆论环境"①。正如著名哲学家任平指出的那样:"我们绝不能仅仅根据文本解读就作出马克思主义理论形态一劳永逸的结论。我们不能将在特定的出场语境和出场路径中形成的文本结构奉为理论的永恒。"② 中国共产党的话语能力建设要始终"秉持着合法性与世俗化价值原则,适时调整、修缮和整合中国传统意识形态资源,推动国家意识、政党理念与社会主流文化相融合,又要创建新的适合当代中国实际的国家意识与政党理念,使中国执政党能够从容在世界政党舞台上与其他政党对话与交流,并显示出独特的中国气度与作风"③。

当下中国社会发展的面孔已经今非昔比,"如果以当今中国政治、思想倾向或其他国家革命后的经历来推测中国社会的未来,这无疑将是很冒险的,中国革命在过去的几十年中已发生过许多始料不及的转变,也许那些暂居幕后的'演员们'还会演出一场新的革命戏剧"④。但是,需要指出的是这场演出所需要的革命内涵、革命理念与革命资质,必将发生重大切换与转移。中国梦、和谐社会与价值共识逐渐成为当今的话语主流。当今时代的发展,日渐展现出一个明显的特点,即文化渗透到社会、政治、经济各个领域,并制约着政治、经济、社会的发展。政治需要文化支撑,文化需要政治推进,文化与政治相互交融。在政党政治时代,因为政党是政治中主导性力量,文化向政治渗透的一个重要维度就是向政党的渗透。在此背景下,我们在思考中国共产党的建设时,应把文化的视野作为一个重要的维度。事实上,任何政党执政的重要条件就是人们对它的文化认同。若一个政党的文化支配了社会秩序,主导了人们的观念、取向和行为,那么它在社会

---

① 赵威斐:《新媒体视野下中国执政党政治表达的范式转向》,《中国出版》2012年第22期。

② 任平:《创新时代的哲学探索:出场学视域中的马克思主义哲学》,北京师范大学出版社2009年版,第289—290页。

③ 赵威斐:《新媒体视野下中国执政党政治表达的范式转向》,《中国出版》2012年第22期。

④ [美]莫里斯·迈斯纳:《马克思主义、毛泽东主义与乌托邦主义》,张宁、陈铭康等译,中国人民大学出版社2005年版,第190页。

生活中自然居于主导地位。因此，如何促成人们对政党的文化认同是关系一个政党的长治久安，而文化认同的获得有赖于政党文化的建构尤其是政党话语的建构。以政党话语来引领文化，寻求文化认同，赢得执政的合法性，巩固执政的基础是政党在新时期急需要做的一门功课。在新时期，中国政党的主张以人与社会全面发展为主旨的马克思主义话语系统的转变，实现以实践为轴心的宏大叙事向以人与人的和谐生活与发展为中心的微型和多元叙事的转换，这种内在的理论转换，就是以政党话语推进现代多元共存与共进的社会和谐话语发展。

第五章　媒介化时代
执政党政治表达的调整

媒介化时代政党的政治表达，表现出多元、差异与自主性特点，突破了传统表达的内涵与特质，这既给中国执政党的政治表达带来一定的机遇，同时也增加了诸多的风险与挑战。以网络群体性事件为代表的"新媒体事件"与"群体极化现象"，对政党治理已产生了巨大冲击与影响；一些地域性事件借助于媒体的放大效应，很可能逐渐演变成更大规模与场域的公共危机事件。新媒体开始打破了"媒介接近权"的原有格局，几乎成为公众最有效的话语表达工具。媒介化时代中的新闻、舆情与网络话语已经成为现代社会公众展示自己表达权的最重要方式与渠道，执政党的表达范式也随着新媒体的发展进行调整与创新。中国执政党在调整与改进传统政治表达的同时，要积极拓展政治表达的路径与渠道，更要提升视觉表达与形象表达等富有特色的政治表达，并加强对网络舆论管理与引导以增强有效的治理，巩固执政的合法性基础。

一、"媒介化"发展凸显话语表达的重要性

信息网络的发展，促使人类文明迈向以数字化、网络化为表征的媒介化发展新阶段。与报纸、广播、电视等传统媒体相比较，在新技术支持下出现的媒体形态，例如，博客、网络杂志与报纸、移动多媒

体、数字电视、楼宇视屏、网上即时通讯群组、对话链和虚拟社区等新媒体构成了媒介化发展的主要内容与特征。随着信息网络的深入发展，媒介化享有的后现代性的内涵与特征获得了不断拓展与丰富的时空。媒介化时代与现代性社会和科技的发展紧密联系在一起。早在1983年，阿尔温·托夫勒在《预测与前提》一书中就预言人类将迎来信息政治时代，并提请人们关注信息化时代的政治新"气象"。网络技术以其特有方式催生和创造了一个没有强权和中心的、全新的、平等的信息空间，引起单向度交往到多元化交互的质变，传统的公众意见模式、观念模式、舆论模式发生重大的结构性变化，洋溢着个性化及自由化的公共讨论使被私人化和专制化所异化的主体与精神得以逐步"解放"，在一定程度上也弱化公共权力机关的政治控制能力。

  与传统媒体相比，媒介化时代的网络舆情表达具有以下几个基本特征：一是意见主体的隐匿、自由与差异。通过网络平台发表意见一般来讲门槛较低，甚至不需要提供真实的个人信息，人人可表达只要你愿意；二是新媒体的传播渠道多元、共生、相互交错。例如，论坛、贴吧、播客、网络杂志、手机报与手机电视等都可以进行交叉互相传播，其影响日渐深远；三是网络信息内容的海量、散乱、复杂、真假难辨。由于网络的自由性、开放性和网民的个性化，在网络舆论中，理智与非理智、真理与谎言、理性与感性、建设性与破坏性重叠共存，真伪难于辨别；四是网络表达的快捷、方便、开放与平等。大众随时通过网络直接展示他们的快乐与愤怒等情绪以及表达对现实问题的看法与主张。信息网络突破了单向传播、时空阻隔以及互动不足的局限与羁绊，通过互联网的表达更加直白与开放，激发了人们对于网络舆情表达的热情与希望。媒介化时代中，人们渴望通过新媒体进行表达政治参与、政治诉求以谋求利益。时至今日，各种政治主张如果不通过媒体进行传递与表达，已很难真正到达民众那里了。媒介化时代，信息增殖和信息复制剧增，改变了大众的政治表达方式和渠道，民意可以通过各种形式充分表达，政治中的民主诉求的范围越来越广，政治流通中的流量得以提升，政治沟通得以拓展。在现代文明社会中，尤其是后现代社会中，个人能够在空前开放多元的虚拟社会

第五章
媒介化时代执政党政治表达的调整

中自由自在地对整个世界进行表达诉求，这也必然导致政党的政治表达要面临革命性变革与调整。互联网不仅为现实生活中的各个政治共同体提供了接触不同意见、表达不同观点进行辩论活动的平台与渠道，而且直接为虚拟政治共同体的表达、沟通提供了可能与机会。当今社会，各种政治主张如果不通过新媒体进行传递与聚合，就很难形成有效共识的表达。

在网络舆情中，由于政治信息传播系统中的各级把关人的作用逐渐"弱化"，网民甚至可以通过互联网直接将自己的问题与观点传达给相关机构与组织，而不用经过中间的各级官员的层层过滤；同时，上级党组织和党魁也可能不必通过下级的汇报或代理就能够直接得到民间原生态的信息与气息，这样基层民意与高层决策人物之间就可能达到互达、互动、互通。首先，网民可以充分利用媒体作为社会的"镜子"和论坛的功能，发现社会问题并使之公开化，并在论坛中使各方利益群体的意见得到均衡展现，并迅速传递扩展；再者，高层决策人物能够尽可能频繁、光彩地进入新媒体中，与公众对话、表达主张等，了解民情民意，迅速把社会问题、社会情绪及时、迅速地纳入政治体系之中进行消化与整合；最后，通过互动的政治表达促使不同的观点得到碰撞与交融，并最终形成统一意见，推进社会的凝聚与整合。网络场域是各种意见的集散地，不同的政治观点、政治立场都可以相互进行传递、碰撞，使人们可以在相互比较中进行权衡、争论、取舍，这就是网络舆情中政治表达的意义所在。

媒介化时代中的政治表达，在一定程度上突破了传统意义上的自上而下的"压力型科层体制"的阻隔，并逐渐重新构建科层间的权力关系，使得其"民主化"本意得以凸显。人们通过网络舆情的平台，各信息主体既是传播者，又是受传者，他们之间呈现出一种横向的合作关系，是去等级化、去中心化的网状的结构，各主体是自愿、平等地参与讨论与对话，并趋向于共识。这种横向合作，一方面极大地调动了各参与主体的主动性和积极性；另一方面也成为网络平台得以有效运行的内在动力机制。对此，美国学者罗伯特·普特南总结道："横向的公民参与网络有助于参与者解决集体行动的困境，那么一个组织的建构越具有横向性,它就越能够在更广泛的共同体内促进制度的成功。"① 通过横向网络可以把公民个体分散的力量聚积起来,把无数弱小的个人呼声转换为强大的集体呼声,形成集体行动,并且不断得到增强,既改变了参与的方式,又增加了参与的深度。社会所有阶层、团体、组织和个人均可参与网络舆论传播与表达,各个阶级、阶层细分的人群和自己的代言人能很容易地在网络空间相遇,达成共识,迅速凝结成目标一致的行动力量。例如,在著名的PX事件中,厦门市民百万人传发一条短信,5000多人参与游行,在公众利益与地方政府GDP利益博弈中,充分展示政治表达与政治参与的意愿。正如《南方周末》相关评论认为:"在这场运动中,新技术为民意的组织贡献了力量。网络和手机短信将信息广为传布,将素不相识的市民凝聚到一起,民意的力量由此不可阻挡。"② 当今,随着社会后现代特质的凸显,个体鲜明、主体多元,"多种声音,一个世界"的政治秩序也逐渐形成,而大众传媒以其无边界的传播优势,为社会公众提供了最迅速、最广泛的政治表达渠道,这不仅可以反映民众呼声,还可以借助媒体空间创造出健康的舆论氛围,为更合理的政治决策提供必要条件。

二、媒介化发展凸显"公共话语空间"的成长

美国著名学者凯斯·桑斯坦在《网络共和国:网络社会中的民主问题》一书中提出:民主社会必须有表达观点、思想或意见的公共论坛。③ 新媒体时代中论坛可以是实体的,也可以是虚拟的。网络的兴

---

① [美]罗伯特·普特南:《使民主运转起来》,王列、赖海榕译,江西人民出版社2001年版,第206页。
② 苏永通:《厦门人:以理性烛照未来》,《南方周末》2007年12月27日。
③ [美]凯斯·桑斯坦著:《网络共和国——网络社会中的民主问题》,黄维明译,上海人民出版社2003年版,第49页。

第五章
媒介化时代执政党政治表达的调整

起使公共论坛的结构与功能得以丰富与提升，人们的政治表达方式、层次与渠道更加多样，也更加具有时效性、针对性。在网络时代，人们可以选择更多的机会通过多种网络传播形式，对现实生活中出现的一些热点、焦点事件表达带有倾向性的观点和看法，进行意见的交锋和碰撞、认同与融合，获得大体一致的意见，并对热点、焦点事件产生一定导向性影响，随之形成网络舆情。这种网络舆情本质上就是一种政治表达。

在媒介化时代，政党、国家和社会之间的关系与特征表现出最鲜明的变化就是共同拥有一个任何主题都可以共享信息资源的"网络"。随着信息化进程的日益深入，社会的政治"生态"也发生了深刻变化。网络的发展使民众自主性的政治参与得以进一步拓展，民众在政治表达上具有较强的自主性与自觉性，受"体制"的束缚相对较小。网络技术发展不仅对传统意义上的"公共领域"也进行了前所未有的拓展，而且"公共领域"的公共性也得以逐步提升，"使普通公民们的声音也开始左右政治权力的政策与决定。只有通过公共交往，以理性的政治舆论和政治意志形成为核心的自由才能得到实行"[①]。网络技术使每一个利益主体在政治上的自主表达诉求更为自由，主体的视野得以不断扩大，民众在信息网络时代逐渐获得一种"自我编程能力"，不断增强自我获取信息的能力：即公众能自行决定什么样的信息是自己所需要的，从哪儿获得。"在公共领域中展现的任何东西都可为人所见、所闻，具有可能最广泛的公共性。"[②] 学界谈到的公共领域以哈贝马斯最具有代表性：这时的"公共领域"已与社会的经济、政治、文化适度分离。德国学者哈贝马斯认为在公共领域中市民们可以在这个空间自由言论，一般不受国家干涉。由报纸和被大众传媒扩大了的交流网所组成的"公众喉舌"，则是"公共领域"的体制核心。从"公共领域"一词原生态意境看，其核心要义或颠覆性意义

---

① [德] 尤尔根·哈贝马斯、米夏埃尔·哈勒：《作为未来的过去——与著名哲学家哈贝马斯对话》，章国锋译，浙江人民出版社2001年版，第93页。

② [美] 汉纳·阿伦特：《人的条件》，竺乾威等译，上海人民出版社1999年版，第38页。

在于：它只代表着一种以公共权力为内容、以公众参与为形式、以批判为目标的、能形成真诚坦率、展开商讨的理性交往纽带或空间，是能对公共事务做出独立和超越于公共权力领域的唯一合理的、自由主义的理想类型。在媒介化时代中，"公共话语空间"随着信息技术得以逐渐扩展。从某种程度上说是信息化催生了新生态公共话语空间。社会各阶层、各群体和各团体的话语与诉求与意见表达都可以在宽松、开放与自由的环境得以释放；而民众的政治参与机制及利益表达的顺畅，特别是上情下达和下情上达的桥梁纽带建设等都是政治稳定、社会发展的最可靠保障前提。其中，网络政治的直接性、平等性、便捷性和廉价性，同样为政党与政党之间、政党与政府之间、政府与民众之间搭建了一个有效的沟通平台，为执政为民，实现有效的大众利益表达及政治参与提供了理性的公共商讨空间。

在公共话语空间中，公众话语权在媒介化时代得到前所未有的释放，对现实的干预力和作用力越来越强的一些网络平台，势必体现出以往任何媒介都无可比拟的价值性与效率性。公众话语权的实现使得网民像是一个个摄像头，紧盯着特殊利益团体，让特殊阶层中的人无时无刻不得不掂量其行为可能发生的后果。公众话语权的增强不仅具有反腐领域风向标的意义，更体现了公众日益强大的话语力量。哈贝马斯认为，理想的公共领域绝非单一、共同的公共概念，而是能够开放给弱势群体表达不同意见，容纳多样的意见表达，丰富公共论述的多元性空间。在前网络时代，弱势群体因其社会资源的有限性，致使其话语力量并不十分强大，其主动性亦不能得到很好的彰显；而在媒介化时代中，民众的话语表达的门槛得以降低，平等性、自主性得以逐渐增强，这也为这些群体提供了更多便捷的表达愿望诉求的渠道，使他们能够参与公共政策的博弈中来；尤其是"社会化媒体的使用，不仅改变了传统媒体从业者的新闻生产方式和职业角色观念，也提高了传播赋权，增强了边缘受众、社会运动参与者等行动者的信息传播能力和社会话语空间"[①]。与此同时，在网络平台上为弱势群体做利

---

① 张志安：《互联网时代："传播行动者"的重构》，《现代传播》2013 年第 1 期。

第五章
媒介化时代执政党政治表达的调整

益诉求的人也越来越多,知识精英也开始与社会底层之间的联动,更使得以往不被关注的问题,可以通过网络话语权的表达与释放就有可能得到社会的重视,这样以来至少在一定程度上影响着阶层之间的利益分配,使利益分配趋向公正公平,社会关系因此逐渐形成一个互相制衡的良性互动。网络不仅是越来越重要的舆论阵地,也将成为越来越重要的思想传播之地,实践着现代意义上真正的思想启蒙。活跃在网络上的网民都有自己的人生观、世界观和价值观,同时也是接受不同教育、掌握不同知识文化的个体,所以公众话语权在网络世界中的获得和充分行使也是一种新型的社会交往关系和新型的文化现象。

被称为"数字时代的女先知"的美国学者埃瑟·戴森指出:"数字化世界是一片崭新的疆土,既可以释放难以形容的生产能量,也可能成为恐怖主义者和江湖巨骗的工具,或是弥天大谎和恶意中伤的大本营。"[①] 这样以来,虚拟网络中呈现的一些政治表达如果不受到一定的制约和规范,"在此过程中,政治表达必然会出现非理性、情绪化,甚至偏激与极端等特点;公众的各种情绪、态度、要求和意见基本是以原生态形式展现"[②]。网路表达在政治上展现出的危险性与风险性也会与日俱增。"不实资讯可能到处散播,网络舆论时而情绪化或者走向偏激,网络舆论观点分散、立场多样,党和政府的舆论引导更加困难,国内外政治团体利用网络从事颠覆活动等。"[③] 今天,即时通讯技术的进步,使博客、微博等传播形式具有了自媒体的性质,极大地拓展了普通人的传播能力和话语空间,说话的自由度也得到了很大的提升;各种不同社群、不同机构都会有自己一个相对偏中心性的话语点和话语权。语言背后是思想与行为。人人都愿意说话,人人都在说话,形成了真正的众声喧哗的时代。然而尽管人人都在发声,

---

① [美]埃瑟·戴森:《2.0版数字化时代的生活设计》,胡泳等译,海南出版社1998年版,第17页。
② 赵宬斐:《新媒体视野下中国执政党政治表达的范式转向》,《中国出版》2012年第22期。
③ 赵宬斐:《新媒体视野下中国执政党政治表达的范式转向》,《中国出版》2012年第22期。

但相互交流与沟通的效果并不好。一方面是因为每个人都急于表达，却疏于倾听。另一方面是因为说话的人不知道该如何说话，要么言语粗鲁、强词夺理，要么自以为是、故意曲解，缺乏正确的态度。在媒介高度发展的时代尤其要重视反复多次的对话与沟通，增加互信，达成共识，找到解决之道。

活跃在网络上的公众由于自身知识结构或时间精力有限等条件制约，并没有对相关公共事务进行深入的思考，也没有对别人的观点和意见进行仔细分析与研究发表自己独到的看法与见解，更没有表达出能代表他们态度和立场的为多数人所赞同的观点或看法，他们充其量只是网络上的看客和过客。加之民众在网络虚拟性和匿名性的保护下消退了畏惧和谨慎心理，形形色色的"把关人"只被某个论坛的版主或某个网站的维护者所代替，其作用和功能遭受进一步弱化。于是只要有网友表达的空间，那些侮辱、诽谤、谩骂他人的言论就可能扑面而来，污言秽语满天飞，任意抒发胸意，自由自在表达，甚至不惜冲破社会伦理与道德底线，这必然会导致话语失范。人们在网络中获得话语权后随意滥用的情况并不鲜见，有时还会恶意利用使之演变成为"网络暴力"，如人人都可以参与、人人都能成为"网络侦探"的"人肉搜索"。话语权本是揭露社会的"假、丑、恶"等现象的有力工具，可是人们在运用过程中往往越界，甚至使之向"私刑"的性质发展，导致畸形使用话语权，演变成网络话语暴力。上述这些问题无疑会对中国执政党的话语表达带来以下挑战。

一是中国政党传统话语表达的结构与功能遭遇挤压。中国政党传统意义上的话语表达具有"卡里斯玛"式英雄浪漫主义、革命乐观主义情怀结构特征；对意识形态实施高度控制，刻意拉大意识形态的距离，以保持自己的鲜明的意识形态特色，突显出政纲、主张的独立性与特殊性；通过话语表达展现的政党形象的功能主要体现为：团结凝聚功能、激励动员功能、教化塑造功能和规范约束功能等方面。在媒介化时代，由于人们自我表达的能力与权利得以提升，政党话语表达在人们面前逐渐丧失了信息传送、表达与沟通的主渠道作用，其功能显然遭受一定的挤压与削弱。

二是政党话语表达的引导力下降。政党主要是通过大规模的纲领传布、庞大的党员队伍和严密的组织规范来实现政治意志传递。传统上重视意识形态的政党，有着较为坚定的政治信念和长期的政策目标与奋斗目标；但是，在众声喧哗中的因特网时代，民众已不满足于自上而下的灌输式的宣传报道，随着经济发展、社会进步，必然要提出对事物真相的"知情权"、对"新闻自由"、"言论自由"等表达权的要求，民众不但对涉及自身切身利益较真，对政党、国家大事等方面关注度也越来越高。大众传媒在传递政治信息、引导政治态度和政治行为、激发政治参与、推动舆论监督、设定政治议程、干预政治决策、介入政治选举和促进政治民主等功能逐渐增强，直接削弱政党话语的吸引力、控制力与强制力。

三是政党的意识形态引导力下降。传统意义上的大一统的单向传播与灌输的意识形态对民众的教化与引导作用越来越丧失了其优势，政党主导社会意识形态的地位，遭受一定的挑战与风险。"由于网络的开放性、匿名性、互动性使各种思潮、各种观点，像自由市场一样泛滥，在世界范围内恣意交流、交融、交锋"[①]，在网络多元话语表达与交流过程中，经常以现实生活中敏感事件、焦点事件、突发性事件和群体性事件等等发表观点与看法，甚至把矛头指向一些基层党委与政府，以造声势来吸引公众眼球。而这些现象与社会转型期出现的理想信念动摇、价值迷惘、道德失范、封建迷信叠加在一起，进一步削弱了党的意识形态引导力。

四是党的合法性认同遭受危机。在现代政治制度运作中，任何类型的政党，都需要拥有一定的合法性资源，没有一定的合法资源支持，这个政党很难获得民众的长期支持与认同。关于"合法性"问题，不少政治学家对此作过很多研究。美国政治学者利普塞特的观点就具有一定的代表性，他认为，合法性是"该制度产生并保持现存政

---

① 张孝廷、赵宬斐：《网络集群效应下的执政风险及其规避》，《宁夏大学学报（人文社会科学版）》2012年第4期。

治机构最符合社会需要的这种信念的能力"①。对于政党来说,合法性就是指民众对政党及其统治秩序的一种认同、信任与支持;如果一个政党能够得到更多民众自愿的追随和依附,说明其依靠软实力维持其政治秩序的能力越强,其执政地位也越稳固。可以作为政党合法性资源的东西很多,例如意识形态、政治信仰、民主平等、政治参与、利益诉求、政绩和话语权等。在媒介化时代,话语权作为政党的合法性资源的重要性越来越凸现。在这个时代中,由于民众通过网络技术可以自己设置新闻议题、办报或发布消息等,使新媒体的新闻源头不可控,传播速度不可控,内容真假分散不可控,舆论容易放大也不可控。对现实中的政党权威享有至高无上地位的政治观念开始动摇,对政党的认同也会越加减弱,其结果可能对中国政党造成合法性危机。

网络的普及使人们能及时地获取到各种信息,也使人们能方便地表达他们的声音,扩展和强化了公民的话语权。与此同时,面对网络问政的巨大压力,政府也积极地利用网络,构筑与民众沟通的平台和渠道,对民意作出回应。"政府与民众的话语都急剧地扩散,出现了前所未有的融会和碰撞,这既导致了行政话语某种程度的危机,也建设性地推动了话语格局的转向,并对社会的权力格局产生深远的影响。"②

三、媒介化时代民意表达的样态与特征

在媒介化时代中,随着新媒体的开放性、自主性和超越时空性的发展,促进了新意见阶层的崛起、民意表达路径的转型,以及民意表达的多元、差异、互动以及群体偏好等一下子汇聚在一起,网络民意

---

① [美]利普塞特著:《政治人——政治的社会基础》,刘钢敏、聂蓉译,商务印书馆1993年版,第53页
② 韩志明:《从"独白"走向"对话"——网络时代行政话语模式的转向》,《东南学术》2012年第5期。

表达不仅占据了很多中国政党传统政治表达的资源与空间，甚至改变其政治表达的结构与功能，而且呈现出许多独特样态与特征。

（一）民意表达路径的转向。目前，互联网的发展越来越成为中国民众讨论公共事务、表达意见、进行舆论监督的一个重要的公共平台，通过互联网进行咨询、诉求和了解社会的人们越来越多。"截至2013年6月底，我国网民规模达到5.91亿，较2012年底增加2656万人。互联网普及率为44.1%，较2012年底提升2%。在新增加的网民中，使用手机上网的比例高达70.0%，高于使用其他设备上网的网民比例。"[①] 利用手机获取各方面咨询的人们也越来越多。"我国手机网民规模达4.64亿，较2012年底增加4379万人，网民中使用手机上网的人群占比提升至78.5%。3G的普及、无线网络的发展和手机应用的创新促成了我国手机网民数量的快速提升。"[②] 互联网逐渐成为民众公开表达的对公共事件、公共事务与公共政策的看法、意见、情绪和态度的大舞台。通常来看，民意表达主要采取两种基本途径：一是通过制度化的代议制度（通常是各级立法机关）有序表达出来的民意，主要体现为代议机关代表的民意；一是通过一些非制度化渠道表达民意。例如通过传统媒体、互联网络、标语口号、集会游行、甚至是群体性事件进行表达，通常都可以看作是非制度化表达。当前，民众表达尤其是基层民众表达越来越多的是非制度化表达，而且主要采取通过互联网技术进行表达。"网络民意"在中国已成为一种不容忽视的社会力量。在当前现实生活中，只要社会上发生敏感事件、焦点事件等等，很多网民就会不约而同地聚集到某个网络论坛，纷纷发表自己的意见或评论；甚至一些被严密掩盖起来的政治腐败事件，也开始频频在网络上得以"曝光"。网络日益深入中国人的生活，网络舆论空间的相对自由极大地调动了人们的参与热情。网络民意的兴起还挑战传统媒体对民意的容忍度和开放度，并终将拓宽舆论的自

---

① 中国互联网络信息中心（CNNIC）：《中国互联网络发展状况统计报告》，http://news.qq.com/a/20130717/014008.htm.

② 中国互联网络信息中心（CNNIC）：《中国互联网络发展状况统计报告》，http://news.qq.com/a/20130717/014008.htm.

由空间。正是基于网络的开放性特点,任何人都可以针对任何问题在网络世界表达自己的政治倾向和政策立场。有学者指出:"虽然网络直接表达并不能代表所有的民众,但至少减少了传统的利益表达所要经过的层层组织过滤、筛选,并且由于其匿名的方式,使得人们可以心安理得地进行表达与宣泄。虽然这种表达也未必能够涵盖众多特殊但合理的利益诉求,但至少使人们看到了表达的多样性、差异性和直接性。"[①] 新媒体下的民意表达,既可以弱化政党的表达功能,也能够为政党的整合功能提供更广泛的基础。对于政党来说,网络表达也可以为政党真实了解基层民众政治生态以及有效传播政治主张提供便捷与时效;当然,人们不一定经过特定组织就可以表达利益诉求,这对党组织特别是基层党组织来说,就难免使其组织功能与社会基础受到削弱,尤其是网络时代的"新意见阶层"的政治表达在政治、经济生活的各个方面,冲击现有的政治结构与组织体系。我们党和政府也已经高度关注互联网民意的巨大力量,已开始制度化收集网络民意,并努力把这种从虚拟空间迸发出来的民意转化为现实中的行政决策依据。如今,网络民意已开始从民间走进各级党委和政府的工作视野,其中,一些地方政府还设置了专门收集网络民意的机构,对其积极回应并督促相关机构认真处理。如果采取有效方式、方法把新意见阶层的政治表达纳入政党的政治表达制度之中,给予他们适当空间与机会,无疑会增强政党的政治认同与合法性基础。

(二)民意表达的知情权与互动性增强。互联网出现后,各种舆论场也纷纷涌现,人们借助于各种舆论场进行多样化的表达,或诉求利益、或伸张正义、或要求知情权等。当前,"网络舆论场以及各种圈子形成的舆论场,这种发展态势已经从根本上改变了中国过去长期'舆论一律'的总体格局,各种舆论场之间既有对立、交叉、也有一致与互动;既有整体化、协调性特色,更有非对称性和差异性等特

---

① 赵宬斐:《新媒体视野下中国执政党政治表达的范式转向》,《中国出版》2012年第22期。

征"①。那种侧重与等级、神秘和威严结盟的传统意义的政治表达，在具有后现代性特质的网络时代，不得不表现为平民化、世俗化和庸俗化；传统政党政治以权威为核心，主要依靠科层制和各种政治秩序对社会进行控制，以确保社会对其的服从；而新媒体的发展使传统媒体时代存在着的"能捂就捂"的信息控制逻辑遭到解构，这也迫使政党不得不以更加透明和公开的方式进行政治表达与治理。因为新媒体更灵活、更便捷，即使传统媒体无法及时报道或公开的信息，新媒体都有机会迅速予以公开，而且表现出越来越开放与透明等特征，更加民主和贴近现实，趋向于关注生活的具体议题与事件。在新媒体时代，人们的交往突破各种政治等级与权力壁垒，交往的方式也发生了革命性的变化，人们之间原来狭隘的地域性、时间性和个体性交往被普遍的群体性的全社会之间交往所代替；各种主张很可能汇聚网络产生蝴蝶效应，对政党执政能力带来了一定的考验。

中国政治生活的传统政治表达主要借助于党政机关、各组织部门为主渠道，自上而下、单向度表达。这种政治表达是按照一致的步调运行，传递信息具有单向性与秩序性。当然，这与政治生活中民主不足，缺少制度化意见表达渠道具有一定关联。新媒体传播表现出的双向互动、广泛参与等特点，决定了新媒体传播主体既是所有可以在网络进行交谈的人，同时所有人又都是受众；人人都是主动沟通的主体，又都是被沟通对象。新媒体的发展进一步促进了现实生活中双向度、自上而下与自下而上同时并存的沟通方式，无论现实生活中人们的真实身份为何，在网络上都是平等的对话主体，这既为实现中国政党倡导的社会对话民主协商机制提供了很好的契机，也为推进党内民主政治发展提供了促动力。

（三）民意表达存在一定的群体偏好。由于正常的、制度化的表达渠道经常受阻，所以人们总是想法设法利用互联网技术进行政治表达，由于这种表达多数不是通过正常的制度化渠道进行的，因而，具有一定的随意性、偶然性，表达过程中难免出现非理性、情绪化，甚

---

① 赵宬斐：《多元舆论场中党的舆论引导能力研究》，《政治学研究》2014年第1期。

至偏激与极端等特点;"公众的各种情绪、态度、要求和意见基本是以原生态形式展现"①。近年来从"彭水诗案"、"五河短信案"、"志丹短信案"到"高唐网案"等系列事件来看,这种表达在为普通民众、特别是底层民众的利益表达过程中发挥了意想不到的效果;同时也使普通公众饱尝苦果即个人表达权、隐私权、名誉权等也会遭受一定的侵害。网络表达在政治上也具有危险性与风险性。正如尼古拉斯·尼葛罗庞帝所说的那样:"每一种技术或科学的馈赠都有其黑暗面。"②"不实资讯可能到处散播,网络舆论时而情绪化或者走向偏激,网络舆论观点分散、立场多样,党和政府的舆论引导更加困难。国内外政治团体利用网络从事颠覆活动等,这些都需要加以管理与引导,但是如果以此压制网络舆论,不啻于因噎废食,不如通过更加开放舆论环境将极端化的观点边缘化。政党对于网络舆论的管理的底线不在于全盘控制"③,而在于执政安全和科学有效。

互联网时代,无论是民意表达的路径发生怎样的转向,存在怎样的群体偏好,表现出怎样的多元、差异。"每一个公民都要有自律精神和自我约束能力,要慎用话语权和表达权,在转发、评论和表达过程中要做到尊重他人的各种正当权益,提升对自己发布的有关内容进行把关的责任意识,避免对党和国家或社会公共利益和他人权利造成侵害;要自觉养成具有自律意识,要有理性判断,要体现客观公正性,培养社会责任感,不断提高公民素养和议政水平。"④ 对此,中国执政党与各级政府要积极为广大民众提供正式的制度化的表达渠道,并能满足民众日益增强的政治表达诉求。要及时释放社会压力、拉近政党和民众间的距离;及时化解存在的一些摩擦与冲突,但更需要的是在摩擦与冲突中取得共识与理解。我们没有理由把政党置于网

---

① 赵成斐:《新媒体视野下中国执政党政治表达的范式转向》,《中国出版》2012年第22期。

② [美]尼古拉斯·尼葛罗庞帝:《数字化生存》,胡泳等译,海南出版社1996年版,第26页。

③ 赵成斐:《新媒体视野下中国执政党政治表达的范式转向》,《中国出版》2012年第22期。

④ 赵成斐:《多元舆论场中党的舆论引导能力研究》,《政治学研究》2014年第1期。

络的对立面；实际上，中国执政党一直鼓励、支持与引导合乎规则的条件下的网络表达。

四、媒介化时代政党加强政治表达的策略调整

进入大众传播时代，当代传播媒介经历了从文字到图像，从纸质到电子，从平面到平面，从单向保送到双向乃至双向互动，由经典现代性到后现代性特质的转变，这已成为一个不争的事实。"互联网正在改变当代中国的社会结构，改变着民众向国家进行利益表达行为的方式和力度。"① 可以说，当今人们是生活在媒体信息建构的世界之中，通过媒介表达越来越重要。社会的网络化发展，正悄无声息地深刻改变着人类的政治生活，使得以研究和揭示人类社会政治关系、政治形式、政治活动以及发展规律的政治学和人类的民主政治实践活动受到前所未有的挑战和变革。这种趋势发展要求我们完全有必要在政党、国家权力机关与广大社会各阶层的总体社会评价体系和行为主体之间形成一个共同的新的组合点，相互之间能拥有平等话语的权力，必须实现良性互动，才能体现这两种截然不同的"公共领域"所呈现的理论价值导向与目标追求。这种新型民主政治的影响力并不是来自网络自身，相反是来自于它所代表的公众的意志和呼声。由于公众意志与呼声更多地是受制于每一个社会的经济利益关系，网络技术只是使每一个利益主体在政治上的自主表达诉求更为自由，比较合理性的做法是：政治行为体总是力争在公众的全力支持下展开工作，并依循一种有条不紊的途径来坚持不懈地引导公众的舆论，以赢得支持；而公众也总是希望藉此获得成功，这也就是所谓的政治效益"双赢"原则。对于政党来说如何放大自己的优势，规避自己的劣势，不再仅仅

---

① 王凯：《转型中国：媒体、民意与公共政策》，复旦大学出版社2005年版，第178页。

是未来思考的重要问题，而且更是当下急需要解决的命题。中国执政党一方面要加强通过各级组织、权力意志和意识形态宣传等传统方式进行政治表达；另一方面要随着时代的发展，积极拓展与增强更符合时代要求、更具有特色的政治表达。

（一）要打造网络主流媒体阵地。世界各国政党、政府不惜花费巨资，建立网站，开发网络资源，迅速抢占网络阵地。坚持公开、透明、客观的原则，主动地将国内外发生的重大事件在第一时间公布于世。网络媒体的全球性特征，使得新闻信息尤其是一些重大的社会新闻信息，任何一国政府或政党无法完全隐瞒。政党要积极依靠权威性、大众化与公信力全力打造网上主流媒体，扩大影响力和感召力。首先要强化阵地意识。纸媒受众加速流向手持终端，这是传统媒体人无法视而不见的事实。第二要依托主流媒体做党和政府的一些"喉舌网站"。重点是一些新闻网站。政党要加强利用这些网站进行广泛的宣传与动员。第三要利用网络传播手段扩大宣传效果。一般来说，网络新闻来源于报纸等传统媒体，但又具有传统媒体无法比拟的传播优势：网络新闻具有不受时间、地域、国界、气候限制的优越条件，可即时播发、及时更新、随时延续；篇幅与内容也不受版面限制，可根据需要扩展、延伸、检索、查寻，信息海量。第四是加强多媒体传播。可把各种传统传播方式高度融合，向受众传递全维动态、图文并茂、音像俱全的信息。通过互联网与网民双向互动，网民可反馈意见，自主决定获取新闻信息的时间和方式。这就使得网络新闻比传统媒体传播有更广的空间、更大的纵深、更活的方式、更高的效率，同时还能够拓展新闻认知深度和广度；第五是整合好媒体资源。要用好这些新闻信息资源，还要注重按网络传播模式对新闻信息进行再加工、再创造。用多种新闻体裁做足文章，使各种新闻资源、各种体裁信息围绕宣传主题，各展所长、有机结合，拓展新闻的信息含量，延伸新闻认知深度，提升新闻的宣传效果，满足广大网民通过互联网，随时、准确地获取有深度、有广度、有动态的新闻信息的需求。与此同时还要处理好以下几个方面的关系：首先，要处理好权威性和大众化的关系。不坚持权威性，就不可能达到主流媒体的目的。权威性是主流媒体最起码的要求；其次，要处理好网站的共性和个性的关系。作为网络媒体，大家必然有共同之处；第三，要处理好娱乐性和导向性的关系。这是办好网上主流媒体需要认真加以研究和不断加以重视的问题；促进传统媒体战略转型，促进主流媒体在网络时代能发挥主流作用、胜任党和人民耳目喉舌职责的时代命题。把"中国共产党新闻"、"中国人大新闻"、"中国政府新闻"、"中国政协新闻"等系列专题网站和"中央媒体新闻联播"、"省级媒体新闻联播"、"都市媒体新闻联播"、"产业媒体新闻联播"等权威性媒体拓展与延伸到互联网上，把握时代特点和民情、民意，以适应时代发展的潮流。

（二）突出政党的视觉形象。在媒介化时代中，视觉传播已经成为当今视觉文化发展的一种时尚。政党的视觉形象也成为其重要的一种政治资源，政党如果要更好地适应媒介化的发展需要，要积极提升其视觉表达能力。在互联网高度发展的今天，"人们的视觉积累越来越多地依赖于电影、摄影、电视、网络等为代表的非传统媒介，而这几种媒介正构成了大众传媒中最具魔力的部分，也成为当代视觉文化中影响最为深远最为普泛的显像机制；人们通过视觉性来表达认同、接受和实践逐渐成为崇尚"[1]。这种视觉化传播具有图像化、情感化、游戏化、欲望化、数字化、模糊化、去中心、去权威等特征。[2] 在视觉表达的境遇下，"全球的各种媒体每时每刻都在着意捕捉各种可能引起公众关注的人物、事件、情节。各式各样的公共权威们，很自然地被置于密集的媒体视野的交叉注视之中。他们的行为、言语、习性、举动乃至业余生活、个人嗜好等，都可以进入传播渠道，成为人们茶余饭后的新闻"[3]。尤其是各级党组织与党员干部已经被置于"可视"的系统之中，民众随时可以通过"可视"来感受与体验他们

---

[1] 赵宬斐：《新媒体视野下中国执政党政治表达的范式转向》，《中国出版》2012年第22期。
[2] 曾庆香等：《网络符号：视觉时代的交流》，《四川理工学院学报（社会科学版）》2008年第3期。
[3] 秦德君：《领导者公共形象管理——传媒政治时代领导者公共形象的形塑、建构与传播》，山西人民出版社2005年版，第72—73页。

的能力、理念与思想。

　　政党为了更好地提升其视觉形象，在话语表达中尽量避免一味强调严肃性、枯燥和呆板，语言要直白浅显，生动活泼，并突出视觉性元素，通过生活化、社会化等形象传递来吸引民众，尤其要注重渲染形象的感性愉悦，赢得广大民众的情感支持与认同。在媒介选择方面要做到全方位、多渠道，注意各媒介间交叉、沟通和配合，尤其重视传统媒介与新媒介的密切配合关系。虽然新媒介以高科技、高效能和高参与度著称，但在权威性和公信力方面仍远远不及报纸、广播、电视等传统媒介。而且大众传统媒介作为政党媒介形象传播的习惯性选择，资源雄厚，经验丰富，仍然承担着不可替代的作用。政党要充分利用各种新、旧媒介形态的传播优长，以合适的媒介组合实现最佳传播效果。

　　在提升其视觉形象过程中，特别重视把 CIS① 引入政党的视觉形象建构过程中，注重打造政党形象 CIS 的"四要素"：一是政党的理念识别系统（MIS，Mind Identity System）；二是政党的行为识别系统（BIS，Behavior Identity System）；三是政党的视觉识别系统（VIS，Visual Identity System）；四是政党的听觉识别系统（AIS，Audio Identity System）。把四个要素以系统、多维的形式编织成一个巨大的信息网，加强媒介化时代的听觉、感觉研究，提升其视觉形象。因为"在一个多元社会，形象作为一种特定符号，负载着一定容量的信息，通常社会依据这种信息来识别公共人物。因此，形象通常会被高度重视和保护"②。共产党要在媒介化高度发展的条件中充分考虑，并最大化地利用媒体做好形象建构，全方位地推销、展示、塑造和表达自己，提升自己的软实力。

---

　　① CIS 是英文 Corporate Identity System 的缩写，直译为企业形象识别系统，意译为企业形象设计。CIS 是指企业有意识有计划地将自己企业的各种特征向公众展示。CIS 一般分为三个方面，即企业的理念识别——Mind Identity（MI），行为识别——Behavior Identity（BI）和视觉识别——Visual Identity（VI）。http://wenbu.baidu.com.

　　② 秦德君：《领导者公共形象管理——传媒政治时代领导者公共形象的形塑、建构与传播》，山西人民出版社 2005 年版，第 83 页。

（三）促进党、政府与社会政治表达的良性互动。近年随着网络媒体的兴起，网络民意表达的"力量"愈发强大，正对现实生活产生越来越大的影响。由于网络的广泛、迅速、聚合、难以预测等特点，网络民意正对各级党委和政府的执政能力提出新挑战。因此，要加强党、政府与社会表达之间的沟通交流，促进他们之间的良性互动和理解。对于各级党委和政府来说，首先必须构建社情民意通道，让老百姓有话说，有说话的地方，有和官员直接沟通的机会；其次要健全传统的政治表达通道，了解民情、汇聚民智，也是一个重要的渠道；第三是建立社情民意的网络表达机制。一方面要及时解决老百姓的吁求，重视网民的要求，及时解决，否则便会事态发展恶化，造成不可挽回的损失。另一方面要及时回应各种传言，该证实就证实，该证伪就证伪。用客观公正的态度看问题，不要情绪浮躁，不要过分极端、过分偏执的态度，要具有自律意识。如果缺乏自律意识，不受道德约束地任意张扬个性，想怎么来就怎么来，就会"迷失自我"，做出种种伤害他人、危及社会的事情。对于公民个人而言，要加强思想道德修养。应该以自己的良知和责任心，在这里播撒文明的种子。要摒弃那种偏执的、极端的思想方法，坚持实事求是、全面客观、辩证统一的思想方法，发言力求客观公正，拒绝浮躁和脱离国情的极端主张。要学会在各种意见的充分表达中，深入交流探讨，不断积累和扩大共识，凝聚起强大的正能量，要提高对是非善恶的辨别力，增强社会责任心。要对网络中的各种现象保持清醒头脑，敢于坚持正确的意见和原则。

互联网时代，随时随地的互动和自由的表达是网络最大的优势与特色，这就更需要中国政党建立健全符合新媒体时代，并能够引领其发展要求的政治表达机制。美国政治学者卡尔·科恩指出："如果一个社会不仅准许普遍参与并且鼓励持续、有力、有效并了解情况的参与，而且事实上实现了这种参与并把决定权留给参与者，这种社会的民主就是既有广度又有深度的民主。"[①] 因此，现实的发展需要我党

---

① ［美］卡尔·科恩：《论民主》，聂崇信等译，商务印书馆1994年版，第22页。

不但要健全政治表达的回应机制,躬身倾听民意,保证真实的政治信息传递与反馈科学有效,还要进一步丰富话语表达的渠道与形式,与各种社会组织、团体、阶层联合,采取多方面、多渠道准确把握民众的价值诉求,积极反馈民众提出的要求,以提升执政能力,确保党的政治行为更加符合现代社会和民主政治发展的要求。

五、中国共产党政治表达的中国气派与中国作风

"当今社会的时代主题已经发生重大切换与转移,社会的发展已由单一理性、意志、真理、思想,转向了解构、差异、多元、协商、沟通、融合与共识,传统意义上的坚持以实践为轴心的宏大叙事表达已转向以发展为中心的主张人与人的和谐、多元叙事表达。"① 民间话语逐渐在主流话语空间中获得一席之地,逐渐形成了多元化的舆论表达场所,这势必在未来的话语权力博弈中日益强大。个人的权利、尊严和价值,从此跃迁至一个崭新的高度,自我价值实现的途径得到空前的扩展。网络的便捷和舆论场的增多,极大地改变了语言的生成和运用方式,造就了全新的语言修辞和话语表达场所。这些新的话语和舆论场有助于社会身份、社会关系、社会认同以及知识和信仰体系的建构,逐渐改变着社会,同时,这些新话语在实际表达过程中,又可以成为一种政治实践。对于我们党来说要与时俱进地"主动把握各种舆论场的及时性与广泛性,让党和政府的声音迅速进入各种民间舆论场,加强与民众直接交流和沟通,听取各方意见呼声,敏感捕捉社会的痛点与难点,及时打捞社会沉没的声音。主动回应各种热点、焦点和难点,澄清真相,梳理情绪、慰藉心灵,最大限度激发社会活

---

① 赵宬斐:《新媒体视野下中国执政党政治表达的范式转向》,《中国出版》2012 年第 22 期。

力，增加社会现实的和谐因素"①。中国共产党必须大力修改原先的革命意识形态，让法律接管秩序、用民主充实政治、以和谐引导生活，以新鲜活泼的时代经验与实践来丰富马克思主义。正如著名哲学家任平指出的那样："我们绝不能仅仅根据文本解读就作出马克思主义理论形态一劳永逸的结论。我们不能将在特定的出场语境和出场路径中形成的文本结构奉为理论的永恒。"② 中国共产党政治表达要凸显出中国气派与中国作风。那就是既能"反映中国共产党的优良传统的，又是与时俱进、不断发展的，是表现中国共产党特色的，又是能和世界其他政党对话的，……对外既有助于借鉴人类文明优秀成果，又有助于世界更好地了解中国共产党，增强中国政党理论的国际影响力竞争力"③。"中国执政党一方面要加强通过各级组织、权力意志和意识形态宣传等传统方式的政治表达；另一方面在时代主题的切换与变迁中，促进政党政治表达的范式转向，积极强化公民网络政治表达的权利意识，提高政党与民众之间的沟通与交流的效能，以巩固执政的合法性基础。"④ 如果政党能及时、准确地把握网络政治表达的价值诉求，并快速对其反映出的社情民意进行系统判断、分析和综合，总结自身在治理过程中存在的偏差与不足，积极反馈民众提出的要求，那么这样的政党治理行为无疑更符合现代社会和民主政治发展的要求。

---

① 赵宬斐：《多元舆论场中党的舆论引导能力研究》，《政治学研究》2014年第1期。
② 任平：《创新时代的哲学探索：出场学视域中的马克思主义哲学》，北京师范大学出版社2009年版，第289—290页。
③ 姚桓、邹庆国：《论构建中国执政党建设理论的话语体系》，《新视野》2013年第2期。
④ 赵宬斐：《新媒体视野下中国执政党政治表达的范式转向》，《中国出版》2012年第22期。

第六章 传媒政治中的政党形塑

媒介化时代的来临，不仅改变着人类的生产与生活方式，同时也将深刻地影响人类的政治生活。媒介化时代出现的一些新媒体使人类社会政治关系、政治形式和政治活动经历前所未有的挑战和变革，新媒体不仅表现在传播与表达各种信息与话语等功能，还体现出全球性、大众化、去管制性和增殖性等新特点，这也推动着政党不得不高度重视新媒体时代的政治营销、舞台效果、感官享受与消费诉求等现象，在此过程中，政党形象充分利用媒介技术逐渐得以生成、建构、发展和完善。尤其是在网络空间中各种传媒很可能成为"形象政治"的最佳传递者和塑造者，会更加促进人类社会步入一个"形象主导"的时代。在网络空间中，政党的形象发展获得机遇的调适，同样也遭遇到前所未有的危机与挑战。面对危机与挑战，政党要在意识形态、执政理念以及价值诉求等方面进一步拓展和完善，积极开辟多种路径，以提升政党形象。

一、媒介化发展与景观政治的突显

以互联网和无线通信技术为代表的新型传播载体的出现，导致整个世界发生了翻天覆地的变化，世界日趋平面化，尤其是一些新媒体的出现，极大地丰富了传统意义上以报刊、广播和电视为主的传统媒体局面。新媒体的发展,不仅预示着一个经典现代性时代的结束,同时也预示着一个后现代性时代的降临。新媒体的时代政治发展正演绎着一种新的政治方式和文明路径,改变着人类的政治特征,使得人们习惯于传统的政治关系、政治形式、政治活动及政治方式等必将经历前所未有的挑战和变革。例如,依据各种网络论坛能在同一时间形成一种多人同时发表意见的网络发展趋势,往往由某人引出特定话题,如果该话题也为其他参与人所关注和兴趣,他就会加入其间并作出一定的回应。随着参加讨论的人数增多,讨论就可以以同时发生的多路径的对话形式进行,讨论还有可能在任何一点分散开来,进而引出其他适当的议题或建议。这样一来,伴随着观点和表达权力也就被分散和分享了。网络时代的权力逐渐由传统的由上而下的等级机制转向平面化的横向平等机制方向演进,实质上这种"权力的有效传递方式",是"在所有的层次上都有避免官僚的办法"[①]。由于权力的弥散化、流动性增强,任何政治个体都可以直接参与公共事务的治理。媒介化发展带给人类社会的影响是全方位的,加拿大学者麦克卢汉曾认为媒介就是"人的延伸"[②]。媒介化还进一步促进了当代景观社会的突飞猛进,景观形象在人们日常生活中的作用越来越明显。对此,法国学者德波深有研究,他指出:"从整体上理解景观,它不仅是占统治地位的生产方式的结果,也是其目的。景观不是附加于现实世界的无关紧要的装饰或补充,它是现实社会非现实的核心。在其全部特有的形式——新闻、宣传、广告、娱乐表演中,景观成为主导性的生活模式";同时他还指出:"景观不是影像的聚积,而是以影像为中介的人们之间的社会关系。"[③] 同时,美国学者丹尼尔·贝尔也认为:"目前居'统治'地位的是视觉观念。声音和景象,尤其是后者,组织了美

[①] [英]安东尼·吉登斯:《失控的世界》,周红云译,江西人民出版社2001年版,第71页。

[②] [加]马歇尔·麦克卢汉:《理解媒介——论人的延伸》,何道宽译,商务印书馆2003年版。

[③] [德]马克思:《资本论》第1卷,人民出版社2004年版,第3页。

学，统率了观众。在一个大众社会里，这几乎是不可避免的。"① 景观是现实的普遍抽象的表征，在本体论上不是孤立的事物，实质是一种社会关系的存在，反映出现实社会中人们在政治生活中的一种样态。正如马克思说资本不是物而是社会关系一样，景观所展示出的各种形象本质上是现实社会关系的一种存在。

德波认为景观并不是媒介的纯粹技术结果，景观不仅是"意识形态的顶点，因为它充分曝光和证明了全部意识形态体系的本质：真实生活的否定、奴役和贫乏"②；而且正如马克思指出的那样，也是"人与人之间关系分离和疏远的实质性的表达"③。关于景观在现实社会中的实质性存在，马克思很早就指出："通过景观，统治秩序在不间断的自我赞美中无休止地复制出来。景观关系的纯粹客观的拜物教表象掩盖人与人之间和阶级之间关系的真正特性。……反映在景观中的社会分离与现代国家密不可分。这种社会分离作为社会分工的产物不但是阶级统治的主要手段，而且也是全部社会分裂的集中表达。"④ 犹如"现代大众旅游介绍的城市和风景，并不是满足住在那里的人和环境的真正要求，它只是作为纯粹的、速成的、表面的景观呈现于他们面前，在这种景观中，通过回忆这些风景人们能够增加其声誉"⑤。这深刻说明景观形象的展现，本质上反映出现实生活中的政党、政府与社会等社会关系。尤其是随着互联网技术的迅速发展，人们的选择日趋多样化、主观化与自主化，任何事物的形象之于个体及组织的价值魅力日益凸显，形象的感官效应与形象的印象认知，构成了人们对个体或组织进行评价、选择的重要依据。

---

① ［美］丹尼尔·贝尔：《资本主义文化矛盾》，赵一凡译，三联书店1989年版，第154页。
② ［法］德波：《景观社会》，王昭风译，南京大学出版社2005年版，第127页。
③ ［德］马克思：《资本论》第1卷，人民出版社2004年版，第100页。
④ ［德］马克思：《资本论》第1卷，人民出版社2004年版，第8页。
⑤ ［德］马克思：《资本论》第1卷，人民出版社2004年版，第174页。

二、"政党形塑":媒介化时代
政党研究的一个重要维度

当形象概念被引入传播学与政治学等学科领域后,与不同的政治主体(包括各种组织、机关、单位等)交织就可能会衍生出"国家形象"、"政党形象"、"政府形象"、"组织形象"、"单位形象"和"党员形象"等众多不同的政治形象景观。在现代政治体系中,政党作为最有效的政治组织,其形象问题日益受到多方关注。政党形象作为一个关系范畴,影响着公众对执政党的态度、评价与支持,进而制约着执政党的政治生命力。塑造良好的政党形象以取得公众的认可和拥护、实现执政地位的存续和巩固,是每一个执政党在治国理政过程中期望且应当达到的目标之一。政党形象实质上是民众与政党之间形成的一种关系范畴,主要涉及两个方面:一是指客体的外在呈现,即政党作为人们评价的客体所展示出的形象;二是指主体对客体的主观感知和评价,即人们通过自己的经验、感受对政党的纲领、政治行为等作出的评价。目前,虽然政党形象作为一个新的规范范畴尚未给予明确、系统地确立,但是,在实践层面已经具有一定探索的经验积累。

学术界对政党形象的概念或表述探索如下:一种观点突出政党自身的客观性和实际行动,认为"党的形象是党的全部理论和实践外在的、整体的表现"[1];另一种观点则强调社会公众评价的主观性,政党的所作所为在脑海里留下的是什么印象,即"党的形象是党员和人民群众以及国外公众对党本身、党的各项活动及其成果给予的总的评价和认定"[2]。从这两个方面加强对政党形象的建设的研究是以后深

---

[1] 中共中央党校:《执政党建设若干问题研究》,中共中央党校出版社2004年版,第146页。

[2] 管文虎、邓淑华:《加强和改进党的作风建设塑造新世纪党的良好形象》,《西南民族学院学报》2001年第12期。

化研究的很好的思路。通常来看，在政党形象的定义方面，人们更偏重于强调政党自身的主观能动性。一个政党形象好差关键取决于社会民众对其的评价，但从事实关系来看，政党形象的优劣根本上还是取决于政党自身的能动性的表现如何。公众的认知虽然依照自身具体情况或有偏差，但对政党的评价大体还是以政党的具体政治行为作为事实依据的，即以实际行动产生的效果为依据。在对政党可被公众感知到的各方面内容进行归纳总结的基础上，可以将政党形象定义为：政党形象指政党属性、政党符号、政党政治行为、党员队伍及政治参与能力给党内外公众留下的相对稳定的综合感知、整体印象以及总体性评价。例如，在早期政党政治中，有的政党被冠之为"左派"，有的政党被称呼为"右派"，这可能是对政党形象的最早的一种认知、判断与分类。反对激进的急速社会变革的政党，一般在人们心目中留下"保守形象"；如果一个政党一味地强调宗教和道德原则，具有反无神论和唯物主义倾向，则在人们的心目中留下的是类似的"宗教形象"；在 20 世纪 20 年代、30 年代盛行的极端主义、军国主义和沙文主义等思潮作为指导思想的政党，在人们的心目中被称为"法西斯形象"；20 世纪 70 年代后期，随着西方社会向后现代转变以及人们对环境生态的日益关注，欧洲社会出现了绿党，这类政党主要倡导自然或地球中心主义，关注全人类的生存问题，提倡生态平衡和可持续发展，反思现代性机器大工业发展造成的破坏，而被人们称呼"生态形象"。上述形形色色的政党形象，本质是其政治行为导致在人们心目中形成的外在形态。

如果政党的政治理念和政策主张务实、有效，一般就容易得到公众的信赖和拥护，有助于在社会大众面前树立和形成良好、积极的公众形象，也能够借助于形象扩大其政治感召力；反之，如果政党的理念、政策跟不上时代发展潮流，往往就会失去"代表性"和"认同性"，就难以得到公众的理解与信任，给公众留下消极、负面的印象，甚至会被民众所抛弃，政党发展就可能面临生存和发展危机。

随着大众传媒的快速发展，各种媒体与媒介的传播与表达必然会给民众评价政党形象带来深刻的影响。现代传媒对社会大众的价值认知与判断方面的影响力也日益凸显。公众常常在媒体影响下,对政党作出评判,对政党产生倾向性的印象。因此,现代政党都深知传媒技术的力量和影响,总是想尽一切办法通过媒体传播,充分展示自身形象,期望为民众留下务实、民主、平等、敬业和向上的深刻印象。但是,传媒是一把双刃剑,如果政党利用好媒体,政党就可能因为受到媒体的"追捧"、"美化"而声名大噪;如果利用不好,政党也有可能遭到媒体的"追打"、"丑化"而使自身形象一落千丈。无论是一个政党能够高度控制媒体或是媒体获得高度自由的社会中,政党与媒体之间关系都会因新媒体技术的高度发展,变得日趋复杂多变,如何运用传媒进行政党形塑,是现代政党面临的重要课题。

三、媒介化发展对政党形塑带来的影响与挑战

德国著名学者贝克在对现代性社会研究中提出了风险社会概念。他认为当今社会是一个时间、空间与信息交错复杂的风险性社会,当代风险实质上是一种"文明的风险",当代人类正"生活在文明的火山上"[1],因此,"风险社会的形成标示着一个新的社会时代"[2]。而在这个新的社会时代发展进程中,网络社会的崛起,进一步使这个社会变得更加复杂多变。一时间,风险与时空和网络勾联在一起,其不可确定、不可预知、模糊性与弥漫性等聚集在一起,任何在这个场域的事物都可能遭遇风险危机,同样对政党也是如此。在网络空间中,政党形象遭遇的风险性危机主要从以下几个方面反映出来。

(一)传统经典文本解构带来的风险性危机。谈到社会发展时,美国学者马克·波斯特认为人类已经迈进第二媒介时代。第二媒介时

---

[1] Ulrich Beck, *Risk Society*. London: Sage, 1992, p17.
[2] 转引自章国锋:《反思的现代化与风险社会——乌尔里希·贝克对西方现代化理论的研究》,《马克思主义与现实》2006年第1期。

代主要表现为：多传播中心，人人的主体性得以解放，几乎人人都可以参与自由、多变的双向交流。在这个时代中，制作者、销售者和消费者三方面成为一体的系统得以建构，该系统将对交往传播关系进行全新的构型。马克·波斯特在《第二媒介时代》一书中，认为当下的时代特征是"双向的，去中心化的，异质性的"①。可以说第二媒介时代最大的特征是去中心化、拒绝权威与追求自主的时代。传播学中以"皮下注射论"、"把关人"的控制论和"沉默的螺旋"等理论构成的经典传播文论很难适应网络空间的现实需求。

皮下注射论也称魔弹论和靶子论，主要表示大众传播具有强大的传播效果，其情形犹如给皮下注射或子弹射向靶子，这是一种单向传播，受众只是被动地接受信息的刺激。而信息的掌控者与传播者凭借自身的优势始终处于主导地位，他们能够始终决定着信息的内容、流向和流量，而受众处于传播过程的末端，始终受到能力、精力、时间等各方面的限制，不能够在信息方面发挥自己的主观能动性。

"沉默的螺旋"理论最早见于诺埃勒－诺依曼（Noelle－Neumann）在《传播学刊》（1974年）上发表的一篇学术论文里。诺依曼尝试通过"沉默的螺旋"理论，揭示大众传播的社会大众在舆论方面的影响力。该理论主要包括三个主要观点：一是大众传播、人际传播和社会大众的认知心理三方面相互影响导致社会舆论的产生；二是已经广泛传播与公开的意见容易为社会大众所趋同，也容易被看作成被大多数所赞同的意见而接受；三是社会大众对舆论环境具有一定的敏感性，害怕处于"劣势意见"或"少数意见"行列中而遭受孤立，不敢公开表达自己真实的观点，甚至有意隐藏自己真实的观点或目的。那么这样以来一方的逐渐沉默必然造成另一方意见的喧嚣尘上，使"优势"意见愈加猛烈强大，反过来又迫使更多的持不同意见者转向"沉默"或放弃自己真实想法转向优势意见一方，如此循环往复，便形成了一种一方越来越大声疾呼，而另一方越来越沉默下去的螺旋

---

① ［美］马克·波斯特：《第二媒介时代》，范静哗译，南京大学出版2005年版，第273页。

式过程。

"把关人"理论主要由美国传播学家卢因首先在《群体生活的渠道》(1947年)一文中提出的,他在文中提出如下的观点:"信息总是沿着含有门区的某些渠道流动,在那里,或是根据公正无私的规定,或是根据'守门人'的个人意见,对信息或商品是否被允许进入渠道或继续在渠道里流动做出决定。""把关人"的功能主要在传播者与受众之间,决定继续或中止信息传递的作用。"把关人"可以是个体或组织、集体。卢因的"把关人"理论可以用如下公式来表达:"输入信息—输出信息=把关过滤信息"。"把关人"理论认为从政治、经济、文化、审美及自身利益价值等方面出发,可以对向社会大众传播的新闻信息进行层层把关、筛选与编码,从而决定哪些可以、哪些不可以向受众公布。但是,随着网络媒介技术的迅速崛起,人类信息传播的方式及内容都发生了翻天覆地的变化,"在网络中,每个人都有可能不受政治、意识形态、技术、文字和逻辑能力、经济能力的严格限制,真正实现个人的表达自由和言论自由"[1]。由于网络是一种"去中心化"的"新型互动媒介","把关人"这一传统角色的功能在逐渐弱化;而网络传播信息的迅捷性和无障碍性,"把关人"对迎面而来的各种新问题根本来不及作出反应,或丧失了基本的判断能力,其"把关"的可行性大大降低。从纸质版到网络版,原先影响"把关"的各个因素在不同程度上发生了变化。网络空间中的传播蕴含着远胜于报纸、广播、电视的巨大的民主与平等力量。它对权威的拒绝同时也是对传统"把关人"角色的解构。因特网上富裕的媒介资源给了受众者挑选媒介的权利,受众者完全可以向那些他们不喜欢的媒介组织说"不",受众者的地位快速提高了,传统"把关人"的统治地位与权威影响受到了一定的削弱。

在传统的大众传播中,由于公众的时间和注意力被固定为一个常数,媒介的传播形式是预先固定的,报纸的版面不可能任意增加,电视的播放时间也不能随意延长。当媒体集中对某一议题进行报道时,

---

[1] 叶琼丰:《时空隧道:网络实代话传播》,复旦大学出版社2001年版,第125页。

必然弱化其它议题。这就是传统的"议程设置"理论。政党往往以"把关人"自居，借助"议程设置"理论进行方针政策的取舍来表达自己的偏好，塑造自己的形象。有学者指出，在网络空间中的传播"具有传统传播媒介所不能比拟的信息承载能力，它既不会像报纸那样受到版面大小的限制，也不会像电视或者广播那样受到播放时间的限制。从理论上讲，它几乎可以随时向任何人提供无限量的信息。这一改变对'把关人'与'议程设置'来说是致命的。在互联网时代，媒体精心设置的议题常常被海量信息淹没；用户不仅拥有'说'的权力而且更拥有了'写'的权力，在很大程度上助长了公众议程，消弭了政党组织机构的系列议程"①。另外"由于网络上的传播交流载体是打印的文字，既没有面对面人际传播的表情等直接接触的阻碍，也没有大众传播声音和图像的影响，所以网上交流使人们无须留名留姓，无须自报家底，无论是你胡言乱语，还是直抒胸臆，都没有人干涉你，因为谁也不知道到底是谁在说，到底他说的是真是假"②。在网络传播时代，新媒介具有传统媒介所不曾具备的新的特点，如信息海量、传递便捷、链接性、检索性和交互性超强，打破了以往人类多种信息传播形式的局限，把大众传播与人际传播高度地杂糅在一起。对于社会受众一方，由于沟通方式因传播技术发展导致舆情环境日益复杂化和多元化，对皮下注射理论、把关人理论和沉默的螺旋等经典文本理论产生了疏离，受众接受信息的自由度越来越高。这也必然导致以"皮下注射论"、"把关人"的控制论和"沉默的螺旋"等理论构成的经典传播文本的解构，政党也可能会因此失去在舆论掌控方面的主导权。无论是执政党还是在野党对上述情况应当给予重视。

（二）"解放政治"膨胀造成的风险性危机。英国学者吉登斯谈到风险社会时，提出一个"解放政治"概念。他在《现代性与自我认

---

① 赵虎斐：《西方政党发展路径及现代性变革》，中央文献出版社2013年版，第248页。

② 赵虎斐：《西方政党发展路径及现代性变革》，中央文献出版社2013年版，第250页。

同》一书中指出:"解放,即进步主义的启蒙运动的普遍律令。"①"所谓关于解放的政治,我指的是激进地卷入到从不平等和奴役状态下解放出来的过程。"②"解放政治"包含了两个重要因素:一个是力图打破过去的枷锁,因而也是一种面向未来的改造态度;另一个是力图克服某些个人或群体支配另一些个人或群体的非合法性统治。③吉登斯谈到的解放政治主要目的指人人之间压迫性与支配性关系的消除。所以"解放政治关心的是摆脱压迫的自由,社会正义以及消除社会经济的不平等"④。"解放意味着自由,包括摆脱武断地坚持传统的自由,摆脱武断的权力和物质剥夺的约束的自由。"⑤

在传统与经典现代性社会里,政治所关注的主要是人们的自由、平等、民主等权利问题,并通过一些斗争方式达到目的,这些都可归为解放政治。但是,随着现代社会的发展,尤其是网络信息社会的发展,解放政治建构的政治制度功能无法适应当代的发展,无法有效地解决网络空间中出现的新问题、新情况。这就需要改变传统的政治制度模式,使政治行动更加关注和贴近现实生活中的各种具体问题。吉登斯认为解放政治主要是通过激烈斗争的方式来达到其目的,改造和征服自然,破坏和消除传统与秩序。在解放政治的时代,人类对自然的驯服,主要迫使其按照人类的生活样态并服务于人类的方式存在;在政治领域中,主要促成民族国家的建构,在实行国家建构和民族解放过程中,充满着"无所不在的监控"、"荒谬绝伦的暴力"以及"野心勃勃的民族主义侵略性"等现象。这种情况表明,解放政治并没有把人类带入其理想化的大同世界中去;相反,解放政治日益深入人类

---

① [英]安东尼·吉登斯:《现代性与自我认同》,赵旭东、方文译,三联书店2000年版,第10页。

② [英]安东尼·吉登斯:《现代性后果》,田禾译,译林出版社2000年版,第137页。

③ [英]安东尼·吉登斯:《现代性与自我认同》,赵旭东、方文译,三联书店2000年版,第247—248页。

④ [英]安东尼·吉登斯:《失控的世界》,周红云译,江西人民出版社2001版,第115页。

⑤ [英]安东尼·吉登斯:《失控的世界》,周红云译,江西人民出版社2001版,第14页。

生活之中，使人类遭受了前所未有的风险与磨难。例如，全球生态灾难、原教旨主义、恐怖主义、极权主义以及核威胁等都是现代社会的现象，总是与解放政治存在千丝万缕的关系。解放政治，作为现代性发展的内在动力和关键因素，其倡导的普适性价值观和承载的制度性保障，促使现代性经历几百年的发展逐渐在全世界范围内获得基本认同，并成为人类社会的普遍认同与目标诉求。然而，解放政治本身存在一个相生相克、愈变迁愈凸显的悖谬：对传统的一味摈弃和对生存环境的无休止的索取，破坏了人类生活的生态平衡与稳固，甚至对人类现实生活造成了威胁，进而导致人们对解放政治的认同和信任危机。追求解放政治也曾经被一些现代政党奉为重要的价值理念，政党将自身的合法性建构在不断追求解放政治的现代性诉求之上，政党依靠解放政治赢得了支持，解放政治成为政党的重要的意识形态宏大叙事与话语霸权。政党以这种意识形态引导民众对整体性革命进行追求，发挥集体主义效能，实施强有力的国家控制，集中全社会的人力、财力和自然资源，并通过周密的计划，大力推进工业化以及农业集体化，谋求现代性单一维度发展；以对社会全面控制代替对社会全面治理，以政治任务和运动代替了经济、文化和社会的协同发展，以阶级启蒙代替了对人的全面启蒙。这样以来政党的威权形象愈加高大、独断，而社会就愈加缺乏自主、自治与独立，逐渐失去了生机与活力，反过来又对政党威权形象失去了支持与认同，政党因追求解放政治而获得崇高的威权形象随着现代性社会的发展逐渐走向了另一极端。

（三）"群体极化"现象造成的风险性危机。在网络空间中，社会大众的表达意见与观点和前网络时代相比较更加自由与自主；同时，大众进行网络表达可以多个不同的化名出现，在表达过程中，因兴趣点、关注度等缘由，网民以群内同质化、群际异质化等特点聚合一起，志同道合的网民以某种事件结成群体，形成舆论优势，这样一来就可能造成一定的"群体极化"倾向。如果关注某件事情，网民一开始即有某些意见、观点和情感偏向，在通过网络交汇后，他们会不由自主地朝某种方向偏向并朝此移动，最后形成"群体极化"现象。这

第六章
传媒政治中的政党形塑

些群体极化现象对机构、团体、公众人物尤其政党和政府的政治行为产生极大影响。现实生活中一些群体事件、焦点事件和突发性事件等很多事件背后是群体极化促进的。"群体极化"这一概念,最早是美国当代法哲学家、芝加哥大学法学院客座教授凯斯·桑斯坦在《网络共和国——网络社会中的民主问题》一书中提出的。他说:"群体极化的定义极其简单:团体成员一开始即有某些偏向,在商议后,人们朝偏向的方向继续移动,最后形成极端的观点。"并且进一步指出:"在网络和新的传播技术的领域里,志同道合的团体会彼此进行沟通讨论,到最后他们的想法和原先一样,只是形式上变得更极端了。"① 群体极化主要表现为"一方面,群体中非理性、易激动的特点在网民中更为严重。这一特点在讨论中很容易导致言说者态度偏激,并以十分激烈的言词表现出来。在 BBS 上浏览,你随处可见网民争相发言之激烈。新的舆论媒介——网络下聚集的群体,是由分化而类聚的,表现出群内同质、群际异质等特性。这样极易导致群体认同的现象"②,他们彼此可以推波助澜。正如凯斯·桑斯坦所说:"毫无疑问,群体极化正发生在网络上。讲到这里,网络对许多人而言,正是极端主义的温床,因为志同道合的人可以在网上轻易且频繁地沟通,但听不到不同的看法。持续暴露于极端的立场中,听取这些人的意见,会让人逐渐相信这个立场。"③ 在网络信息传播方面一旦遇到与舆情有关的信息,人们话语表达更加积极,一些非官方、正规的消息,甚至一些小道消息或网络谣言更容易引起人们的兴奋与好奇,通过网络传播,这些负面的东西会迅速传播甚至产生极化现象。网络社会这种"群体极化"对政党尤其是执政党影响甚大,既可以美化政党形象,更多可能给政党造成污名化的影响。对于政党来说,如何掌控

---

① [美]凯斯·桑斯坦:《网络共和国——网络社会中的民主问题》,黄维明译,上海人民出版社 2003 年版,第 47 页。

② 赵宬斐:《西方政党发展路径及现代性变革》,中央文献出版社 2013 年版,第 259 页。

③ [美]凯斯·桑斯坦:《网络共和国——网络社会中的民主问题》,黄维明译,上海人民出版社 2003 年版,第 50—51 页。

舆论领域，引导舆论发展应对"群体极化"现象，巩固与提升自身形象确实是一个重要课题。

四、媒介化时代政党形象的调整与转向

网络的快速发展正在把人类带入"电子民主"的新政治空间时代，人类的民主化进程得以前所未有地快速发展。以"电子民主"为主导的新政治空间时代，既是"现代性"的一种表现、一种结果，也是"现代性"的一种本质、一种内涵。可以说"现代性"的真正涵义在新媒体时代得以全面诠释；在新政治空间时代里，人们的公共生活、公共领域充满着新媒体的元素。对于中国执政党来说，在意识形态、执政理念以及价值追求方面要进一步拓展和完善，积极开辟多种路径，实施政党形象塑造。现代政治的主体是政党政治，可以说现代政治涉猎的各个方面几乎都与政党政治存在关联。随着网络时代的迅速崛起，现代政治的开放性、互动性、透明性的特征愈加明显，必将对政党政治产生全方位地影响，尤其对政党形象转向与塑造的影响尤其明显。

（一）从威权和神秘转向亲民与务实。当前，各国政党为谋求更好地执政与发展，充分利用现代媒体政治来"推销"政党的价值追求与执政理念，通过改变传统威权、严肃的政党形象，来增进公众认同政党的信心，提升政党的美誉度和形象指数；网络媒体时代的传播媒介起着解释、沟通、交流和扩音的作用，是树立政党良好形象的很好的宣传平台与场域。例如，德国社会民主党在执政的时候，很重视对网络的利用，在实际工作中总是想方设法利用互联网宣传党的纲领与政策，利用互联网改善党的宣传策略，为党员提供方便快捷的交流和对话的平台。德国社会民主党还从哲学的高度审视互联网与政党的关系变化，提出把党从"新闻报道的对象"变成"影响新闻媒体报道的主体"，充分利用媒体的"游戏规则"，为政党的形象锦上添花；注重

互联网时代的新闻传播规律,把传媒与提升政党形象密切整合在一起,以促进党的领导人在公共领域展示务实与亲民的形象,让广大民众时刻感受其时刻活动在身边;社会民主党还注重新媒体的学习与应用,号召全党党员干部学习与使用新媒体,努力提高与媒体打交道的"专业化水平",该党甚至聘用了"新闻形象顾问",以强化政党的形象。对于中国执政党来说,应该在新的政治环境中考虑如何使用媒体做好自身形象建构,这是一个很紧迫的现实课题。在网络时代中,中国共产党的形象既不再神秘和威严,但也不是凸显张扬和跋扈,而是亲民、平和、务实与低调。

(二)从单纯的依靠意识形态转向适应新媒体。新媒体时代,政党政治发生了诸多变化,主要表现为:一是政党分化由当初以阶级为基础开始向以议题为基础的转变,人们不再纠缠于阶级性而更关注问题性;二是传统政党竞争结构中的"左与右"分野呈现空前的多维性、复杂性和模糊性,左派或者右派不再成为人们斗争关注的焦点;三是选民传统意义上相对稳定的党派忠诚开始趋于弱化,将注意力转向更加广泛的社会领域,诸如环境保护、公共卫生、女权、政治参与、社会救助、战争与和平以及对人类生存的反思等方面。这样,传统的以某一阶级作为其相对稳定的支持来源、长期以某种意识形态为"旗帜"的"阶级政党",逐渐让位于具有较强应变能力的注重形象塑造的政党。传统的带有意识形态色彩的"阶级斗争"观念也悄悄消退,政治领域出现了明显的"去意识形态化"趋势。这表明一个基本的事实:即政党支持者在阶级构成上已经发生了重要转变,政党赖以生存的阶级基础已经并正在继续改变。这一基础不再是传统政党那样都有自己相对稳定的核心阶级群体,而是在阶级来源上呈现出较为明显的异质性和多元性。如今,选民投票较少关注该党传统的意识形态,而是将更多的注意力集中在该党在相关政治议题上的立场与自己主张的同一程度,更关注具体的、贴近的现实问题。在新媒体时代,一些西方政党分野由当初以阶级为基础开始向以议题为基础转向,他们必须服从选举政治的需要,迎合媒体。往往党的候选人根据媒体的需要来变更他的主张,以达到理想的选举竞争效果。此外,现代传媒的最大特点是能给人以最鲜明、最直接的感官感受,所以,为了选举获胜的需要,政党就把最具魅力的个人形象的候选人展现在选民面前,以使选民在品味感官与视角享受的同时,下意识地把选票投向自己心目中的偶像。因此,意识形态与政治纲领似乎并不怎么重要了,谁在媒体面前表演得漂亮、有魅力,谁就可能赢得选民的选票。另一方面,由于政党强烈的执政欲望,为迎合媒体的需要,它们不断弱化传统政党的党派意识,这也使现代政党面临丧失自身政治特性的危险。因此,在某种程度上,与其说是政党利用媒体来进行纲领、政策、领袖形象方面的宣传,倒不如说是媒体在左右政党参与选举的过程与结果。媒体消解了政党的组织力量,使政党的工具理性色彩更浓。媒体的发展与变化,影响着人们对政治的认识和相应的选择。随着现代媒体的不断发展和壮大,媒体在西方选举中的作用显得愈加重要。所以,政党及政党中的活跃分子,有意识地不断加强和改进与媒体打交道的艺术。当今,许多政治家往往很倚重利用媒体形象来兜售自己。

在当今这个行政日渐公开和透明的时代,政党形象作为一个可信度强弱或公信力高低的标志,对一个国家或政府在赢得公众支持,履行政府职能,实现国家战略目标的过程中,发挥着极其重要的作用。政党作为政府和公众的架桥,存在着共生互动关系,通过政党增进政府对民意的敏感度,化解和消除政府与公众的矛盾关系。西方政党利用现代媒体加强自身建设的一些做法很值得我们借鉴。在新的历史条件下,我们的党建工作要跟上时代的发展,就必须在信息网络化的发展中占据主动地位。把信息力作为政党能力新的战略增长点,推进政党形象发展。

(三)坚持以民心为坐标,提升政党形象。政党形象不仅是影响政党自身发展和功能实现的一个关键原因,同时也是获取民众政治认同与支持的一个因素,任何政党若要获得或保持执政地位都必须在民众中具备比较优良的形象,博得民众的好感与支持。常言道"得民心者得天下"。对执政党而言,其公众形象是民意的集中体现,因此,应以民心、民意、民情和民愿为坐标来塑造自身形象。执政党要做到为民，就要把实现好、维护好、发展好人民群众的根本利益作为根本出发点和落脚点；始终做到情为民所系、权为民所用、利为民所谋。为民必须亲民，始终与人民心连心、同呼吸、共命运；为民必须发扬民主，尊重人民，相信群众；为民还要倾听人民群众呼声；为民必须务实，必须出实招，要坚持创新，勇于实践，勇于变革；为民必须顺应时代发展要求，顺应人民共同愿望，不懈探索和把握中国特色社会主义建设规律；为民必须重实干，要脚踏实地，埋头苦干，坚持以经济建设为中心，一心一意谋科学发展；为民必须求实效，要坚持以人为本，多办顺民意、解民忧、增民利的实事，努力做出经得起实践、人民、历史检验的实绩。切实做到拒腐蚀、自重、自警、自省、自励，切实强化党性修养，牢固树立正确的人生观、价值观和政绩观，守住寂寞，耐住清贫，抵住诱惑，经住考验，永葆共产党人本色。中国共产党一成立就把同人民群众的关系确立为"血肉联系"，从建党至今风雨兼程90多年来，"血肉联系"一直延续着。中国共产党在执政过程中，一直不断强调"党的根基在于人民、血脉在于人民、力量在于人民"，构筑起了牢不可破的"民心长城"，坚持"一切为了群众，一切依靠群众，从群众中来，到群众中去"的观点。中国共产党在坚持以民心塑造自身形象的过程中不仅做到时刻关注群众的所思、所想、所急、所需，并将之作为工作的出发点和落脚点，而且坚决反对任何形式主义、官僚主义、享乐主义和奢靡之风，按照"照镜子、正衣冠、洗洗澡、治治病"的总要求塑造和保持在人民群众中的良好形象。

（四）提升党的形象评估与修复能力。公众的评价是政党塑造形象最重要的参照指标，因此许多政党十分注重收集民众对党的政策、党组织和领导人形象的反馈意见，并及时进行评估，作为修正政策和改善形象的依据。借助现代媒体，利用民调方式，快速有效地了解民众对政党认知的变化。例如，在2008年中国汶川大地震当中，中国共产党就向全世界展示出以人为本、自强不息、厚德载物、仁者爱人和天下一家等形象。通过形象展示把中华民族精神与时代精神有机结合，与马克思主义的"人的自由全面发展"的终极关怀进行了密切的结合。2010年，智利发生重大矿难后，该国由民族革新党（Renovación Nacional，RN）和独立民主联盟（Unión Demócrata Independiente，UDI）组成的争取变革联盟联合执政党迅速采取了一系列营救民众生命的措施，成功塑造了尊重生命、关怀民众的负责形象，赢得国内民众的支持。

　　政党的公众形象建设是一项复杂的系统工程，而政党形象评估与修复机制是政党形象工程的一个主要组成部分。政党的形象评估主要来自两大方面：一是自我评估；一是外在的评估。自我评估主要包括自我监督、自我教育、自我批评、自我纠错和自我反思能力，另外还有自我创新、自我适应和自我协调等能力；外在评估主要包括社会其他政治主体，例如社会民众、团体、组织以及其他政党等对其的认知、评价与看法。任何一个政党的形象高低不仅取决于自我与他者对其的客观评价，而且取决于它是否具有自我修复能力，即主动克服内部和外部损害而保持自身存在和发展的能力。中国共产党是一个一直具有强大自我修复能力的政党。在其斗争历史上遭受过日本法西斯和国民党的多次攻击和破坏，而且党的路线也曾一度发生偏移，长期遭受"左"或"右"的倾向影响，给我们党的组织和事业造成极大的损害；但我们党却从来没有为这些损害所击倒，而总是善于自我纠错自我修复，以提升能力。例如，在我们党的历史上有两大标志性自我修复的事件：一是1945年在延安召开的六届七中全会，通过了《关于党的若干历史问题的决议》，彻底纠正了大革命以来我们党发生的"左"的错误，推动了新民主主义革命事业的顺利发展；二是1981年在北京召开的十一届六中全会，通过了《关于建国以来党的若干历史问题的决议》，正确回顾和检视过去的历史问题，保持党的肌体健康。在经过一段时间的自我修复以后，使党的前进方向更加明确，党的组织进一步壮大，党在人民心中的形象也越来越高大。

　　在新时期，中国共产党一定要经常自我反省，加强党性修养，增强自我净化能力，永葆共产党人的政治本色；一定要增强自我完善能力，必须加强学习、积极实践。以加强思想品德修养、培养健康的生活情趣、保持高尚的精神追求，从理论和政治上完善自我；一定要增强自我革新能力,彰显共产党人的先进品质。我们党自我修复能力的机制有很多,其中最重要的就是我们党所具有的批评与自我批评的武器。毛泽东说:"我们有批评与自我批评这个马克思列宁主义的武器。我们能够去掉不良作风,保持优良作风。"① 而且强调在批评的过程中要始终做到"实行'知无不言,言无不尽','言者无罪,闻者足戒','有则改之,无则加勉'"② 的态度。这种批评与自我批评的方法是我们党"抵抗各种政治灰尘和政治微生物侵蚀我们同志的思想和我们党的机体的唯一有效的方法"③。在进行批评与自我批评过程中,还要坚持"惩前毖后,治病救人"的方针。在延安整风运动中,毛泽东提出:"我们反主观主义、宗派主义、党八股,有两条宗旨是必须注意的:第一是'惩前毖后',第二是'治病救人'。"④ 他认为,任何犯错误的人,只要他不讳疾忌医,我们就要欢迎他,把他的毛病治好,使他变成一个好同志。"对待思想上的毛病和政治上的毛病,决不能采用鲁莽的态度,必须采用'治病救人'的态度。"⑤ 务必做到"'知无不言,言无不尽','言者无罪,闻者足戒','有则改之,无则加勉'。"⑥ 始终保持共产党人政治本色,始终树立党的伟大形象。

　　与传统时代的政治相比较,信息社会的政治发生了诸多的蜕变,这不但改变了我们目前的政治生活状态,同时也促使我们重新思考未来的政治生活;因为"随着网络与网络经济的成熟,作为经济集中表现的政治必然会随之发生变化"⑦。政治发生最大的变化就是直接导致个体政治能力的增强。"网络的本质是解放每个人的生产力"⑧,在网络时代,个体的自由、平等、民主和创造力得到了前所未有的张扬。"由于因特网和多媒体的爆炸性发展而深入渗透到家庭和文化之

---

① 《毛泽东选集》第4卷,人民出版社1991年版,第1439页。
② 《毛泽东选集》第3卷,人民出版社1991年版,第1096页。
③ 《毛泽东选集》第3卷,人民出版社1991年版,第1096页。
④ 《毛泽东选集》第2卷,人民出版社1991年版,第347页。
⑤ 《毛泽东选集》第3卷,人民出版社1991年版,第828页。
⑥ 《毛泽东选集》第3卷,人民出版社1991年版,第1096页。
⑦ 曹泽林:《信息时代的党建创新》,中共中央党校出版社2003年版,第307页。
⑧ 鲍宗豪:《全球化与当代社会》,三联书店2002年版,第114页。

中，其速度远远超过了两次工业革命时期的发明……每个国家和每个人都直接或间接地接触到了以这场技术革命为中介的结构改革。"①互联网时代不仅表现为一场改革，"还是一种新的生活方式，以离散的、无中心的结构模式和运作为特征，基本消除了歧视，实现了地位平等的参与；它还真切地推动了社会生产力的提升，并已使全球一体化进程有了惊人的突破"②。有什么样的生产方式，就会有什么样的生活方式，高新技术在改变社会的生产方式的同时，也在改变着人们的生活方式，可以说世界正在被塑造成一个共同分享的共时性的社会空间；在全球一个地区的发展能够对另一个地方的个人或社群的生活产生深远影响。这种革命性的变化，无疑对政党形象的塑造产生重大的影响。政党只有充分运用先进信息平台和信息网络等手段，主动融入知识化、信息化、网络化的时代潮流，有效整合各种政治资源，以增强政党的效率性、参与性和民主性，来提升政党的魅力形象，给民众以最鲜明、最直接的感官感受。把政党形象作为重要的执政资源，争取民众的信任度和认同感以巩固政党的合法性。

---

① 联合国教科文组织：《世界社会科学报告1999》，社会科学文献出版社2001年版，第389页。
② 刘文富：《网络政治》，商务印书馆2002年版，第4页。

第七章 西方政党运用新媒体的现状及启示

信息网络技术的发展，使人类传播文明走向以数字化、网络化为表征的新媒体发展阶段。媒介化的到来为人类提供了一种新的中介系统，同时也向人类展示出一个符号化的世界——"比特世界"。媒介化导致人和社会的生存和交往的时空形式发生了巨大变化，人类社会的组织形态也随之发生了革命性的变革，同时对政党政治的发展造成了很大影响。传统政党的政治功能、阶级观、价值观以及合法性的依据，已经很难适应新媒体时代飞速发展变化的客观要求，传统政党生存与发展的境域面临很大的风险与危机，显示出一些现代性症候，政党的政治功能、政治行为与政治过程都表现出与新媒体的时代难于融合的症状。互联网的时代是一个没有中心、没有等级的时代，西方主要政党为迅速适应这个时代的发展，根据时代的现实状况提出一些现代性纠错方案，作为规避风险与解决危机的一些尝试与探索。

一、媒介化时代西方政党的现代性征候

媒介化时代，由于信息传播打破了时空界限，实现了自由流动的同时又具有一定的聚集化和弥散化等特点，导致了人类的政治行为也发生了革命性的变革，人们不通过政党组织，依然能够对政治实施广

泛而深刻的参与和影响，这种发展状况对政党政治的发展带来很大的影响。在媒介化时代中，政党赖以依靠的阶级基础正在发生悄悄改变，传统意义上的政党政治的"左"、"右"二元区分的模式逐渐被时代所抛弃，作为政党传统鲜明特征的阶级性、意识形态和目标纲领在数字化时代中表现出更加多元、差异、复杂和模糊，这给西方政党造成了一些明显的现代性征候：

（一）"阶级政党"模式的衰落。网络时代的一些政治共同体快速发展导致了社会阶层与群体的急剧分化与变迁，而这种发展趋势必然带来政党之阶级基础、行为模式、体制结构以及价值理念等方面的变化。传统社会强调的阶级与意识形态的重要性逐渐降低；文化和价值因素以及生产领域中的休闲和娱乐的重要性逐渐增加。在传统意义上，政党主要依据大众群体而构成其阶级基础，而媒介化时代的社会生活表现出的是越来越个性化特征，传统意义上的大规模的技术工人比例急剧减少。在过去，欧洲一些政党的党纲、党规以及执政理念与价值观主要建立在阶级意识基础上的政治认同与支持，在今天必须通过不断地适应社会变迁进行广泛地政治参与、交流与合作才能实现。在这个过程中，各种新媒体始终承担着重要作用。这些变数也很有可能导致那些价值观分歧的新型政党的产生，或者引起现有政党之社会基础的重新组织与结盟。具体表现为：首先是政党分化由主要以阶级支持为基础逐渐转向以具体议题为基础，人们不太关注意识形态与阶级性而更关注问题性即身边生活中的具体事务，例如工资待遇、社会保障、社区选举、公共安全等；选民传统意义上相对稳定的党派支持与党派忠诚趋于淡化。尤其是网络政治、网络共同体与网络参与的推动，将人们的注意力转向更加广泛和多样的社会领域，诸如环境保护、公共卫生、女权、政治参与、社会救助、社会生态以及对人类生存的现代性反思方面。这样，传统的以某一阶级、阶层作为其相对稳定的支持来源、长期以某种意识形态为"旗帜"的"阶级政党"，逐渐让位于具有较强应变能力的带有功利性和灵活性的一些政党共同体。欧洲一些国家传统型的工人阶级、阶层在近30年发生了很大的分化，各个阶级、阶层划分的界限日趋模糊，传统的阶级分析方法很难为当前欧洲社会阶级的变迁提供合法性的支持。

这表明一个基本的事实：即政党支持者在阶级构成上已经发生了重要转变，政党赖以生存的政治生态已经并正在继续改变，这一基础不再是传统政党那样都有自己相对稳定的核心阶级群体，在阶级来源上呈现出较为明显的异质性和差异性。如今，选民如果投票支持哪个政党，一般不太关注该党传统的意识形态，而是将更多的注意力集中在该党在相关政治议题上的立场与自己主张的同一程度，更加关注具体的、贴近的现实问题。政党政治的发展也应该越来越贴近民众的现实生活。

（二）意识形态的模糊性。传统媒体社会中，意识形态对政党的理念、纲领与目标以及人们的思维方式影响很大，人们习惯于把政党划分为左、中、右，主要根据意识形态来划分，政党之间的分歧主要通过意识形态得以反映，政党之间区分明确、立场鲜明，政党之间的共性和通融性不多。但是，随着新媒体时代的来临，社会发展由经典现代性向后现代性的演进，各个阶层群体演变和新的各种社会共同体纷纷涌现。这些政治主体善于借助网络的及时性、公开性的信息了解和参与政治。似乎一切都可以晾晒于网上，这也导致了政党安身立命的意识形态已不再神秘和宏大；意识形态的发展陷入了诸多的现代性困惑，遭遇了空前的合法性危机；传统意义上的强调阶级斗争的意识形态法宝，似乎成了政党继续发展的障碍，这种障碍如果不及时清除，可能导致政党被选民所抛弃。英国学者吉登斯对作为构成意识形态的一个重要方面的阶级问题及其属性的变化进行了很好的诠释。他认为，在现代性的社会中，阶级主要不再体现为特定的利益团体，更主要体现为一种个人特性，而越来越少地体现为集体的命运；相对于阶级制度而言，个人不仅是生产者而且是消费者；后匮乏社会表现出的特征，不足以构成划分不同阶层和集团的根据；阶级不应当具有持续的历史属性。过去，一个人的阶级属性，往往与他的出身具有密切关系，而在今天，阶级的"代代相传"将被打破。① 从吉登斯上述对阶级发展样态所作的分析中可以看出，他的观点与以前把阶级视为利益团体的看法截然不同。这说明在当今社会人们对阶级和意识形态的理解更多地带有个人的一些特性、主观的经历、心理的感受和某种偏好。

（三）传统"左"与"右"区分的衰落。传统意义上的西方政党政治的"左翼"与"右翼"简单化对立的旧景观政治现象，随着信息时代社会的发展，不仅将得到改变，而且可能被侵蚀到其最深的底层。新媒体政治的到来将很有可能给西方政党政治造成长期震动。传统意义上西方政党政治的"左翼"与"右翼"主要政策观与思维模式，在网络与信息高度发展的时代，已经被打破，使人们不得不在更广阔的时间与空间向度中捕捉问题、研究问题和解决问题。对政党政治非"左"即"右"的二元思维模式要及时调整，要置于充满风险性的网络社会中来考量与盘算。

"历史不是不可思议的，但是没有人能够把握它的一个终极意义。当然，'意义的多元性'并不是暗示着理解的失败而是暗示着事实的丰富性和历史解释的多变性。"② 正如，新媒体与全球化的进一步发展，激活了意识形态本身潜在的一些未知的丰富多变的元素，这些元素必将打破了意识形态的原初出场，使原来意识形态不再是一个宏大抽象的空洞，而是一个动态、积累性的过程；意识形态的概念是多元性、宽泛性和模糊性的，人们把意识形态作为手段和工具，借助于意识形态能够促使统治关系合法化。意识形态的概念发生了重大的滑移，自身具有的革命性、神秘性和偶然性被置放于一个更广泛的架构中被人们所理解，人们开始从中剥离出最具有共性的意涵和实质性内容。

（四）政党发展模式选择的困惑。欧洲社会民主党在政策的调配

---

① ［英］安东尼·吉登斯：《超越左与右——激进政治的未来》，李惠斌、杨雪冬译，社会科学文献出版社2000年版，第148页。
② 陈喜贵：《维护政治理性》，中央编译出版社2004年版，第118页。

与发展模式选择方面,由于把握不准时代发展的脉搏,经常陷入困境。政党在政治舞台上的地位常常出现"左"、"右"交替的周期性现象,或者某一个政党在执政的长周期中出现自身政策取向交替的周期性现象,这种现象被政治学界称为"钟摆效应"。当一个党以自己的政策导向获得社会认同而走上执政舞台,就必然在执政舞台上把这一导向的政策推行下去。而政治生活中任何一个政策的效能都只能是属于具体社会政治和经济环境条件的选择,是一种政治上的适应性选择。这种适应性选择的政策很难对社会政治和经济环境中发生的多元诉求做出灵活性的回应,导致政党陷入困境。例如,瑞典社会民主党在发展模式选择方面就是这方面的典型。从瑞典社会民主党党魁阿尔宾·汉森接任主席以来,瑞典社会民主党开始了长达半个多世纪的瑞典模式的探索与建设。从20世纪30年代到60年代末,进行福利社会主义政策试验,该政策在实际运行中受阻后,瑞典社会民主党决定进行"意识形态再思考",在对福利社会主义全面反思的基础上,提出了"职能社会主义"以迎合新的时尚和思潮,主张在资本主义私有制结构内实行职能社会化的做法。当"职能社会主义"的理论无法适应现实需求走向衰落的时候,取而代之的是"基金社会主义"的理论和政策的选择。但是瑞典社会民主党实施的"基金社会主义"的理论和政策,无法引领丰富生动的现实社会发展,同样遭到废弃的厄运。

随着现代性社会发展,特别是信息网络社会的发展,网络政治功能代替了一些传统政党政治的功能。加之利益诉求和多元价值取向与全球化和社会问题交织在一起,导致政党很难抓住与选民切身利益密切相关的问题以接近民众,迎合民众,倾听民众的呼声,关注民众的需求,考虑民众的利益,解决民众的问题。因此,政党向社会输出的系列政策与理念在动态多变的社会中很难找出正确的立足点,很难成为有效的指导性理论,更不用说产生多大的实际效果。

(五)政党传统政治沟通功能的退化。政党的传统政治沟通功能随着网络时代的党员和选民的变化以及他们的政策选择和价值取向的变化而发生了衰退。政党的传统政治沟通的最大特点是单向的,执政党是信息的发布者和传播者,读者或者听众、观众只能单向、被动地接收信息，逐渐形成了集中统一、自上而下的沟通模式。而在媒介化时代中，各种新兴媒体可以便利地实现媒体与受众之间顺畅的双向传播和互动交流——网民不再仅仅是信息的接受者，更是信息的创造者、发布者，可以自主地参与创造，自由地进行交流，传播有关信息，发表意见看法，充分满足了现代人对话语权的需求，使民众与政府更容易沟通。选民个性化的政治需求，对政策的偏好以及政治上的归属感在新媒体时代中，不经政党的政治沟通也可满足。政党的政治沟通愈来愈多地表现为政策、政党领袖形象和风格的展现。在沟通过程中更多地依靠广告公司、媒体专家、记者，尤其是政党领袖的媒体表演来扩大宣传，改善沟通方式，吸引更多的支持者，寻求认同，建立力量基础。为了迎合媒体，政党面临着丧失自己政治特性的危险，传统的政治沟通功能呈现日益衰退的趋势。

二、西方政党的理论创新及应用

20世纪90年代，人类社会进入网络时代。"一个比黄金、货币和土地更灵活的无形的财富和权力的基础已在形成。这个新基础以思想、技术和通讯占优势为标志，一句话，以'信息'为标志。"① 在这个时代，选民个性化的政治需求增多，在西方一些发达国家中选民对议员、政党和政府机构的信任度也逐渐降低。选民甚至以不参加投票的方式表达对政治家和政党的不满。人们对于政党组织的认同感和归属感正在减弱；同时，选民要求政党和政治家提出的政策要符合他们的偏好与趣味，选民还时常借助于网络开展各种非传统形式的抗议活动。例如，在1999年，居住在美国洛杉矶西区的居民利用互联网成功地发起了一场针对电信公司的"阻止电话号码升位"的抗议运动，并最终取得了胜利。

---

① [美] E. 拉兹洛：《决定命运的选择》，三联书店1997年版，第6页。

第七章
西方政党运用新媒体的现状及启示

无论是环境的改变，竞争的需要，还是党员和选民的变化，都促使西方政党开展网络宣传，尝试改善与民众的沟通与交流方式，期望吸引更多的支持者与参与者。积极利用互联网，获取更大的网上利益，已经成为当今西方政党的共识。例如，"美国共和民主两党、英国工党、德国社民党、法国社会党、日本自民党以及瑞典社民党都较早建立了自己的网站，并推出领袖个人网站，高密度、全方位地向公众宣传和阐述本党政治理念、解释本党方针政策、介绍本党组织体系和联系参与方式、包装和宣传本党领袖及取得的成果、针砭时政和竞争对手，以提高自己的'出镜率'和'能见度'，使普通党员和民众能不受时空限制在第一时间了解党的情况"①。西方政党积极利用网络技术，在宣传方式方面实现了从"地毯式轰炸"到"精确制导巡航导弹"的积极转变。再如，"美国民主党还将'虚拟的网络组织生活'同'现实的集会活动'结合起来，在网上发布活动信息和进行动员，然后在现实场合中组织会议、游行和集会。德国社民党启动了'红色电脑'和'红色手机'计划，将全国12000多个基层组织全部联入内部信息网，用电邮、手机等手段向全体党员发布消息，传达指示，相互沟通。此外，德国社民党还开辟青年网站，将青年感兴趣的体育、音乐和娱乐等信息同党的政治理念、思想主张结合在一起，进行网络上的'捆绑式销售'"②。

由于网络技术的"即时性"和"互动性"有助于政党传统的"单向"交流模式向"双向"交流模式转变，逐渐改变了原来各党内部"垂直型"的官僚体系，深化党内民主和社会民主的发展，帮助各党在网络环境中巩固合法性基础。西方政党正是看到了互联网有上述优点，把互联网技术应用到政党政治行为中，鼓励人们更多地参与政治。美国学者卡拉多（Corrado）和费尔斯通（Firestone）就认为互联网具有四种特殊的政治功能：第一，实现了民众的再次联合，重新

---

① 张光平：《西方发达国家政党运用互联网推进电子党务》，《当代世界》2007年第5期。

② 张光平：《西方发达国家政党运用互联网推进电子党务》，《当代世界》2007年第5期。

建立了选民和候选人之间的联系。第二,为选民提供高质量的、不同种类的、中立的信息。第三,增加了候选人参与政治的机会。低成本的竞选使得缺乏资源的候选人能够实施竞选,并且获得展示机会。第四,扩大了选民的选择,增加了民众的参与。① 政党借助于互联网就会很直接地把党的有关理念、纲领与政策传达给选民,并对选民的要求及时作出回应。例如,在2005年的英国大选中,据调查有18%的人认为,互联网帮助他们作出了更明智的选择,19%的人称互联网帮助他们下定了决心,或是坚定了最初的选择,或是作出了改变。②"在应用过程中,政党普遍存在着重视宣传、轻视互动的现象。这是由政党自身的利益和需要决定的。今后,西方政党仍将按照自己的目标、理念、能力和需要,对互联网的各种功能进行开发与利用。政党在网络空间的探索还将继续深入,谋求网上获益仍将是他们共同遵循的原则。"③ 这也使政党所处的时代环境发生了深刻的变化,政党要想更好地发挥公民和国家之间桥梁和纽带的作用,在竞争中处于不败之地,就必须掌握以互联网为主要代表的新的信息与通信技术。

(一)"网络党"理论。互联网技术发展对西方政治生活产生了广泛的影响。网络技术为西方政党发展提供了广阔的空间,西方政党运作模式也因互联网技术发生了深刻的改变,政党的组织形态出现了不同以往的特征。针对这些变化,西方有学者提出了"电脑化政党"这一新概念,并认为电脑化政党是西方政党应对网络技术发展的一种理想的组织形态。政党之间的竞争态势、政党与党员、支持者和投票者间的关系以及政党内部的组织方式都因为网络技术而发生诸多调整。原来"金字塔"型的层级组织结构逐渐向"扁平化"的组织结构方向发展。如今西方政党普遍通过网络技术建立网上党组织并以此来加强

---

① Wainer Lusoli, "the Internet and the European Parliament Elections: Theoretical Perspectives, Empirical Investigations and Proposals for Research", *information Polity* 2005, (10): 153—163.

② Ward S, Gibson R, Lusoli W, *Parties and the Virtual Campaign: The 2005 Election Online*, EPOP Conference. University of Essex. 2005, p15.

③ 马千山:《简析西方政党对互联网的应用》,《新视野》2008年第1期。

第七章
西方政党运用新媒体的现状及启示

党的组织建设。网络技术为西方政党加强内部管理提供了有利的技术支持。随着西方政党内部的党务工作越来越"电子化",政党内部网络的使用在技术上简化了政党组织的内部管理过程并提高了工作效能。"互联网还促生了一种新型网络化政党的产生。即:德国的数字党。它参与了柏林的1999年市长选举竞争。"[①] 政党在政策制订过程中对所有党员开放,全体党员对组织负责并且协调它的发展。例如,瑞典社会民主党建立了超过70个可以与著名的社民党政治家进行实时对话的聊天室,11个公开的讨论区,并且雇佣员工回答个人的电子邮件问询,甚至还安排了一次在线的五·一节的游行示威。[②] 这种"网络党的意义并非仅限于利用现代化通讯工具迅速获得和传递信息,更重要的是通过网络把人们的行为和活动联系起来,形成一个共同参与的人群网络"[③]。随着西方政党内部的党务工作越来越"电子化",政党内部网络的使用在技术上简化了政党组织的内部管理过程并提高了工作效率,使得政党组织内部不同部门之间的协调也变得更为便捷。

网络技术日益为西方政党发展"电子民主"提供了技术支持。党内民主建设,是西方政党党内政治建设的一个重要方面。近年来,众多的西方政党纷纷在网站上开设各种电子论坛,供党员们就党内重大议题和一些热点问题发表意见、参与评论,以求在党的重大政策主张、行动、决策等方面听取党员们的意见,各政党在组织体系上也逐步由原来的"金字塔"型向"扁平化"发展,减少层级,压平结构,降低活动成本,提高组织效率,增加党内上下层直接对话、交流的机会和渠道,已成为网络社会条件下许多政党组织体系发展的一个重要趋势。

信息化、网络化同时也促进了西方政党的党内民主发展。越来越

---

① 马千山:《简析西方政党对互联网的应用》,《新视野》2008年第1期。
② Gibson R, Rommele, Ward S. German Parties and Internet Campaigning in the 2002 Federal Election[J]. German Politics,2003,(1):79—108.
③ 孙伯强:《网络党:西方政党运作模式发展的新趋势》,《当代世界》2010年第7期。

多的"电子民主"因素渗透到西方政党的党内生活之中,成立"虚拟组织",扩大群众基础。网络技术也为西方政党加强组织建设开辟了广阔的空间,为扩大党的影响力和群众基础大开方便之门。通过访问这些政党的网站,人们可以随时了解它的组织结构和活动情况。许多党还在网上成立了"虚拟组织",通过网络来开展党的组织生活,打破了参加党内生活的时空限制。德国社民党决定将党的基层组织全部联网,甚至出现了"虚拟基层组织",即由一些相互不认识,却以因特网为纽带联系在一起的党员组织起来的支部。该党还针对具有不同兴趣爱好的非党人士的需要,在网上建立了不同形式的党外群众组织,如"青年网络管理之家"以及科技、文化等类型的兴趣小组,以扩大党的群众基础,增强党组织的吸引力和凝聚力。

"网络的广泛使用给西方政党之间的竞争态势带来了新的变化。在诸如由报纸、广播、电视等传统媒体完全主导的政治竞选时代,政党自身规模和经费实力的大小往往决定政党在竞选中的优劣,大党和小党之间的实力相差悬殊使得小党实际上难以和大党进行平等的竞争。"[①]"但进入网络时代之后,沟通技术的进步使得先前大、小党之间的竞争态势发生了巨大的变化,小党借助于网络在沟通方面的便利缩小了与大党在影响选民方面的差距,使得政党在竞选运动中的竞争呈现出均等化的态势。"[②]互联网技术发展对促进政党竞争的均等化也起着很重要的作用。例如在英国,20世纪90年代以.来,国民党、独立党和绿党等这些小党逐渐借助于网络与保守党、工党和社会民主党三个大党进行强有力的竞争。互联网的使用能够为小党和边缘性政党在竞选过程中提供一个更加有利的环境,这是因为政党在网络上进行竞选宣传不需要中央权威机构对宣传的时间、强度等进行分配和规制,这样小党和边缘性政党就可以充分利用网络这种便捷、廉价的媒体进行大规模的竞选宣传,扩大本党在选民中的影响,从而有利

[①] 孙伯强:《网络党:西方政党运作模式发展的新趋势》,《当代世界》2010年第7期。

[②] 孙伯强:《网络党:西方政党运作模式发展的新趋势》,《当代世界》2010年第7期。

于改变其以往在与大党进行竞争时的不利地位，有利于实现政党竞争的均等化。

网络同样逐渐成为政党联系支持者和投票者的重要桥梁和纽带。比如"在2007年法国的总统大选中，法国执政党领导人萨科齐在2007年1月14日正式当选为本党总统候选人后，立即启动了自己的竞选网站，而此前法国社会党候选人罗雅尔和法国民主联盟的候选人贝鲁也开设了各自的竞选网站。在2008年的美国总统大选中，美国民主党和共和党共有19位参选人，他们无一例外地都建立了自己的竞选网站"①。除建立个人网站之外，参选人还纷纷开通大选博客以加强与选民们的交流，借助知名网站进行宣传，加强与支持者、投票者的联系。例如，"在2008年的美国总统大选期间，MySpace、Facebook、YouTubbe、Meetup、Flicker等著名的门户网站都建立了2008年大选互动专题，以供那些对某位候选人或某类问题有共同兴趣的人进行讨论。Google旗下的著名视频共享网站YouTube专门设立了一个'2008你选择'的栏目，为大选候选人提供一个与选民互动的平台。竞选者可以发布自己的宣传视频，或是就选民的某一问题做出回答，选民的反应和提问也以视频形式传到网上。民主党的奥巴马、希拉里、理查森、爱德华兹以及共和党的朱利安尼、罗姆尼等多名参选人都在YouTube上注册并拥有自己的视频平台"②。"因此，电脑化政党通过它们创建的网站向选民提供更多的政策和组织方面的信息，帮助选民形成他们的选举偏好。"③ 电脑化政党把互联网用于党内事务。网站在一定程度上可以帮助整合政党组织，加强政党各个组成部分之间的联系。

（二）"媒体党"理论。随着媒介化的发展，各种媒体的力量开始

---

① 孙伯强：《网络党：西方政党运作模式发展的新趋势》，《当代世界》2010年第7期。
② 孙伯强：《网络党：西方政党运作模式发展的新趋势》，《当代世界》2010年第7期。
③ 王瑜：《电脑化政党——网络时代的西方政党组织形态》，《学习时报》2007年4月4日。

介入西方政党政治生活之中,并发挥着越来越重要的作用,使西方国家的政党及政党政治发生了一些微妙的变化。有学者指出这些变化主要表现为以下几个方面:一是政党领袖人物产生方式的变化;二是普通党员影响力下降,政党的力量过多地依赖政党领袖的媒体表现;三是党的纲领和政策的重要性下降;四是政党之间的界限日益模糊;五是媒体对传统政党功能的削弱;六是媒体轰炸下的政党政治空洞化与低级趣味化。① 在西方政党的政治行为中,广大党员的可用价值比以往大大降低,政党的运作和成功越来越依靠党内精英。政党选择善于同媒体打交道的人作为政党领袖,然后通过媒体精心设计领袖形象来传递政党的政治意识和政治理念,进行政治宣传,赢取大众的政治支持。这对于过去依赖众多党员取胜的西欧政党来说,面临的挑战尤其严峻。

政治社会化是人们把所属社团的社会信仰和价值观念融合到自己的态度和行为中去的过程,是政治社会代代相传政治文化的方式。政治社会化的主要功能是影响人们的政治态度,向人们灌输政治价值观念,把政治技能传授给人们,促进人们学习政治的知识和技能,并转化为符合社会规范的行为模式,形成内含基本政治看法的价值观。大众传播培育和保持人与人之间的认同意识,提升个体认知政党的能力和水平,并将政党认同上升到情感和行为的层次。如果政党认同能够在代际和不同阶层中传递,则是政党特别期望的。

政党与大众传媒长期打交道,积累了很多引导社会舆论有利于自身的、行之有效的手段和方法。而现代社会频繁的物资流动和人员流动,一定程度地打乱了组织生活的有序性。这也给大众传媒影响政党认同提供了更多的可能和更大的空间。"美国的政党很少利用传媒进行赤裸裸的直接说教。公众不仅不会接受政党通过媒体散播的、所谓党的价值理念,还会认为这种'宣传'手段体现集权,有违自由民主

---

① 何军:《西方国家的政党与媒体关系分析》,《当代世界与社会主义》2004 年第 4 期。

精神。然而，美国媒体并非没有宣传，只不过采取更加隐蔽的宣传方式。"① 目的在于塑造个人参与政党政治的政治人格和政治能力；同时维护政党政治的稳定秩序。注重利用新媒体实施对政党领袖的形塑。政党的主要领导可以是个人，也可以是集团；其素质、水平、经验、智慧和能力相当程度地决定该党的兴衰成败。"政党领袖是政党的组织象征和精神象征，对于本党党员具有凝聚力，对于社会公众具有感召力，对于促进政党认同具有独一无二的作用。"② 政党领袖媒体化便出现在竞选过程中。政党政治的这个新现象，是指"党不再像以往那样，主要依据党内的资历、领导能力、斗争经验、人际关系和理论水平等选拔领袖，而是在很大程度上遵从媒体偏好，选择那些形象更符合传媒口味、深谙媒体兴致所在，并能够游刃有余地与之打交道和推销自己的人担任党的领袖"③。大众传媒已经深深嵌入现代西方国家实行的政党政治。任何政党都希望并切实采取措施，促使大众传媒积极传递有益于本党的政党认同。④

　　媒体更是成为政党进行沟通不可缺少的工具。建立多渠道的沟通机制，以达到政治推销的目的。随着现代西方社会的阶级分野日趋模糊，党派认同逐渐弱化，凝聚力强大的大群体为众多分散的小群体所取代，政党通过各种沟通机制联系选民的能力显得越来越重要。在西方社会，政党与民众之间的关系越来越多地被比作商家与客户之间的关系。因此，各国政党都在努力提高自己进行政治推销的能力。政党不仅可以通过媒体宣传动员民众，扩大影响、展示和树立现代政党的形象；而且要通过媒体倾听民众的声音，把握社会跳动的脉搏，以便调整自己的目标和政策。德国社会民主党提出把党"拥有适合媒体社会的交流能力"作为新时期党建的重要目标，为此，该党成立了专门

---

① 阮宏波：《大众传媒与政党认同的关系分析》，《中共中央党校学报》2012年第2期。
② 阮宏波：《大众传媒与政党认同的关系分析》，《中共中央党校学报》2012年第2期。
③ 王韶兴：《政党政治论》，山东人民出版社2011年版，第89页。
④ 阮宏波：《大众传媒与政党认同的关系分析》，《中共中央党校学报》2012年第2期。

的培训机构（类似于政治家学校），向中高级干部传授如何在媒体中树立自己的政治形象，如何用简单的词汇解释复杂的政治信息等基本技能，以提高党的中高级干部与媒体打交道的"专业化水平"。

（三）"新闻执政"理论。"新闻执政"理论的提法源于美国白宫发言人。所谓新闻执政，就指通过媒体新闻来执政，即运用媒体新闻来提高公共政策部门的执政形象、执政公信和执政的合法性，向广大群众传播执政者的决策、方针、路线一类的以达到贯彻落实的目的。西方政党很善于驾驭媒体，不仅用行动制造新闻，同时也善于用政策制造新闻。例如，一些党的领袖经常在全国各地视察讲话，他们把每天的活动日程提前告诉记者，让记者把领导人的行动和讲话及时变成新闻，告知公众，力图使公众总是跟着党的领袖的行动、发言和思想行动；所谓用政策制造新闻，主要是围绕"新闻性"制订政策。所谓"新闻性"，即修改或制订一项政策，一定要有新的内容并且会获得人民群众的欢迎。如果一项政策没有新的内容，就不会受到人民群众的欢迎。当前，我们正处在一个媒体事件时代，公开透明逐渐成为执政共识，知情、参与、表达和监督成为公民基本权利，被各种信息和媒介包围的领导干部，亟需养成对突发事件的新闻敏感和价值判断，学会新闻执政。

作为具有时代创新标志性意义的传播载体，新媒体以数字信息技术为基础，以互动传播为特点，具有鲜明的开放隐匿性、即时互动性、集成聚合性，对舆论生成演变、思想政治生态，对党的执政能力建设乃至经济社会发展产生着全方位、革命性的深刻影响。一方面，新媒体为加强执政能力建设带来了良好机遇。新媒体因信息量大、即时性好、容易组织、交流范围广，具有传统媒体所不具备的特殊功能和优势。为充分保障公民的有序政治参与，政党要及时把握社情民意，开辟一些适应网络发展的"新通道"，为引导舆论、形成团结和谐稳定的社会氛围提供一些"新阵地"，为更好地推进党务公开、优化决策流程和执政方式搭建一些"新平台"。充分运用新媒体，有利于党和政府与公众之间良性互动。

（四）"政党软实力"理论。20世纪80年代末，美国哈佛大学肯

第七章 西方政党运用新媒体的现状及启示

尼迪政府学院院长、前美国助理国防部长约瑟夫·奈伊提出了"软权力增值论"。他在《美国定能领导世界吗》和《软力量：世界政坛成功之道》等著作中详细阐述这个概念。他提出，权力主要具有两种形式：一种是威慑压力的形式，即军事和经济力量，又称"硬权力"；另一种是感召的形式，即文化的力量，又称"软权力"。[①] 他力图通过用"软实力"来建构如何理解与探索国际间竞争和国家间综合实力新的理论框架与分析范式。此后，软实力理论风靡全球，在诸多领域得到借鉴与应用并展开研究。对于一个政党来说，其综合实力，不仅包括由党员规模、组织系统、权力结构和民众基础等表现出来的"硬实力"构成，也包括以由文化、价值理念和意识形态吸引力等表现出来的"软实力"构成。

在信息传播即时化与全球化的信息技术时代，如何实行对媒体信息的管理、控制、领导和引导以及在此过程中加强对一个政党政治形象的塑造、政治理念的传播、公共政策的调试，这些方面实质上就是政党软实力的体现。一个政党如果没有相应的管控媒体的能力，或者缺乏与各种媒体打交道的"自我形塑"、"自我表达"和"自我修正"等软实力，就会面临"被表达"、"被话语"和"被塑造"的困境。西方政党软实力问题的提出也同整个西方社会本身科技革命、大众传播媒介兴起和非政府组织发展存在很大的密切关联。长期以来，人们对政党的认识主要集中在政党的组织体系如何完善、党员数量如何庞大、有多么广泛的民众基础等等这些硬实力上。但是科技革命和全球化的发展，导致了社会阶层日益分化，传统的资本家和工人阶级的数量相对减少，中间阶层具有明显的非政党化趋向，导致了政党的党员数量下降，政党的传统的支持者的人数也在逐渐减少。与此同时，由于信息网络社会的发展，使公民了解政治、表达愿望、提出要求、行使权利比以往更直接、更便捷和更强烈。这种"媒体民主"使民众参与政治的渠道逐渐多样化，民众也会轻易绕过政党进行参与和表达。

---

① 参见谢新洲：《网络传播理论与实践》，北京大学出版社2004年版，第114—122页。

由于上述客观现实，欧洲社会民主党率先调整自身发展能力，不仅仅强调党员人数、组织体系和执政权力的重要性，更强调政党的包容性、适应性、亲和力的重要性，从各方面增强对民众的吸引力和对社会的影响力。尤其重视以下几个方面的建设：一是由硬实力统治转向软实力治理。从治理的观点来看，一个现代政党不但具有一定的硬实力，更要储备足够的软实力来应对现实社会发展需求。因为在现实生活中"人们似乎在放弃'单方面的控制'而转向'从双方或多方面进行思考'，人们开始重视相互的需要和能力，并从这个角度来考察社会政治系统的（不良）特征及其治理"①。在这种转变中，不难看出旧的统治形式，更加偏重于社会的整体性与统一性，对社会的多样性与差异性重视不够；新的治理方式应当保持社会适当的统一性前提下，需要多兼顾社会的多样性与差异性，促进社会的生机与活力。用斯莫茨的话来说："统治只存在于界限清晰的领域，而治理则是与世界秩序不可分的，而且不限于单一的活动领域。不可能存在没有世界秩序的治理，也不可能存在没有治理的世界秩序。"② 社会结构和秩序的变化必将导致政治统治的功能发生很大的调整，要及时加强软实力的建构与提升应对现实社会的发展演变。二是以硬实力控制到用软实力协调。面对多元与差异性的诉求，政党应当采取协调一致的行动并遵循相同的价值观与政治目标，而不是仅仅依靠意识形态的垄断才能整合各个方面的利益要求。为了在多党竞争的环境中站稳脚跟，有所作为，欧洲社会党力图把自己"改装"成为具有全民性质、代表全社会利益的党，能够为社会各阶层和群体接受的党，同时扩大自己的"选民"基础，争取社会各阶层，特别是中间阶层的认可和支持。英国"新工党"和德国"新中间派"就是在这样的背景下应运而生的。政党不能仅仅依靠某种政治谱系来垄断对政治的参与，它必须对社会层面的紧张甚至失序的状况作出准确的判断和反应，依靠软实力把不

---

① ［美］詹·库伊曼：《治理和治理能力：利用复杂性、动态性和多样性》，载俞可平：《治理与善治》，社会科学文献出版社2000年版，第219页。

② ［法］玛丽-克劳德·斯莫茨：《治理在国际关系中的正确运用》，载俞可平：《治理与善治》，社会科学文献出版社2000年版，第265页。

同层次市民社会合作的意愿整合到政党的治理体系中。三是推行中性化的"新政治",增强软实力。欧洲社会民主党人在 20 世纪 90 年代提出"第三条道路",推行中性化的"新政治",争取了信息产业革命的主力——新中间阶层的广泛支持,同时积极应对社会生态环境的变化,树立了不同于传统政党的生态政党形象,确立了欧洲当代政治冲突和政党格局中的绿色向度。由于地方性和全球化的交错互动,人们的生活方式的选择需要更加细致而有特色,这进一步促进人们由"解放政治"向"生活政治"转变。社会民主党提出的所谓中性化新政治,就是和传统政治对立的一种生活政治。"'生活政治'即关注个体和集体水平上人类的自我实现,从'解放政治'投射的阴影中凸显出来。"[1]"生活政治涉及我们如何面对当前的世界,在这个世界上传统和习俗已失去了对我们生活的影响,科学和技术已经改变了许多过去是'自然'的东西。这些变化几乎都超出了价值或伦理方面的问题,但并不仅仅是与社会正义有关。"[2] 生活向度的改变,导致人们需要以身份认同、文化认同、认知、参与和日常生活等社会认同的改变,社会民主党的政治认同也同步地进行现代性调整与改变。

三、媒介化时代西方政党的现代性纠错

在新媒体时代中,西方政党在前社会中累积的一些传统政治功能,已经表现出明显的现代性征候,已经很难适应现代性社会发展需求。为摆脱这一困境,这些政党积极采取措施进行现代性纠错。

(一)倡导中性政治。西方政党清醒地认知到具有后物质主义倾向的这一代网民的出现和存在,大大影响了西方社会的文化、生活和

---

[1] 王振华、陈志瑞:《挑战与选择—中外学者论"第三条道路"》,中国社会科学出版社 2001 年版,第 172 页。
[2] [英]安东尼·吉登斯:《第三条道路及其批评》,孙相东译,中共中央党校出版社 2002 年版,第 41 页。

意识形态，导致左右界限日趋模糊，政党忠诚度下降；阶级利益淡漠，阶级识别相应弱化。因此，积极提倡种族特性、移民、性别、民权、环境和核能等作为吸引公众注意力的新政治或中性政治，同时也把生态平衡、环境保护、社会公正、民主自由、机会平等纳入中性政治范畴之中。例如，法国社会党提出以新的方法为传统价值观服务，积极推进社会治理；德国社民党认为要重新理解"公正"、"自由"与"互助"等基本价值观；连极右的意大利民族联盟也提出了"民主革新"向"民主的、温和的右翼"演变。① 以表明不同于传统政党的政治形象，政治思维与选择也就由传统的左右轴线的平面性质改变为左右轴线与上下轴线交叉的立体性质，政党的政治范式和政治目标都不是纯粹异质性或纯粹的超越的，更多地展现为中性色彩。

（二）反对结构性权力。传统的政党的权力运行方向总是自上而下的，依靠政党的政治权威，通过发号施令、制订政策和实施政策，对社会公共事务实行单向管理，追求的是一种线性的权力结构。权力沿着层级自上而下，是一种结构性的权力。但是，这种结构性的权力已经不适应具有网络信息特征的后现代性社会发展变化的要求。在组织生态环境发生了极大变化的情况下，西方政党的治理理念已经发生调整，他们认为治理是一个上下互动左右结合的动态管理过程，主要通过合作、协商、建立伙伴关系、确立共同目标等方式实施对公共事务的管理，其权力流向是多元和相互的，而不是单一和自上而下的流动。政党在治理过程中应当鼓励公民积极参与政治生活，发挥民间组织的主动性，使它们承担更多的职能，参与政府的有关决策。政党充分尊重各个政治主体的平等与自由，并在政治生态环境中，与其他的主体之间保持一种合作、协商和对话的关系，从而推进一定范围内公共事务的妥善解决。这些主体不仅仅包括政党组织、网络共同体，还包括其他的一些社会组织和市场组织，力求建立一种平等互利、友好合作的伙伴关系，最终实现多元和谐共存。

（三）倡导基层民主。西方政党在进行现代性纠错的过程中，极

---

① 王长江：《现代政党执政规律研究》，上海人民出版社2002年版，第365—367页。

第七章
西方政党运用新媒体的现状及启示

力反对权力中心主义，强调基层民主原则，把基层民主的原则贯穿在组织结构中，通过扩大民主参与的方式尽量吸收更多的民众支持。例如，绿党"强调一切领导机构都要由基层直接选举产生"[①]。这"有助于真正体现基层党员的意志，而不是党魁、党阀的意志"[②]。

绿党认为，未来民主制度的理想形式，是一种非集中的、以社区为权力核心的、内部团结合作和直接民主控制为主要手段的基层政治。绿党反对党内存在着的等级结构，反对权力高度集中，主张实行责任制、轮换制和罢免制以及党内职务的终身制，确保基层一般党员行使参与、监督等基本政治权力，同时重视发挥基层党组织的作用。绿党认为任何权力都是为了实现社会授权，而不是为了自我维持，持续权力的权力运用是权力的滥用，主张通过权力意识和政党结构的创新带动政治文化的更新。

（四）积极应对新媒体。新媒体正以前所未有的深度和广度影响着政治的核心主体——政党的生存方式与运作模式。政党若要既保持传统政治运作方式，又能充分利用现代媒体为己所用，就必须及时调整政党的运作模式，关注如何最大限度地利用传媒来加强与民众的联系，以增强组织的凝聚力和吸引力。西方主要政党已经开始注意到这项新技术对政党政治的意义。很多政党都建立了自己的网站，向民众提供关于党的历史、党的纲领、党的政策、党的组织与党的政策制订过程以及党的重要文件、政党重要人物等相关信息。通过互联网加强党内上层与下层、党内与党外的信息沟通，改革组织体制，开始向"扁平化"发展，减少层级，压平结构，增加党内上下层直接对话、交流的机会，实现组织动员方式的新转变，自觉地遵循媒体运作的规律，重视通过领导人的形象来传递政治信息，根据传媒规律修饰和包装政党的政策纲领，以提高政党廉洁、勤政、务实、质朴的平民化形象。

[①] ［美］弗·卡普拉、查·斯普雷纳克：《绿色政治》，东方出版社1988年版，第74页。

[②] 刘然：《"西方绿党评析"》，《社会主义研究》1996年第2期。

四、对中国执政党的借鉴及启示

西方政党为解决社会问题以及谋求自身的发展，提出了一些现代性纠错方案。这些方案蕴涵着丰富的政治哲学理念，也为政党今后的发展提供了拓展的契机与生长点。网络社会的发展，个人的政治参与能力增强，各不相同的主张都能在网络聚集。这些现象可能导致"多数人"的民主将逐渐演化为各不相同的"少数人"意见聚集的民主，民主意识也由服从大多数转变为尊重各不相同的少数。互联网技术消解距离、及时互动、费用低廉，具备推进直接民主的潜力，为个体参政能力提供了外在的动力机制。依靠数字化武装的公民通过直接民主的形式，真正行使自己权利，代议制民主又可能反过来转化为直接民主，这种发展不仅导致民主形式的改变，而且民主性质也会随之转变。针对上述问题，西方主要政党对自身存在的垂直上下的等级结构、偏重于控制而弱于治理的政治功能以及强调阶级冲突与意识形态对立的宏大叙事行为等采取了一系列现代性的纠错之举，尤其是善于利用和消化新媒体技术，积极为政党政治如何更好地适应以新媒体为特征的网络社会的发展进行了有益的探索，更好地促进现代政党政治的发展。

在媒介化时代，世界各主要国家政党的观念、制度、政策都发生了深刻变化。麦克卢汉曾预言："随着信息运动速度的增加，政治变化的趋向是逐渐偏移选民代表政治，走向全民立即卷入中央决策行为的政治。"[①] 以网络为媒介的政治传播，对社会政治生活产生着巨大的影响，在政党竞选方面，网络在造势、筹款方面更是大显威力。西方一些代表性的政党在选举过程中，都尽量充分利用互联网技术，采

---

① ［美］M.麦克卢汉：《人的延伸——媒介通论》，四川人民出版社1992年版，第235页。

第七章 西方政党运用新媒体的现状及启示

用"网民皆兵"的全方位选战策略,通过各种网站、电子邮件、网上集会、网上捐款等各种手段的综合运用,达到针对不同目标群体积极争取选票、传播政党的党章、党纲以及执政理念目的。一个政党的发展,无论是在国内的政策调配与执行还是国家党际之间的交往与联系,不仅仅局限于政党硬实力的碰撞,更多的是体现为软实力的较量。欧洲社会民主党,在围绕如何在全球化进程中推进改革、提高适应能力同时又坚守传统价值观与巩固基本支持力量等问题,对社会民主主义的价值目标和政策主张进行了认真反思。他们为谋求政党发展设计了一系列回归社会民主主义传统的政策主张:一是更加重视"社会公正"。主张重新举起"社会公正"的旗帜,以彰显社会民主主义的传统特色。二是强调致力于实现可持续发展。随着环境和气候变化,"可持续发展"问题也日渐引起了各国社会民主党的普遍重视。建设一个公正而可持续的社会发展,正在得到了越来越多的支持和认可。三是谋求"全球治理"。当代国际体系转型与日益深化的全球化和区域化相互交织,正在改变国际文化态势。全球性、区域性和地方性等非国家行为体的涌现导致国际社会日益多元化,冲击着民族认同,转型中的国际体系面临着许多全球性问题和全球性挑战,任何政党都难以独善其身或独自应对。各国政党在政治心理、政治观念、政治态度上相互认识、相互理解、相互渗透和相互认同的程度逐步加深,政治文化共同性因素日益增多,由此,社会民主党自觉地逐渐形成了"全球意识"和"全球价值"等新的文化价值理念和责任意识。

当前,我们应清醒地认识到,中国共产党无论是在价值观、意识形态、社会制度上,还是在发展模式和为国际社会提供话语权、价值观能力、解释能力和公共形象塑造方面等上都有待完善与提升。这就需要我们加强认识,采取有效的应对措施,加大力度提升政党治理能力。党要站在时代的前列,引领当代中国发展,必须不断建设学习型政党,增强学习能力、创新能力、应变能力和开放能力:一是加强政党的资源整合与利用。中国政党要充分利用已有的资源积极开拓执政空间,找寻资源新的生成点,同时培植执政资源新的增长点以及吸纳整合新的社会资源,拓展可持续发展能力的路径与空间,赢得民众对党的信任、支持和认同。二是加强核心价值体系的建设，为国际社会提供更多的共享价值观。核心价值观是软实力的核心，也是国际、党际竞争力的核心。在对待核心价值观立场方面，中国政党应当超越传统的政治制度、意识形态之争，具有广阔的世界视野，能够为其他民族、国家和政党所广泛认同、理解与欣赏。作为现代政党既要以本国深厚文化为基础，同时又要积极吸收其他政党优秀文化价值，提升自身文化的吸引力、感召力和影响力。三是要积极应对现代性风险社会。中国政党在加强治理能力过程中，不仅从自身的历史文化、社会制度、发展水平等基本现实出发，保持自己鲜明特征的同时，还要应对现代风险社会，高度重视通过新传媒塑造政党形象，深挖政党形象内涵，加强媒体沟通能力，提升国际间党际交往能力和政党形象塑造能力。四是提升特色政党制度的合作能力。多党合作制与政治协商会议是我国的政党制度，也是政党软实力的重要载体。在当前，中国共产党不仅在于继续提升多党合作的内涵与深度，提升特色政党制度发展模式的吸引力，还在于通过协商民主丰富和发展新阶段的政治形态，促进党内、党际多元主体间的协调、协商、协作的关系，增强自身的引导与整合社会的发展能力。作为现代政治制度重要组成部分的政党，要想适应社会引领社会发展，必须不断增强学习能力、创新能力和应变能力；要随着时代的发展不断注入新的理论元素才能永葆科学性和先进性，要充分运用马克思主义的基本立场、观点与方法，通过对提升软实力，以增强"学习型政党"的现代性特质，巩固党的执政基础与合法性认同。

第八章 中国执政党的"适应性"变革与转型

中国执政党在社会转型与变迁的现实境遇中,为更好地适应媒介化时代的发展要求,逐渐实现了自身结构功能的适应性变革与调整;在治理有效性中逐渐增进合法性功能,使政党结构—功能的现代性得以转换与提升,以实现自身良性建设、国家功能健全、公民权利进步和社会和谐发展。

一、网络发展进一步促进社会的转型与发展

网络技术的发展已经对当前社会造成各种各样的影响,尤其是对人们的生活方式、思维方式、新闻自由、民主意识和参与意识的影响力变得越来越明显,越来越巨大;大众媒体全方位、多角度地参与国家与社会各个层面,包括经济、政治、文化和信仰等多个层面,被一些国家称作是立法、行政、司法之外的"第四种权力",也被越来越多的执政党视为攸关政治前途的重要力量。执政党如何处理好与大众传媒的关系,对于宣传和塑造党的良好形象发挥着至关重要的作用;人们在接受这种新技术的同时,不可避免地会接受网络对传统社会包括社会结构、阶级结构、国家结构和政党结构的种种影响。

从社会结构功能的维度来看,社会的转型与调整不仅表现为其结

构的转换、机制的转轨,还表现为其利益的调整与观念的转变。当前社会发展一方面实现了自身重构的诉求,另一方面通过有效的组织和制度的供给,使得政党、国家和社会的功能很好地契合起来,确保社会转型获得比较稳定的外部环境和保障。在社会转型过程中,中国执政党根据社会发展和自身变革的内在逻辑要求,在政党结构功能中作出适应性变革与调整,更加注重国家、社会和国内外环境的平衡协调发展,以寻求和达到最大的政治共识。

二、社会功能转型的一种视角分析

结构功能主义理论最初源自于生物学中的有机体论。20世纪初,人类学家 A.R. 拉德克利夫-布朗和 B.K. 马林诺夫斯基开始将此理论的概念和方法引入社会科学领域。随后,美国社会学家 T. 帕森斯、R.K. 默顿、K. 戴维斯、M.J. 利维和 N.J. 斯梅尔塞等在社会学领域中进一步拓展和完善这一理论。由于结构功能主义具有较强的解释力和适应性,美国政治学家 G.A. 阿尔蒙德在《发展中地区的政治》(1960年)一书中,首次将这种研究方法运用于政治学领域中。此后,经过阿尔蒙德、F.W. 雷格斯、D. 阿普特和 W. 米歇尔等政治学家的努力,结构功能主义学派从20世纪60年代中期,逐渐发展成为西方政治学中的显学。

结构功能主义尝试通过分析政治结构和政治功能,探索政治系统运转的规律。例如,阿尔蒙德在《发展中地区的政治》一书中曾提出政治系统的7个基本功能;美国政治学者雷格斯则强调对政治结构的研究,认为结构要件在分析政治和行政系统的过程中起着重要作用;米歇尔则认为政治结构的功能是和整个社会结构功能密切联系在一起的。结构功能主义在政治学领域内兴起,不仅有助于学界理解各种政治现象之间以及政治现象与社会现象之间的复杂关系,为政治研究提供了新的框架,开辟了一条从部分与整体、结构与功能的相互关系上

第八章 中国执政党的"适应性"变革与转型

进行政治分析的新途径；同时也有助于学界进行综合性的政治研究，进一步丰富了比较政治学的内容。结构功能主义认为，一个政体之所以会发生转型，是由与政体相关或相互依存的结构条件发生变动所致；再者，社会本身也是具有一定结构或组织化手段的复杂系统，社会的各组成部分以有序的方式与政体保持着密切的关联，当社会处于理想状态时，各个结构以平衡的状态存在着，任何部分的变化都会趋于新的动态的平衡。

当前中国社会的转型与变迁，主要可以从两个维度给予观察与分析：一是社会结构。当代中国社会虽然已经告别传统，步入工业、后工业时代，但是在社会结构中，传统、现代和后现代依然交织在一起，表现出错综复杂的状态；二是时空结构。从时空角度来看，传统、现代性和后现代性、连续性和非连续性、普遍性和特殊性统一于中国社会的时空结构之中，全球性与地方性、普遍性与特殊性、一元化和多元化等诸多问题都被集中压缩到这个同一时空之中。在当代中国社会，如何把这些本来相互冲突的东西既能够形成相互协调与相互包含，又能够呈现出择优综合，同时使之在发展中取长补短，克服弊端，优势互补，这是个现实中需要迫切解决的历史性重大任务。中国社会的转型已经不是一个渐进的功能调整问题，而是一个从传统到现代的结构变迁的问题。从国家结构来看，党权、国权、政权与法权的关系需要进一步理顺；从政党制度来看，共产党作为执政党和领导党，执政的理念、执政的思维、执政手段和行为需要转型与创新，与民主党派的合作空间亟待进一步拓展。面对这些需要转型的重大任务，如果一味依靠渐进改革恐怕很难奏效。中国执政党面对社会结构转型提出了科学执政、民主执政与依法执政的理念，这种执政理念主要基于当代中国国家—社会之间的逻辑运行与互动带来的新变化，执政理念不能局限于纸面和理论上，更需要实践与检验。当前国家—社会之间新的互动，急需要中国执政党彻底告别传统的统治与控制方式，进入一个现代性治理的新视域。因为现代执政是一个执政党组织与国家和社会复杂互动的过程，执政党作为最重要的政治主体要担负起"总揽全局、协调各方"的职责，要确保"中国市民社会与国家的良性互动乃是二者间的一种双向的适度的制衡关系;透过这种互动,双方能够较好地抑制各自的内在弊病,使国家所维护的普遍利益与市民社会所捍卫的特殊利益得到符合社会总体发展趋势的平衡"[1]。

三、中国执政党的结构功能特点及状况

按照阿尔蒙德功能主义理论框架分析,政党在政治体制内的功能主要包括目标制定、利益表达和利益综合、政治动员与社会化和政治录用等。但是,由于政党产生的方式、执政的模式以及面临的政治生态环境不同,其功能的重点与表现也迥然有别,进而政党结构方式也就具有很大的差异性。政党结构一般指政党自身基本要素的组合方式,即诸要素以何种方式组合成一个完整整体。政党结构一般由组织要素、构成方式和政治角色三个方面组成,而组织要素始终起着决定性作用。对于政党结构而言,政党组织是政党结构的主要组成部分,是发挥功能的重要载体。

与"内生型"的一般西方政党相比,中国共产党成立时属于体制外政党,一般被看作是"外生型"政党,不得不经历由"革命党"向"领导党"、"执政党"的角色调整与转变。中国共产党在成立初期,一般都是承担了多种功能,决策、执行与监督大都集中于政党本身。随着时代和环境的变迁,中国共产党也与时俱进地作出适应性调整。当代中国的政党制度结构是共产党领导的多党合作和政治协商制度,在这种政党制度结构中,共产党和其他民主党派是"一"(领导核心的一元性)与"多"(主体的多元性)的统一,主体结构广泛、内容结构丰富、关系结构和谐。因此,中国政党制度结构兼有一党制的保持政治稳定和多党制(包含两党制)的促进政治发展等功能。

一是从政党结构的政治主体来看。中国共产党和八个民主党派构

---

[1] 曾峻:《公共秩序的制度安排》,学林出版社 2005 年版,第 129 页。

成的中国政党制度具有广泛的主体结构、丰富的内容结构与和谐的关系结构,这样的结构特点决定了当代中国政党制度具有政治稳定、社会整合和政治民主化的现代性功能。二是从党派关系来看。中国共产党的领导和多党合作,主要表现为领导与主动接受领导、监督与主动接受监督的关系,有利于执政党保持和社会密切的联系。三是从共产党承担的双重角色来看。在这种政党执政体制中,共产党处于领导党和执政党的双重角色地位,具有领导权和执政权两种权力,两种权力具有不同的职能、性质和来源。四是从多党合作制度来看。中国政党制度在本质上属于民主制度,是一种协调和解决社会利益矛盾的文明机制,应该是社会情绪的"调节器"和释放社会紧张的"安全阀",能够在决策中最大限度地体现最广大人民利益。而且在执政过程中需要遵循如下的内在逻辑:"在现代政治生活中,执政不是在执政党单独行动中实现的,而是在执政党与社会、国家三方有效互动中实现的。"① 面对社会转型与变迁,中国执政党必须客观审视社会出现的新情况与新问题,面对国家与社会发展存在着多种发展因素与趋势,进一步加强领导,提升执政能力。

四、中国执政党的适应性变迁与调整

随着现代性的变迁、信息网络化和全球化发展,当今社会充满着诸多动荡与风险,学界对此也作出种种的描述。法国学者把当前世界发展描述为"不稳定性",意大利学者认为是"不确切性",英国学者提出了"不安全性"观点,德国学者则认为当前社会是"不可靠性"和"风险社会"。传统社会的利益结构、关系结构、权力结构,以及阶级和阶层、群体和组织、行业或部门等各个领域,曾经边界分明、

---

① 林尚立:《执政的逻辑:政党、国家与社会》,载刘建军、陈超群:《执政的逻辑:政党、国家与社会》(复旦政治学评论第3辑),上海辞书出版社2005年版,第4页。

线条清晰，显示出刚性而固定的结构特性特点；而现在却越来越模糊而销蚀，社会各结构、各领域越来越具有流变性。各种事物的中心、边界和等级不断地扩展、收缩、交叉与交叠。尤其是随着现代性由经典现代性向后现代性或第二现代性进一步拓展与发展，以及信息网络技术的崛起使社会显示出从未有的活力和复杂多变的风险因素；大众政治意识普遍觉醒，政治参与意识高涨，维护权益的自觉意识更加明显，各种变化复杂的矛盾和冲突也更易引发社会动荡。面对诸多的风险与机遇，中国执政党如何加快适应性调整，更好地科学、依法和民主执政，这是个急需要解决的现实问题。

政党如何做到更好更安全地适应现代性社会发展，美国政治学家亨廷顿认为重要的不是政党（党员）的数量，而是政党体系的力量和适应性。他认为政党的"适应性"是测试政治组织制度化的四大标准之首要的标准，① 应当是体现出政党现代性最重要的一个方面；另一位美国政治学者布卢斯·迪克森进一步指出政党的"适应性"就是以执政党为分析单位所进行的一种政治体系的创设，即对社会不同领域的需求和利益更具反应性的政治系统的创建。② 由于政治体系的有效性是能力与效度的二维有机统一，这种有效性的持续维系需要政治体系自身具备三种能力：（1）政治体系结构与功能的自我完善能力，这是政治体系发挥作用的基础与前提；（2）政治体系保障和推动经济与社会发展的能力，这是政治体系作用发挥的核心；（3）政治体系预防危机和驾驭风险的能力，这是政治体系持续发挥作用的关键。政治体系这三个方面能力的强弱，直接关系到政治体系在民众中的权威与形象，直接影响其获得社会认同、赢得合法性资源的基础与空间。③ 自20世纪70年代以来，世界许多以强大政党组织起来的国家开始现代性转型，有不少政党获得了成功，也由不少尝到失败的教训，其中苏

---

① ［美］塞缪尔·P.亨廷顿：《变动社会中的政治秩序》，张岱元等译，上海译文出版社1989年版，第14—16页。
② 参见杨光斌：《政治学导论》，中国人民大学出版社2004年版，第161—162页。
③ 林尚立：《在有效性中累积合法性：中国政治发展的路径选择》，《复旦学报（社会科学版）》2009年第2期。

联和东欧共产党、印度国大党、墨西哥革命制度党等在转型过程中丧失了执政地位，苏联共产党甚至遭受到解体的命运；而中国共产党则成功地实现了自身与国家的转型。针对这种转型，有学者反思认为："其中一个重要根源是党是否有与时俱进的适应性和适应能力。"① 中国执政党在发展进程中同时还需要借鉴国外政党的执政经验教训，并通过调整意识形态、重建组织等一系列适应性变革有力地迎接着各种挑战，加强适应变革与调整。

（一）金字塔型转向网络型。组织与社会是共生共在的，现实社会中任何一种主导性的组织具有这个社会的诸多特征。法国学者迪韦尔热认为，所有社会制度都存在四个基本变量，即经济变量、社会阶级、意识形态和政治组织。② 可见组织变量在社会中起着重大作用。亨廷顿认为在政党进行"适应性"变革中，组织的变革最为重要。他认为组织适应性的衡量方式有其三：其一是年代衡量。一个组织或程序存在的时间越长，制度化水平就越高。一个组织存在的时间越久，它在任何规定的未来时期内继续存在的可能性就越大。其二是代际衡量，即组织能够和平地解决继承问题。一批领导人为另一批领导人所代替，这样的替换越经常，该组织的制度化程度就越高。其三是职能衡量。一个已经适应环境变化、主要职能经历过一次或多次变更仍能继续存在的组织，同未经历过上述种种变化的组织相比，制度化的程度要高得多。③ 纵览政党几百年来组织结构的现代性变迁，虽然其模式、特色和方式变化各有千秋，但政党内部金字塔型的组织结构基本不变。这种组织架构也被马克思·韦伯称之为官僚制。这种组织模式，是适应于权力的集中和政治精英的作用发挥，具有一定的工具性和效能性等特点。但随着社会变迁，特别是信息网络化的发展，这种

---

① 杨光斌：《制度变迁中的政党中心主义》，《西华大学学报（哲学社会科学版）》2010年第2期。
② ［法］莫里斯·迪韦尔热著：《政治社会学——学要素》，杨祖功译，华夏出版社1987年版，第250页。
③ ［美］塞缪尔·P.亨廷顿：《变动社会中的政治秩序》，张岱元等译，上海译文出版社1989年版，第14—16页。

组织结构发展必然会导致党内部层级和机构臃肿复杂，政党组织运转越来越官僚化，组织成本越来越高，效率日益低下。这种发展趋势还可能造成党内主体同质化，民主被压制，缺乏生机和活力，进而阻碍创新。对于中国执政党来说，要高度警惕自身组织可能存在上述风险，加强组织结构的合理配置，促进组织层级化的垂直结构进一步向扁平结构转换，以确保其灵活性、自主性与机动性。美国学者唐斯认为："由于扁平化组织授予每一个官员大量的权威，并且强调水平的沟通，所以上述情况选择扁平结构是最好的。"[①]

扁平化组织是政党组织结构"适应性"调整的目标与方向，组织结构的调整不能一味强求"标准化"和"原则性"，而是在一定的标准和原则下，着力改造内部组织机构，从单一僵硬的金字塔型组织结构变为多元、平等的扁平化网络型组织结构；促进组织的等级制向平面展开，加强组织网络建设，激活每一个组织结点，保证各结点之间信息畅通与共享，通过活性结点及结点之间的立体连结方式将若干组织单元联结成交叉功能强、富有柔性、机动性高的网状结构；注重培育基层组织独立决策、处理事物的能力；增强组织内部各个政治主体的自组织、自学习与动态演进特征，最大限度提升他们的创造力和能动性。在新媒体快速发展的今天，在政党的组织结构中"垂直的等级关系被弱化，强调的是水平的合作及沟通，权力及信息不再集中于组织的上层，而是分散于组织网络的各个结点，因而提高了组织对复杂环境的适应力"[②]。不仅使政党的民主得以实现、政治主体的权利得以保障，而且提高了信息传递的效率和权力分享的公开、公平性，同时也有利于优化党内权力结构，提高党组织处理对内对外突发事件的适应力和反应力。

（二）健全网上舆论引导机制。事实发展表明，当下的虚拟社会并没有与现实世界泾渭分明。网络社群的权利行动与现实世界的维权

---

① [美] 安东尼·唐斯：《官僚制内幕》，郭小聪译，中国人民大学出版社 2006 年版，第 62 页。
② 周艳、童勋、胡凤玲：《网络组织的兴起及其动因分析》，《商场现代化》2005 年第 12 期。

行动是同步、互动的。网络权利行动回应着现实社会的诉求,反映着现实社会的生动事例。民众的权利行动是与舆情、民情紧密相连的,民众通过舆情表达、张扬其权利诉求与行动是一个社会进行社会建设和社会管理的正常范畴。针对这种现象与趋势,要从深层次审视日益勃兴的网络权利行动现象,积极回应网络社群的权利行动,尽量化解其可能产生的舆情极化与舆情危机。各级党委和政府部门应当主动、及时、权威地向社会公众发布和公开相关热点问题和事件的信息,满足社会公众的知情权。利用适当的时机,通过网络就民众所关心的国计民生问题,与民众进行真诚、务实的交流和对话,主动满足网民正当的权利诉求;同时又要积极引导网络社群建立自我约束机制。作为网络政治活动主体的各种社群团体,也应当秉持对自己传播的信息进行负责的态度和精神,在谋求权利行动时,进行网络论证和网络评判时,必须严守法律和道德的界限,特别是在面对各种可能对他人和社会的利益造成危害的信息时,要学会运用自己的理性去甄别和判断,做一个成熟的理性公民。信息网络的发展又与当代社会的转型叠加在一起,带来了更加复杂的问题与矛盾。政党要根据时代的变迁,及时调整意识形态,坚持从控制、灌输到整合、引导,不是要压制冲突、消灭冲突,而是如何化解冲突,在冲突中寻求一致和共识,在竞争中寻求妥协和相互尊重,在分歧中寻求合作和共享。积极通过抑制、改善、宽容、解决和转化冲突的方式来处理冲突。

(三)增强有效的议程设置。网络社群的权利行动之所以具有很强的互动能力与影响能力,其中重要的是网络社群很善于通过网络设置各种与维权密切关联的议程,通过各种议程增强其维权的影响力。针对这种情况,各级党委和政府要密切关注网络社群的民意,寻找舆论热点议题,提前预知舆情方向,主动设置选题,获取第一定义权和解释权,把握议程设置的时效性,重视议程设置的最佳时间与效果;把握议程设置策略性,改变传统的控制与灌输,采用引导与协调的方法,注重时效性与同步性,把社会注意力和社会关心引导到特定的方向。首先要注意交互前移,做到舆情汇集分析和政策决策相结合;其次增强议程聚焦,把握政策决策与民生的关联,吸引公众关注,取得良性交互；再者找准网络舆情的"阈值"，推动党和政府的引导力，推动舆情正负力量对比发生逆转，朝正方向发展，迅速把不稳定状态推进到一个新的有序稳定状态，并最终化解舆情。

（四）引导理性维权行动。网络社群的权利行动使我们看到权利意识的迅速觉醒。当公民个体的利益与政治参与和话语表达权相连接时，这不仅意味着公民权利意识的崛起，更意味着权利要通过实际行动得以实现。要做到理性合法维权，就要有组织、有目标地去维权，在维权之前，要充分提供用于维权的各方面证据加以支持。采用温和方式，在政府容忍的限度内实现，促使权利行动与法治秩序、关系秩序和伦理秩序相适应，杜绝感性和冲动式维权。维权过程中，切不可意气用事，特别是通过网络来维权，把自己的真实情况通过网络表达出来的时候一定要以事实说话，不要加上带有感情方面的言辞。例如厦门PX事件、上海磁悬浮散步事件、的哥罢运等事件尽管出现了局部不理性现象，整体而言比较平和，没有出现大规模的官民冲突，事件也朝着积极方向发展。这说明，一方面民众的维权抗争使得国家权力开始通过改变其惯性运作来应对，不再是"错误归因与简单压制或退让"，而是直面问题并开启协商对话的平台，这显然有利于促进国家权力的进一步规范化。再者是民众的权利行动获得了与国家权力的协商对话，这最终也有利于促进公民的有序参与，提高公民的政治参与意识与能力。这样做反而进一步提升了双方的理性与对议题本身的建设性共识。正如《南方周末》将2007年度人物授予"厦门人"时说："在转型期的中国，所有利益的扩张都应该受到制约；在利益调整中，抗争的勇气无疑是值得赞赏的，而适时的克制和妥协的智慧更值得赞赏，而由此产生的民主议事和决策制度将是最了不起的成果。"理性维权，并不是单纯针对民众的倡导，更有对政府的呼吁。换言之，政府理性是民众理性维权实现的关键。政府应当给民众维权留下适当的空间，不能把社会转型期利益调整、利益诉求机制不完善所产生的群体性事件简单化处理，归结为所谓"一小撮人操纵"、"黑恶势力参与"，不分场合出动警察滥用暴力，而是应当保持最大克制，倾听民意，体察民情，具备维权意识，采取维权行动。法治社会，任何人只要合法合规,有理有据,都可以为了维护自身的权益而呐喊,去行动。但是"维权亦有边界",不是意味着只要你是维权就可以不择手段,就可以为所欲为,就可以置他人的合法权益于不顾。政府应该相信自己的人民,落实他们的监督权、知情权、参与权,打造一个有公信力的政府,给予人民理性表达意见的信心。人民也应当培养自我民"主"的能力,积极参与民主决策,相信决策的科学公正性,对我们所处时代的民主发展建立信仁。

(五)控制型转向治理型。与一般"内生型"的西方政党不同,中国共产党是属于"外生型"政党,其诞生、发展、壮大进而获取执政地位,并不是通过在政治体制既存的合法性政治游戏规则下靠选举竞争进行的,而是通过残酷的革命与斗争历练出的。即使在获取执政地位后,为了确保政治权力的安全运行和规范化运作,在对社会实施整合的时候,主要利用各种政治运动和政治社会化措施,维持和巩固自身的执政地位。随着现代性社会的转型与现代政党治理理念的兴起,中国执政党正在跳出传统治理社会的政治性控制策略,转变为重视善治的现代"法理型"政党。一是政党依法进入国家政权组织,掌握和控制国家权力。主要是党进入国家政权组织、掌握和控制国家权力的方式制度化、规范化和法治化。二是政党活动方式法治化,依照法律和各自章程开展工作,更好地成为党联系广大人民群众的桥梁和纽带。三是党不是简单地将本党的方针、主张、决定直接变成国家政权的管理活动和行为,而是坚持依照法定程序提出立法建议,从制度上保证将党的路线和主张上升为具有普遍约束力的法律,将执政党对国家重大事项决定权的领导方式法律化。四是逐渐规范党管干部的权限,同时完善各种监督机制,尤其加强对执政权力的法律约束机制建设。

(六)在代表性中增强制度性功能。巴托里尼(Bartolini)和彼得·梅尔(Peter Mair)在研究中创造性地将政党的功能分为:一是代表性功能,包括利益的表达、整合,政策的制订等;二是程序性或制度性功能：包括政治领导的录用、议会和政府的组成等。① 这为考察政党的功能提供了一个比较具有解释力的分析框架。政党的代表性功能，以及由此衍生的代表制功能等问题，是现代政党制度的关键问题。从19世纪到20世纪之间，政党、阶级和选举等范畴在现代政治制度中的呈现，并构成了代表性政治的具体内容。这段时期是政党经典现代性发展的黄金时期，政党代表性功能得以淋漓尽致的发挥；但从20世纪60～70年代以来，科学技术的发展尤其是网络技术的革命深刻地改变了传统社会的价值观念、经济结构与阶级结构。一方面是民众的党派认同度降低，对政党的信任程度下降；政党选举中选民的参选率降低；各类新兴政党、小党、极左与极右势力纷纷崛起，瓦解了传统选民基础；一方面是一些生态政治、社区政治、族群政治、日常生活方式选择以及具体议程等新问题纳入了政党政治的视野。再者，由于政治领域中的技术革新，选民的政治信息、政治参与以及参与技巧和参与渠道都得以放大，也进一步促进政党在"黄金时代"所形成的代表性功能和制度性功能（制度性功能也叫程序性功能）并重的状态发展到当前侧重制度性功能建设。也就是说，在当前时代中作为社会和国家中介的政党，其重心由社会向国家转移。② 政党和政党制度的变化实际上成为西方民主制度保持动态调整的主要动力和根源所在。③ 随着现代性社会的转型与变革，在中国政党制度结构中，传统意义上的无产阶级、工农联盟、统一战线以及革命与阶级斗争等范畴，有的被放弃，有的划界已模糊，有的交叉性日渐明显，有的得以再整合与调整。中国执政党的代表性也发生了大转变，一方面是在对代表性调整的同时，也在逐渐加强制度性功能。中国执政党要进一步加强理顺党政关系，在处理政党与政府的关系上也是不断丰富其制度化的内涵；另一方面加强与人大和政协制度的联系，通过这些制度性

---

① Larry Diamond and Richard Gunther, *Political Parties and Democracy* [M], Baltimore: Johns Hopkins University Press, 2001.
② Larry Diamond and Richard Gunther, *Political Parties and Democracy* [M], Baltimore: Johns Hopkins University Press, 2001.
③ 张小劲：《关于政党组织嬗变问题的研究：综述与评价》，《欧洲》2002年第4期。

机制,来实现政党的政治意图。

(七)在有效性中增进合法性功能。政党制度有效性的建构过程,也是政党政治合法性不断巩固和完善的过程,二者在本质上是一个有机统一体,相辅相成。政治学家利普赛特认为:"有效性一再丧失,或长期丧失,则会危及一个合法系统的稳定性。"① 因此,在政党的适应性变革过程中,必须加强政党执政有效性的建构,在此过程中不断增进执政的合法性。由于政治、经济和文化等快速发展,其带来的环境置换迫使执政党时刻处于一个全新的时空境遇之中,政党制度内在的结构要素、组织体系和运行模式必须与时俱进的调整,必须在多元化与同一性、制度创新与体系融合、社会裂化与结构平衡、战略调整与制度安排等诸多方面作出更加快速有效的回应和反思。

从建国到改革开放这段时期,党的执政有效性得益于"意识形态中心型的合法性模式"建构,即"中国共产党主要借助马克思主义的主流意识形态来培育民众的认同感以凝聚人心,从而有效控制和引导国家的政治生活"②。从改革开放到 20 世纪末,中国共产党在执政中有效地增加了"绩效合法性模式"建构。中国执政党在谋取执政有效性的同时,一方面加强对意识形态的调整与创新;一方面加强绩效建设,增进党的执政合法性。可以这样认为"经济增长在 1978 年之后已成为中共统治的新合法性来源,而意识形态则构成了第二保险:一方面它可以减少改革政策的内部阻力;另一方面它随时准备摧毁来自外部的调整"③。从 20 世纪末至今,中国政党的执政有效性通过法治与民主资源的累积得以进一步增强,党的执政呈现出"法理与民主中心型的合法性模式"。中国执政党一方面加强自身的有效性领导的同时,另一方面通过有效整合将不同的社会力量和政治力量有机纳入中国政党制度文明中在此过程中,根据时代的发展及时有效地实现了合

---

① [美]利普塞特:《政治人——政治的社会基础》,刘钢敏等译,商务印书馆 1993 年版,第 58 页。
② 朱成君:《"三个代表"与政治文明:政治合法性的两个支点》,《攀登》2003 年第 5 期。
③ 张健:《合法性与中国政治》,《战略与管理》2000 年第 5 期。

法性范式转向：由建国初期阶段的侧重于意识形态建设，再到新时期实现法理型与民主合法性调整与转向。中国执政党在实现合法性范式转向过程中，对以前倚重的合法性资源，绝不是简单地抛弃，而是推陈出新，进行多重性叠加、累积，多维度展开、整合，并在以前的基础上更进一步提升，保持一种递进关系，呈现出一种螺旋式上升的良好发展态势。

五、社会发展与政党自身变革的内在逻辑及前瞻

当今的互联网容纳了各国各民族的政治文化，形成复杂多元化的政治文化环境，形形色色的政治价值观和政治生活图景已超越时空展示在人们面前，中国执政党在推进政治社会化进程中，必须采取"和而不同"的战略，清醒地面对文化多元、价值多元与观念多元并存的局面。"就经济社会发展重大问题和涉及群众切身利益的实际问题广泛协商，广纳群言、广集民智，增进共识、增强合力。"① 政治社会化的最大目的是增进共识，而共识的前提与基础就是自由、民主与公正。党的十八大报告倡导"富强、民主、文明、和谐，倡导自由、平等、公正、法治"②。这些理念不仅是中国人追求的理念，同时也是全人类共同追求的理念，而且这些理念同时也是多元与差异中的"最大公约数"。价值可以多元，认识可以各持己见，但在行为规范上应有基本标准，那就是对民主、正义的追求应当殊途同归。中国执政党在推进政治社会化进程中，要把政治亚文化控制在合理适度的范围内；同时积极培养公民的主体性政治人格，并通过对政治人格的控制来规范其政治行为；再者，要通过提高公民的政治参与水平，推动政

---

① 胡锦涛：《坚定不移沿着中国特色社会主义道路前进为全面建成小康社会而奋斗——在中国共产党第十八次全国代表大会上的报告》，人民出版社2012年版，第26页。

② 胡锦涛：《坚定不移沿着中国特色社会主义道路前进为全面建成小康社会而奋斗——在中国共产党第十八次全国代表大会上的报告》，人民出版社2012年版，第26页。

治社会化；最后，在多元和差异中寻找"共识生长点"。也是我们常说的在多元中确立主导、多样中谋共识，在求同存异中实现同舟共济。否则，不仅全社会中理解与共识无法达成，而且我们必然会错失一次走向人的现代性与社会现代化的良机。在剧烈转型与快速发展的当代中国，比任何时候都需要成为一个和谐整体，比任何时候都需要凝聚社会的共识，需要加强政治社会化建设，创造与维护社会活力竞相迸发的局面，筑牢不断繁荣昌盛的中华民族大厦基石。

当前，中国社会发展展现出传统性、现代性和后现代性等聚积性特征。社会生活的主题和矛盾都发生了重大变化，各种深层次矛盾和问题必将继续进行与累积下去。或许人们已不再把经济的成长和物质生活的丰足视为高质量生活的关键；或许人们已经趋向于追求罗纳德·英格尔哈特所提出的"后物质主义"价值观；加之网络虚拟社会的发展进一步拓展了人们自由活动的空间，同时也为民众参与社会生活提供了更大的选择余地。在后物质主义理念和虚拟网络的交互影响下，人们变得越来越不驯服，越来越难以忍受旧式的、等级制的科层制度，需要更多自由支配的民主、权利和自由。民主政治必须继续深化、必须给予重新解释和实践；尤其在互联网时代，民众开始了各种社会资本重组的进程，自助型的各类社会组织和社会运动风起云涌，经典的直接民主焕发了新的生机，越来越契合民主政治的"你亲自做"原则，因为民主人士宁可自己做错，也不愿受某些智者的指引。这个基本理想就是：自我选择要远比别人代为做决定来得可取。[①] 它与传统运作的代议民主、政党政治的关系越来疏远。任何一种政党制度只有充分符合社情与民意，保持发展和稳定协调一致性，才能经受历史检验、现实淬炼与民主认同，才能继续保持生机与活力。对执政党来说，要顺应时代变化和国家权力的发展，必须进行自身结构—功能的变革与提升。随着社会权利、国家（政府）权力的发展变动，政党结构—功能必然随之进行转换与提升，使党与国家（政府）、社会

---

① ［英］D.D.拉斐尔：《政治哲学中的论题》，朱坚章译，台湾幼狮文化事业公司1986年版，第125页。

实现动态协调。这不仅决定着党能否及时解决执政过程中的困难，而且决定着党能否长久地获得与国家权力、社会权利的动态发展相适应的执政方式和执政能力。对执政党而言，不仅要求其获得近似于一个常态化的社会对自身在可容忍限度内的支持，而且要求执政党通过自身建设在内部寻求组织及功能的新发展，在外部获得更多的政治资源，并在此基础上发展与国家权力和社会权利有效沟通的手段和机制，实现自身良性建设、国家功能健全、公民权利进步和社会发展。对于政党来说，要更加重视非物质领域生产，关注各种各样的社会新问题、新情况，更加理性、谨慎地处理治理与自由、秩序与民主问题，力图在政治、经济、社会和生态四大方面保持协调与平衡，将性别、种族、代际和生态等多元民主抗争主体，有效整合到政党的理论和体制框架内；妥善应对世俗、族群与宗教等势力的挑战，最大限度寻求政治共识；同时更加注重国家、社会和国内外环境的综合与平衡发展；更加重视政党间的国际交流与合作空间的广泛性，着力打造"全球视野和政治责任感"形象。

社会由各个层面的共生系统所组成，每一个人都生活在共生网络里，尤其互联网时代的发展，不仅带来了信息传播模式的革新，更重要的是人们的思维方式、价值观念以及政治行为等都发生着深刻地转变。民众的政治视野豁然开朗，参政议政的热情空前高涨，辨真断伪的能力不断增强，权利行动日趋强烈，这些因素客观上促使官方操控信息资源的理念和治国理政的方式发生了巨大变化。无论是网络社群、社会大众还是各级党委和政府，这些主体之间要本着尊重多元、相互理解与共同发展之价值观精神，在共同参与的学习管理过程中，通过矛盾、冲突、协调、融合，增进对他人及其历史、传统和精神价值的了解，加深对相互依存问题的认识，追求一种共容利益。正如美国马里兰大学的奥尔森教授所说的："如果某位理性地追求自身利益的个人或某个拥有相当凝聚力和纪律的组织能够获得该社会所有产出增长额中相当大的部分，并且同时会因该社会产出的减少而遭受极大的损失，则该个人或组织在此社会中便拥有一种共容利益。"① 这共容利益理论不以矛盾的一方消灭或取代另一方为目的。这种矛盾运动的结果最终实现了利益的整合、资源的整合，兼顾各方，各得其所，从而用尽可能低的社会成本，最大限度地发挥社会资源的作用，更快更好地服务于人的生存与发展，从而实现各自的优态发展，实现共生共荣、互利双赢的共同生存方式，并保持着独立性人格与主体，从而使共同体真正进入一个"人的科学的时代"。

---

① ［美］曼瑟·奥尔森：《权力与繁荣》，苏长和、嵇飞译，上海人民出版社2005年版，第3—4页。

参考文献

中文参考文献

[1]《马克思恩格斯选集》第1、3、6,7,8,9卷,人民出版社1995年版。

[2]《马克思恩格斯全集》第5、19卷,人民出版社1963年版。

[3]《列宁全集》第3、12、39卷,人民出版社1986年版。

[4]《列宁选集》第5、7卷,人民出版社1972年版。

[5][澳]奎因、[美]费拉克:《媒介融合:跨媒体的写作和制作》,任锦鸾译,人民邮电出版社2009年版。

[6][埃及]萨米尔·阿明:《世界一体化的挑战》,任友谅等译,社会科学文献出版社2003年版。

[7][德]沃尔夫冈·韦尔施:《我们的后现代的现代》,洪天富译,商务印书馆2004年版。

[8][德]哈贝马斯:《公共领域的结构转型》,曹卫东等译,上海学林出版社1999年版。

[9][德]马克斯·韦伯:《新教伦理与资本主义精神》,阎克文译,上海人民出版社2012年版。

[10][德]马克斯·韦伯:《民族国家与经济政策》,三联书店1997年版。

[11][德]罗伯特·米歇尔斯:《寡头统治铁律——现代民主制度中的政党社会学》,任军锋等译,天津人民出版社2003年版。

[12][德]乌尔里希·贝克:《全球化危机》,孙治本译,台湾商务印书馆1999

年版。

[13][德]乌尔里希·贝克：《风险社会》，何博闻译，译林出版社 2004 年版。

[14][德]乌尔里希·贝克：《世界风险社会》，吴英姿、孙淑敏译，南京大学出版社 2004 年版。

[15][德]乌尔里希·贝克：《全球化时代的权力与反权力》，蒋仁祥等译，广西师范大学出版社 2004 年版。

[16][德]乌尔里希·贝克、[英]安东尼·吉登斯、斯科特·拉什：《自反性现代化》，赵文书译，商务印书馆 2001 年版。

[17][德]伊丽莎白·内尔-纽曼：《民意——沉默螺旋的发现之旅》，台湾远流出版公司 1994 年版。

[18][法]利奥塔：《后现代状况》，岛子译，湖南美术出版社 1996 年版。

[19][法]居伊·德波：《景观社会》，王昭凤译，南京大学出版社 2006 年版。

[20][法]居伊·德波：《景观社会评论》，梁虹译，广西师范大学出版社 2007 年版。

[21][法]卢梭：《社会契约论》，何兆武译，商务印书馆 2003 年版。

[22][法]古斯塔夫·勒庞：《乌合之众——大众心理研究》，冯克利译，中央编译出版社 2005 年版。

[23][法]塞奇·莫斯科维奇：《群氓的时代》，许列民等译，江苏人民出版社 2003 年版。

[24][法]米歇尔·福柯：《规训与惩罚》，刘北成、杨远婴译，三联书店 1999 年版。

[25][法]米歇尔·德赛图：《日常生活实践》，载陆扬、王毅选编：《大众文化研究》，三联书店 2001 年版。

[26][法]雷蒙·阿隆：《民主与极权主义》，加利马尔出版社 1976 年版。

[27][法]加布里埃尔·塔尔德：《传播与社会影响》，何道宽译，中国人民大学出版社 2005 年版。

[28][荷兰]E.舒尔曼：《科技时代与人类未来——在哲学深层的挑战》，李小兵译，东方出版社 1997 年版。

[29][美]帕特森、威尔金斯：《媒介伦理学：问题与案例》，李青藜译，中国人民大学出版社 2006 年版。

[30][美]丹尼尔·杰·切特罗姆：《传播媒介与美国人的思想》，曹静生、黄艾禾译，中国广播电视出版社 1991 版。

[31][美]文森特·普赖斯：《传播概念·Public Opinion》，邵志择译，复旦大学出版社2009年版。

[32][美]尼古拉斯·尼葛洛庞蒂：《数字化生存》，胡泳译，海南出版社1997年版。

[33][美]托马斯·弗里德曼：《世界是平的》，何帆、肖莹莹、郝正非译，湖南科学技术出版社2006年版。

[34][美]沃尔特·李普曼：《公众舆论》，阎克文、江红译，上海人民出版社2002年版。

[35][美]沃尔特·李普曼：《舆论学》，林珊译，华夏出版社1989年版。

[36][美]丹尼尔·贝尔：《资本主义文化矛盾》，赵一凡等译，三联书店1989年版。

[37][美]马克·波斯特：《信息方式：后结构主义与社会语境》，范静哗译，商务印书馆2000年版。

[38][美]马克·波斯特：《第二媒介时代》，范静哗译，南京大学出版社2005年版。

[39][美]弗雷德里克·詹姆逊：《文化转向》，胡亚敏等译，中国社会科学出版社2000年版。

[40][美]凯斯·桑斯坦：《网络共和国——网络社会中的民主问题》，黄维明译，上海人民出版社2003。

[41][美]罗伯特·普特南：《使民主运转起来》，王列、赖海榕译，江西人民出版社2001。

[42][美]道格拉斯·凯尔纳、斯蒂文·贝斯特：《后现代理论——批判性的质疑》，张志斌译，中央编译出版社2004年版。

[43][美]大卫·雷·格里芬：《后现代精神》，王成兵译，中央编译出版社1998年版。

[44][美]齐格蒙特·鲍曼：《全球化——人类的后果》，郭国良、徐建华译，商务印书馆2001年版。

[45][美]克利福德·格尔茨：《文化的解释》，韩莉译，译林出版社1999年版。

[46][美]埃瑟·戴森：《2.0版数字化时代的生活设计》，胡泳、范海燕译，海南出版社1998年版。

[47][美]阿尔文·托夫勒：《创造一个新的文明——第三次浪潮的政治》，陈峰译，上海三联出版社1996年版。

[48] [美] 丹尼尔·戴扬、伊莱休·卡茨：《媒介事件：历史的现场直播》，麻争旗译，北京广播学院出版社 2000 年版。

[49] [美] 伽摩利珀：《全球传播》，尹宏毅主译，清华大学出版社 2008 年版。

[50] [美] 威尔伯·施拉姆、威廉·波特：《传播学概论》，何道宽译，中国人民大学出版社 2010 年版。

[51] [美] 威尔伯·施拉姆、威廉·波特：《大众传播媒介与社会发展》，金燕宁等译，华夏出版社 1990 年版。

[52] [美] 西伯特等：《报刊的四种理论》，戴鑫译，中国人民大学出版社 2008 年版。

[53] [美] 沃纳·赛佛林、小詹姆斯·坦卡德：《传播理论：起源、方法与应用》，郭镇之等译，华夏出版社 2000 年版。

[54] [美] E. M. 罗杰斯：《传播学史》，殷晓蓉译，上海译文出版社 2002 年版。

[55] [美] 希伦·A. 洛厄里：《大众传播效果研究的里程碑》，刘海龙等译，中国人民大学出版社 2004 年版。

[56] [美] 克利福德·G. 克里斯蒂安：《媒体伦理学》，张晓辉译，华夏出版社 2000 年版。

[57] [美] 罗杰·菲德勒：《认识新媒介：媒介形态变化》，华夏出版社 1999 年版。

[58] [美] 巴格迪坎：《传播媒介的垄断》，林珊等译，新华出版社 1983 年版。

[59] [美] 戴维·申克：《信息烟尘：在信息爆炸中求生存》，黄锫坚译，江西教育出版社 2000 年版。

[60] [美] 斯蒂文·小约翰：《传播理论》，陈德民等译，中国社会科学出版社 1999。

[61] [美] J. 赫伯特·阿特休尔：《权力的媒介——新闻媒介在人类事务中的作用》，黄煜、裘志康译，华夏出版社 1989 年版。

[62] [美] 罗伯特·基欧汉、约瑟夫·奈：《权力与相互依赖》，门洪华译，北京大学出版社 2002 年版。

[63] [美] 约翰·奈斯比特：《大趋势：改变我们生活的十个新方向》，梅艳泽译，中国社会科学出版社 1984 年版。

[64] [美] 马克·斯劳卡：《大冲突：赛博空间和高科技对现实的威胁》，黄锫坚译，江西教育出版社 1999 年版。

[65] [美] 西摩·马丁·利普塞特：《一致与冲突》，张华青等译，上海人民出

版社 1995 年版。

[66] [美] 加布里埃尔·A. 阿尔蒙德, 维巴:《公民文化: 五个国家的政治态度和民主制》, 徐湘林译, 东方出版社 2008 年版。

[67] [美] 道格拉斯·凯尔纳:《媒体奇观——当代美国社会文化透视》, 史安斌译, 清华大学出版社 2003 年版。

[68] [美] 阿尔温·托夫勒、海蒂·托夫勒:《创造一个新文明》, 陈峰译, 三联书店 1996 年版。

[69] [美] 罗伯特·达尔:《论民主》, 李柏光等译, 商务印书馆 1999 年版。

[70] [美] 乔·萨托利:《民主新论》, 冯克利、阎克文译, 东方出版社 1998 年版。

[71] [美] 汉娜·阿伦特:《论革命》, 陈周旺译, 凤凰出版传媒集团 2007 年版。

[72] [美] 爱德华·希尔斯:《论传统》, 傅铿、吕乐译, 上海人民出版社 1991 年版。

[73] [美] 乔姆斯基:《新自由主义和全球秩序》, 徐海铭等译, 江苏人民出版社 2000 年版。

[74] [美] 哈耶克:《自由秩序原理》, 邓正来译, 三联书店 1997 年版。

[75] [美] 伊曼努尔·沃勒斯坦:《自由主义的终结》, 贾星客译, 社会科学文献出版社 2002 年版。

[76] [美] 安东尼·奥罗姆:《政治社会学》, 上海人民出版社 1989 年版。

[77] [美] 迈克尔·罗斯金等:《政治科学》, 林震等译, 华夏出版社 2001 年版。

[78] [美] 查尔斯·林德布洛姆:《政治与市场: 世界的政治—经济制度》, 王逸舟译, 三联书店 1992 年版。

[79] [美] 查特尔·墨菲:《政治的回归》, 王恒、臧佩洪译, 江苏人民出版社 2005 年版。

[80] [美] 加布里埃尔·A. 阿尔蒙德、小 G. 宾厄姆·鲍威尔:《比较政治学: 体系、过程和政策》, 上海译文出版社 1987 年版。

[81] [美] 劳伦斯·迈耶等:《比较政治学——变化世界中的国家和理论》, 任晓译, 华夏出版社 2001 年版。

[82] [美] 罗纳德·H. 奇尔科德:《比较政治学理论——新范式的探索》, 高铦、潘世强译, 社会科学文献出版社 1998 年版。

[83] [美] 罗伯特·吉尔平:《世界政治中的战争与变革》, 武军等译, 中国人民大学出版社 1994 年版。

[84] [美]戴维·伊斯顿：《政治生活的系统分析》，王浦劬译，华夏出版社1999年版。

[85] [美]乔治·萨拜因：《政治学说史》（下册），刘山等译，商务印书馆1990。

[86] [美]罗伯特·W.麦克切斯尼：《富媒体、穷民主，不确定时代的政治传播》，谢岳译，新华出版社2004年版。

[87] [美]杰克·富勒：《信息时代的新闻价值观》，展江译，新华出版社1999年版。

[88] [美]沃纳·赛佛林、小詹姆斯·坦卡德：《传播理论：起源、方法与应用》，郭镇之等译，华夏出版社2000。

[89] [美]汉纳·阿伦特：《人的条件》，竺乾威等译，上海人民出版社1999年版。

[90] [美]戴维·阿什德：《传播生态学——控制的文化范式》，邵志择译，华夏出版社2004年版。

[91] [美]麦库姆斯：《议程设置：大众传媒与舆论》，郭镇之、徐培喜译，北京大学出版社2008年版。

[92] [美]詹姆斯·E.凯茨、罗纳德·E.莱斯：《互联网使用的社会影响》，傅小兰、严正译，商务印书馆2007年版。

[93] [美]约翰·费斯克：《关键概念：传播与文化研究辞典》，李彬译，新华出版社2004年版。

[94] [美]尼葛洛庞帝：《数字化生存》，胡泳等译，海南出版社1997。

[95] [美]W.兰斯·班尼特：《新闻：政治的幻象》，杨晓红、王家全译，当代中国出版社2005年版。

[96] [美]西德尼·塔罗：《运动中的力量：社会运动与斗争政治》，吴庆宏译，译林出版社2005年版。

[97] [美]埃弗利特·E.丹尼斯、约翰·C.梅里尔：《媒介论争：19个重大问题的正反方辩论》，王纬、等译，北京广播学院出版社2004年版。

[98] [美]彼得斯：《交流的无奈—传播思想史》，何道宽译，华夏出版社2003年版。

[99] [美]迈克尔·辛格尔特里：《大众传播研究：现代方法与应用》，刘燕南等译，华夏出版社2000。

[100] [美]曼纽尔·卡斯特：《网络社会的崛起》，夏铸九译，社会科学文献出版社2006年版。

[101] [美] 理查德·罗蒂：《后哲学文化》，黄勇译，上海译文出版社 1992 年版。

[102] [美] 保罗·莱文森：《数字麦克卢汉》，何道宽译，社会科学文献出版社 2001 年版。

[103] [美] 兰斯·班尼特：《新闻：政治的幻象》，杨晓红译，当代中国出版社 2005 年版。

[104] [美] 第默尔·库兰：《偏好社会伪装的社会后果》，丁振寰、欧阳武译，长春：长春出版社 2005 年版。

[105] [美] 杜赞奇：《从民族国家拯救历史：民族主义话语阈中国现代史研究》，王宪明译，社科文献出版社 2003 年版。

[106] [美] 罗伯特·K. 默顿：《社会研究与社会政策》，林聚任等译，三联书店 2001 年版。

[107] [美] 戴维·波普诺：《社会学》（第十版），李强等译，中国人民大学出版社 2007 年版。

[108] [美] 艾尔·巴比：《社会研究方法》，邱泽奇译，华夏出版社 2005 年版。

[109] [美] 乔万尼·萨托利：《政党与政党体制》，王明进译，商务印书馆 2006 年版。

[110] [美] 塞缪尔·亨廷顿：《第三波——20 世纪后期民主化浪潮》，刘军宁译，三联书店 1998 年版。

[111] [美] 塞缪尔·亨廷顿：《文明的冲突与世界体系的重建》，周琪等译，新华出版社 2010 年版。

[112] [美] 塞缪尔·P. 亨廷顿：《变革社会中的政治秩序》，李盛平等译，华夏出版社 1988 年版。

[113] [美] 塞缪尔·亨廷顿，琼·纳尔逊：《难以抉择——发展中国家的政治参与》，华夏出版社 1989 年版。

[114] [美] 王国斌：《转变的中国：历史变迁与欧洲经验的局限》，李伯重译，江苏人民出版社 1998 年版。

[115] [美] 乔治·弗雷德里克森：《公共行政的精神》，张成福、刘霞、张璋、孟庆存译，人民大学出版社 2003 年版。

[116] [美] 格罗弗·斯塔林：《公共部门管理》，陈宪等译，上海译文出版社 2003 年版。

[117] [日] 星野昭吉：《全球政治学——全球化进程中的变动、冲突、治理与

和平》，刘小林、张胜军译，新华出版社 2000 年版。

[118] [日] 佐藤卓已：《现代传媒史》，诸葛蔚东译，北京大学出版社 2004 年版。

[119] [瑞士] 雅各布·布克哈特：《世界历史沉思录》，金寿福译，北京大学出版社 2007 年版。

[120] [苏] 罗·亚·麦德维杰夫：《让历史来审判》，赵洵、林英译，人民出版社 1981 年版。

[121] [希] 亚里斯多德：《政治学》，吴寿彭译，商务印书馆 1965。

[122] [希] 尼科斯·泼朗查斯：《国家权力与社会阶级》，中国社会科学出版社 1982 年版。

[123] [意] G. 萨托利：《政党与政党体制》，王明进译，商务印书馆 2006 年版年版。

[124] [英] 芭芭拉·亚当、[德] 乌尔里希·贝克、[英] 约斯特·房龙等：《风险社会及其超越：社会理论的关键议题》，赵延东等译，北京出版社 2005 年版。

[125] [英] 尼克·史蒂文森：《媒介的转型》，顾宜凡译，北京大学出版社 2006 年版。

[126] [英] 诺曼·费尔劳拉夫：《话语与社会变迁》，殷晓荣译，复旦大学出版社 2003 年版。

[127] [英] 安东尼·吉登斯：《现代性与自我认同》，赵旭东、方文译，三联书店 2000 年版。

[128] [英] 安东尼·吉登斯：《第三条道路及其批评》，孙相东译，中共中央党校出版社 2002 年版。

[129] [英] 安东尼·吉登斯、克里斯多弗·皮尔森：《现代性——吉登斯访谈录》，新华出版社 2001 年版。

[130] [英] 安东尼·吉登斯、斯科特·拉什：《自反性现代化》，赵文书译，商务印书馆 2003 年版。

[131] [英] 安东尼·吉登斯：《社会学》，赵东旭译，北京大学出版社 2003 年版。

[132] [英] 安东尼·吉登斯：《现代性的后果》，田禾译，译林出版社 2000 年版。

[133] [英] 安东尼·吉登斯：《失控的世界》，周红云译，江西人民出版社 2001

年版。

[134] [英] 安东尼·吉登斯:《民族—国家与暴力》,胡宗泽、赵力涛译,生活·读书·新知三联书店 1998 年版。

[135] [英] 约翰·汤林森:《文化帝国主义》,冯建三译,上海人民出版社 1999 年版。

[136] [英] 詹姆斯·库兰、米切尔·古尔维奇:《大众媒介与社会》,杨击译,华夏出版社 2006 年版。

[137] [英] 安德鲁·查德威克:《互联网政治学:国家、公民与新传播技术》,任孟山译,华夏出版社 2010 年版。

[138] [英] 戴维·莫利、凯文·罗宾斯:《认同的空间:全球媒介、电子世界景观与文化边界》,司艳译,南京大学出版社 2001 年版。

[139] [英] 丹尼斯·麦奎尔、[瑞典] 斯文·温德尔:《大众传播模式论》,祝建华、武伟译,上海译文出版社 1997 年版。

[140] [英] 迈克尔·欧克肖特:《政治中的理性主义》,张汝伦译,上海译文出版社 2004 年版。

[141] [英] 布莱恩·麦克奈尔:《政治传播学引论》,殷祺译,新华出版社 2005 年版。

[142] [英] 戴卫·赫尔德:《民主的模式》,燕继荣译,中央编译出版社 2008 年版。

[143] [英] 霍布豪斯:《自由主义》,朱曾汶译,商务印书馆 1996 年版。

[144] [英] 哈耶克:《自由秩序原理》,邓正来译,三联书店 1997 年版。

[145] [英] 波兰尼:《大转型:我们时代的政治与经济起源》,冯钢、刘阳译,浙江人民出版社 2007 年版。

[146] [英] J.S. 密尔:《代议制政府》,汪瑄译,商务印书馆 1982 年版。

[147] [英] 约翰·密尔:《论自由》,许宝骙译,商务印书馆 1998 年版。

[148] [英] 卡尔·波普尔:《开放的社会及其敌人》,陆衡等译,中国社会科学出版社 1999 年版。

[149] [英] 拉里·埃里奥特,丹·阿特金森:《不安全的时代》,曹大鹏译,商务印书馆 2001 年版。

[150] [英] 罗宾·科恩,保罗·肯尼迪:《全球社会学》,社会科学文献出版社 2001 年版。

[151] [英] 赫伯特·斯宾塞著:《社会学研究》,华夏出版社 2001 年版。

[152]［加］菲利普·马尔尚：《麦克卢汉：媒介及信使》，何道宽译，中国人民大学出版社2003年版。

[153]［加］哈罗德·伊尼斯：《传播的偏向》，何道宽译，中国人民大学出版社2003年版。

[154]［加］哈罗德·伊尼斯：《帝国与传播》，何道宽译，中国人民大学出版社2003年版。

[155]［加］马歇尔·麦克卢汉：《理解媒介》，何道宽译，商务印书馆2000年版。

[156]［加］马歇尔·麦克卢汉：《人的延伸——媒介通论》，何道宽译，四川人民出版社1992年版。

[157]［加］埃里克·麦克卢汉、弗兰克·秦格龙：《麦克卢汉精粹》，何道宽译，南京大学出版社2000年版。

[158]［加］文森特·莫斯可：《传播政治经济学》，胡春阳、黄红宇、姚建华译，上海译文出版社2013年版。

[159]［古希腊］亚里士多德：《政治学》，商务印书馆1997年版。

[160]［南非］毛里西奥·帕瑟林·登特里维斯：《作为公共协商的民主》，王英津译，中央编译出版社2006年版。

[161]鲍宗豪：《全球化与当代社会》，上海三联书店2002年版。

[162]蔡文之：《网络：21世纪的权力与挑战》，上海人民出版社2007年版。

[163]陈崇山、孙五三：《媒介·人·现代化》，中国社会科学出版社1997年版。

[164]陈卫星：《传播的观念》，人民出版社2004年版。

[165]陈崎：《衰落还是转型：当代西方政党的发展变化研究》，中国传媒大学出版社2010年版。

[166]陈喜贵：《维护政治理性》，中央编译出版社2004年版。

[167]陈兵：《媒体执政——媒体多样化背景下政府对新闻舆论的引导》，中国广播电视出版社2011年版。

[168]陈力丹：《精神交往论——马克思恩格斯的传播观》，中国人民大学出版社2007年版。

[169]曹泽林：《信息时代的党建创新》，中共中央党校出版社2003年版。

[170]戴焰军：《执政党建设问题研究》，中共中央党校出版社2013年版。

[171]《邓正来自选集》，广西师范大学出版社2000年版。

[172]蒋光化：《访问外国政党纪实》，世界知识出版社1997年版。

[173] 郭庆光：《传播学教程》，中国人民大学出版社1999年版。

[174] 顾铮：《现代性的第六张面孔——当代视觉文化研究》，上海人民出版社2007年版。

[175] 桂敬一：《多媒体时代与大众传播》，新华出版社2000年版。

[176] 管文虎：《国家形象论》，成都科技大学出版社2000年版。

[177] 胡锦涛：《坚定不移沿着中国特色社会主义道路前进为全面建成小康社会而奋斗——在中国共产党第十八次全国代表大会上的报告》，人民出版社2012年版。

[178] 胡钰：《新闻与舆论》，中国广播电视出版社2001年版。

[179] 何增科主编：《公民社会与第三部门》，社会科学文献出版社2000年版。

[180] 黄苇町：《苏共亡党十年祭》，江西高校出版社2002年版。

[181] 胡鞍钢、王绍光、周建明：《第二次转型国家制度建设》，清华大学出版社2003年版。

[182] 胡泳：《众声喧哗：网络时代的个人表达与公共讨论》，广西师范大学出版社2008年版。

[183] 何明修：《社会运动概论》，三民书局，2005年版。

[184] 何威：《网众传播——一种关于数字媒体、网络化用户和中国社会的新范式》，清华大学出版社2011年版。

[185] 洪恩美：《拼死寻观众》，载陆扬等著：《大众文化与传媒》，上海三联出版社2000年版。

[186] 郎有兴：《第三条道路》，浙江大学出版社2000年版。

[187] 李斌：《网络政治学导论》，中国社会科学出版社2006年版。

[188] 李彬：《传播学引论》，新华出版社2003年版。

[189] 李建华：《执政与善治——执政党伦理研究》，人民出版社2006年版。

[190] 刘文富：《网络政治——网络社会与国家治理》，商务印书馆2002年版。

[191] 刘小枫：《现代性社会理论绪论》，上海三联书店1998年版。

[192] 李景鹏：《权力政治学》，黑龙江教育出版社1995年版。

[193] 刘军宁：《共和·民主·宪政——自由主义思想研究》，上海三联书店1998年版。

[194] 刘继南：《国际传播——现代传播论文集》，北京广播学院出版社2000年版。

[195] 刘华蓉：《大众传媒与政治》，北京大学出版社2001年版。

[196] 刘吉、金吾伦等：《信息化与知识经济》，社会科学文献出版社2002年版。

[197] 刘建军：《单位中国——社会调控体系重构中的个人、组织与国家》，天津人民出版社2000年版。

[198] 刘建明：《当代新闻学原理》，清华大学出版社2003年版。

[199] 刘建明：《当代中国舆论形态》，中国人民大学出版社1989年版。

[200] 刘建明：《基础舆论学》，中国人民大学出版社1988年版。

[201] 刘建明：《社会舆论原理》，华夏出版社2002年版。

[202] 刘建明、纪忠慧、王莉丽：《舆论学概论》，中国传媒大学出版社2009年版。

[203] 刘晓红、卜卫：《大众传播心理研究》，中国广播电视出版社2001年版。

[204] 林语堂：《中国新闻舆论史》，暨南大学出版社2011年版。

[205] 林文刚编：《媒介环境学：思想沿革与多维视野》，北京大学出版社2007年版。

[206] 罗荣渠：《现代化——理论与历史经验的再探讨》，上海译文出版社1993年版。

[207] 吕文凯：《舆论学简明教程》，郑州大学出版社2008年版。

[208] 彭兰：《网络传播概论》，中国人民大学出版社2001年版。

[209] 彭芸：《政治传播——理论与实务》，台湾巨流图书公司1986年版。

[210] 卜卫：《媒介与性别》，江苏人民出版社2001年版。

[211] 秦德君：《领导者公共形象管理——传媒政治时代领导者公共形象的形塑、建构与传播》，山西人民出版社2005年版。

[212] 荣敬本、高新军：《政党比较研究资料》，中央编译出版社2002年版。

[213] 陶东风：《文化研究》第3辑，天津社会科学院出版社2002年版。

[214] 毛寿龙：《政治社会学》，中国社会科学出版社2001年版。

[215] 孟小平：《揭示公共关系的奥秘——舆论学》，中国新闻出版社1989年版。

[216] 宁骚：《民族与国家》，北京大学出版社1995年版。

[217] 孙关宏等：《政治学概论》，复旦大学出版社2003年版。

[218] 王邦佐：《中国政党制度的社会生态分析》，上海人民出版社2000年版。

[219] 王一川：《西方文论史教程》，北京大学出版社2002年版。

[220] 王长江：《中国政治文明视野下的党的执政能力建设》，上海人民出版社2005年版。

[221] 王长江：《世界政党比较概论》，中共中央党校出版社 2003 年版。

[222] 王长江：《现代政党执政规律研究》，上海人民出版社 2002 年版。

[223] 王长潇：《新媒体论纲》，中山大学出版社 2009 年版。

[224] 王水雄：《结构博弈——互联网导致社会扁平化的剖析》，华夏出版社 2003 年版。

[225] 王菲：《媒介大融合：数字新媒体时代下的媒介融合论》，南方出版社 2007 年版。

[226] 王浦劬：《政治学基础》，北京大学出版社 1996 年版。

[227] 王海洲：《合法性的争夺：政治记忆的多重刻写》，江苏人民出版社 2008 年版。

[228] 王凯：《转型中国：媒体、民意与公共政策》，复旦大学出版社 2005 年版。

[229] 汪翔、钱南：《公共选择理论导论》，上海人民出版社 1993 年版。

[230] 汪行福：《通向话语民主之路：与哈贝马斯对话》，四川人民出版社 2002 年版。

[231] 汪向东：《网络的挑战：互联网对发展的影响》，中国友谊出版社 2000 年版。

[232] 夏光：《东亚现代性与西方现代性——从文化的角度看》，三联书店 2005 年版。

[233] 郇庆治：《欧洲绿党研究》，山东人民出版社 2000 年版。

[234] 薛福康：《我看美国媒体》，新华出版社 2000 年版。

[235] 徐向东：《自由主义、社会契约与政治辩护》，北京大学出版社 2005 年版。

[236] 燕继荣：《现代政治分析原理》，高等教育出版社 2005 年版。

[237] 杨雪冬、薛晓源：《"第三条道路"与新的理论》，社会科学文献出版社 2000 年版。

[238] 杨雪冬：《风险社会与秩序重建》，社会科学文献出版社 2006 年版。

[239] 俞可平：《全球化时代的社会主义》，中央编译出版社 1998 年版。

[240] 俞可平：《政治与政治学》，社会科学文献出版社 2005 年版。

[241] 喻国明：《解构民意——一个舆论学者的实证研究》，华夏出版社 2001 年版。

[242] 喻国明：《传媒影响力》，南方日报出版社 2003 年版。

[243] 尹鸿、李彬：《全球化与大众传媒》，清华大学出版社 2002 年版。

[244] 许正林：《欧洲传播思想史》，三联书店 2005 年版。

[245] 薛小荣：《网络党建论－互联网时代政党的组织变革与社会适应》，时事出版社 2013 年版。

[246] 祝基滢：《政治传播学》，台湾三民书局印行 1983 年版。

[247] 朱学勤：《道德理想国的覆灭》，三联书店 1994 年版。

[248] 曾峻：《公共秩序的制度安排》，学林出版社 2005 年版。

[249] 曾文经：《传媒的魔力》，时事出版社 2001 年版。

[250] 史志钦等：《全球化与世界政党变革》，中央党校出版社 2007 年版。

[251] 思斌：《社会学教程》，北京大学出版社 2003 年版。

[252] 赵鼎新：《社会与政治运动讲义》，社会科学文献出版社 2006 年版。

[253] 赵宬斐：《政党政治与政治现代性：基于马克思主义政治哲学视野的研究》，中央编译出版社 2010 年版。

[254] 赵宬斐：《现代性视域中马克思主义学习型政党研究：以历史的维度与视角》，科学出版社 2013 年版。

[255] 赵宬斐：《西方政党发展路径及现代性变革》，中央文献出版社 2013 年版。

[256] 赵士林、彭红：《网络传播论》，上海交通大学出版社 2002 年版。

[257] 左双文等：《民众、公众舆论与国民政府外交研究》，安徽大学出版社 2011 年版。

[258] 周甲禄：《舆论监督权论》，山东人民出版社 2006 年版。

[259] 张国良：《20 世纪传播学经典文本》，复旦大学出版社 2003 年版。

[260] 张国良：《现代大众传播学》，四川人民出版社 1998 年版。

[261] 张文俊：《当代传媒新技术》，复旦大学出版社 1998 年版。

[262] 艾明江：《新媒体传播、政党适应性与党的执政能力建设分析》，《中共福建省委党校学报》2013 年第 2 期。

[263] 成伯清：《"风险社会"视角下的社会问题》，《南京大学学报》2007 年第 2 期。

[264] 程曼丽：《从历史角度看新媒体对传统社会的解构》，《现代传播》2007 年第 6 期。

[265] 陈芳：《再谈"两个舆论场"——访外事委员会副主任委员、全国人大常委会委员、新华社原总编辑南振中》，《中国记者》2013 年第 1 期。

[266] 陈静亚：《环境影响评价中的公众参与组织化——以厦门 PX 项目中"散步事件"为例》，《北方环境》2011 年第 12 期。

[267] 陈力丹：《试析因特网上的自由与民主》，《现代传播》1999年第1期。

[268] 曹阳、何旭：《SNS：一种网络公共领域的新形式》，《新闻记者》2009年第10期。

[269] 杜骏飞：《网络群体事件的类型研究》，《国际新闻界》2009年第7期。

[270] 杜俊飞、魏娟：《网络集群的政治社会学：本质、类型与效用》，《东南大学学报（哲学社会科学版）》2010年第1期。

[271] 丁柏铨：《略论"舆论倒逼"》，《新闻记者》2013年第4期。

[272] 丁未：《网络空间的民主与自由》，《现代传播》2000年第6期。

[273] 邓辉：《厦门处理"PX事件"的经验研究》，《广西社会主义学院学报》2010年第12期。

[274] 邓希泉：《网络集群行为的主要特征及其发生机制研究》，《社会科学研究》2010年第1期。

[275] 龚瑜：《权力，循法治之轨道而行》，《中南财经政法大学研究生学报》2006年第2期。

[276] 郭荣华、贺瑞虎：《构建社会主义和谐社会的政治文化》，《江西师范大学学报（哲学社会科学版）》2007年第1期。

[277] 樊党生：《政治传播对公共决策的负面影响》，《新闻与传播》1998年第5期。

[278] 范俊玉：《论世界文化体系的多元特征》，《学术探索》2004年第11期。

[279] 冯敏：《PX引发的"PK"——从厦门PX项目看非传统媒体对公共决策的影响》，《声屏世界》2009年第4期。

[280] 惠志斌：《社会性软件——网络社会的纽带》，《特别观察》2006年第5期。

[281] 贺芳、唐魁玉：《民主与法制：网络化政治生活的两个维度》，《南京航空航天大学学报（社会科学版）》2003年第3期。

[282] 贺艳华：《浅析SNS的传播特征及影响》，《才智》2009年第19期。

[283] 何国平：《网络群体事件的动员模式及其舆论引导》，《思想政治工作研究》2009年第9期。

[284] 何白：《网络集群：非理性行为的温床》，《东南传播》2007年第7期。

[285] 黄升民、杨雪睿：《碎片化：品牌传播与大众传媒新趋势》，《现代传播》2005年第6期。

[286] 黄晓芳：《公信力与媒介的权威性》，《电视研究》1999年第11期。

[287] 黄旦、丁未：《传播学科"知识地图"的绘制和建构——20世纪80年代以来中国大陆传播学译著的回顾》，《现代传播》2005年第2期。

[288] 黄月琴：《风险传播、政治沟通与公共决策的变迁——对两个石化项目迁址案例的分析》，《当代传播》2011年第6期。

[289] 韩立新、霍江河：《"蝴蝶效应"与网络舆论生成机制》，《当代传播》2008年第6期。

[290] 蒯正明、杨新宇：《网络时代下的中国共产党意识形态资源建设》，《燕山大学学报》2010年第3期。

[291] 金霞：《论网络传播的舆论监督》，《湖北民族学院学报》2003年第2期。

[292] 江明科：《主流媒体在互联网时代的公信力》，《青年记者》2011年第9期。

[293] 焦德武：《浅谈政府网络形象的传播与建构》，《江西师范大学学报（社会科学版）》2010年第6期。

[294] 鄞益奋：《试析政治传播的传播控制》，《政治学研究》2002年第1期。

[295] 李瑞昌：《现代政治民主的结晶：政党与民主》，《人文杂志》2003年第4期。

[296] 李洁玉：《浅论提高领导干部媒介素养》，《企业家天地》2010年第2期。

[297] 李建华等：《风险社会的政治秩序与政治文明》，《常德师范学院学报》2003年第3期。

[298] 李建国：《苏东各国执政党处理媒体宣传问题上的教训》，《求实》2004年第11期。

[299] 乐国安、薛婷、陈浩：《网络集群行为的定义和分类框架初探》，《中国人民公安大学学报（社会科学版）》2010年第6期。

[300] 刘文富，顾丽梅：《网络政治学解读》，《探索与争鸣》1999年第11期。

[301] 林尚立：《领导与执政：党、国家与社会关系转型的政治学分析》，《毛泽东邓小平理论研究》2001年第6期。

[302] 林剑、段从宇：《网络媒介中的大连地方政府形象塑造文献综述》，《东方企业文化》2010年第4期。

[303] 刘佩锋：《政治传播：行政管理的过程》，《党政干部论坛》2001年第5期。

[304] 刘正荣：《从非理性网络舆论看网民群体心理》，《现代传播》2007年第3期。

[305] 刘生琰:《网络集群的集合行为与建构合理的网络秩序——'艳照门'事件的社会学思考》,《内蒙古农业大学学报(社会科学版)》2009年第6期。

[306] 刘金蕊:《浅析网络问政与政府形象塑造》,《知识经济》2011年第11期。

[307] 马凌:《新闻传媒在风险社会中的功能定位》,《新闻与传播研究》2007年第4期。

[308] 马凌:《媒介化社会与风险社会》,《中国传媒报告》2008年第2期。

[309] 孟建、赵元珂:《媒介融合:粘聚并造就新型的媒介化社会》,《国际新闻界》2006年第7期。

[310] 孟锦:《舆论战与媒介传播力关系探微》,《军事记者》2004年第10期。

[311] 宁宁:《新舆论场的形成于消解——新媒体时代下的舆论场》,《新闻世界》2010年第9期。

[312] 潘伟杰、余波:《信息革命的政治挑战和理论困境》,《世界经济与政治》1999年第3期。

[313] 全燕、申凡:《媒介化生存下"风险社会"的重构与反思》,《国际新闻界》2011年第8期。

[314] 乔艳洁、曹婷、唐华:《从公共政策角度探析邻避效应》,《郑州航空工业管理学院学报(社会科学版)》2007年第2期。

[315] 孙玮:《风险社会中新闻媒介的社会角色》,《当代传播》2011(1)年版。

[316] 孙凤、郑欣:《理性与非理性之辨:网络集群行为的产生及其演变》,《南京邮电大学学报(社会科学版)》2009年第3期。

[317] 盛斌、崔娜:《SNS网站传播特征及价值》,《消费导刊》2009年第9期。

[318] 沈龙云:《论网络对政府形象的塑造及影响》,《改革与开放》2012年第2期。

[319] 唐娟:《传媒、政府、政党——对近现代欧美国家传媒与政府关系之演进的历史考察》,《当代世界与社会主义》2004年第4期。

[320] 王国华、肖林、汪涓等:《论舆论场及其分化问题》,《情报杂志》2012年第8期。

[321] 王瑜:《互联网对西方政党政治的影响》,《中国党政干部论坛》2005年第8期。

[322] 王建平:《从"广州事件"看信息时代的集群行为》,《江淮论坛》2003年第4期。

[323] 王小钢：《贝克的风险社会理论及其启示》，《河北法学》2007年第1期。

[324] 王乐夫：《公共性·公共管理研究的基础与核心》，《社会科学》2003年第4期。

[325] 王安：《从公共问题到政策制定：政策过程分析的"多源流"理论——以A市PX项目的迁建决策为个案分析》，《理论界》2008年第12期。

[326] 王海洲：《作为媒介景观的政治仪式：国庆阅兵（1949－2009）的政治传播学研究》，《新闻与传播研究》2009年第4期。

[327] 魏娟、杜骏飞：《网络集群事件的社会心理分析》，《青年记者》2009年10月上年版。

[328] 魏娟、杜骏飞：《网络集群的形成机制与效用分析》，《青年记者》2009年第28期。

[329] 吴琼：《视觉性与视觉文化》，《文艺研究》2006年第1期。

[330] 许志晋、毛宝铭：《风险社会中的科技传播》，《科学研究》2005年第4期。

[331] 夏学鉴：《网络社会学建构》，《北京大学学报（哲学社会科学版）》2004年第1期。

[332] 徐昕：《西方政党组织形态嬗变的背后：对"卡特尔"型政党组织形态的分析》，《江苏社会科学》2008年第3期。

[333] 杨丽娟：《全球化与政治传播》，《理论观察》2002年第6期。

[334] 杨状振：《新媒体传播路径下的人文精神及其核心价值》，《重庆社会科学》2009年第2期。

[335] 杨维：《论微博在网络舆论形成中的作用》，《现代试听》2011年第1期。

[336] 杨雪冬：《全球化、风险社会与复合治理》，《马克思主义与现实》2004年第4期。

[337] 袁梦倩：《论SNS新型社交网站的传播模式与功能——基于"校内网"的现象研究》，《今传媒》2009年第4期。

[338] 叶皓：《论政府的新闻议程设置》，《江海学刊》2009年第6期。

[339] 喻国明：《"碎片化"语境下传播力量的构建》，《新闻与传播》2006年第4期。

[340] 张亚泽：《发展中国家转型中的政治合法性危机探析》，《云南行政学院学报》2000年第5期。

[341] 张明、赵铭：《直面媒体碎片化趋势》，《广告人》2010年第6期。

［342］张孝廷、赵戍斐：《网络集群效应下的执政风险及其规避》，《宁夏大学学报（人文社会科学版）》2012 年第 7 期。

［343］张衍前：《执政党掌握网络媒体话语主导权自议》，《理论学刊》2005 年第 10 期。

［344］张涛甫：《当前中国舆论场的宏观观察》，《当代传播》2011 年第 2 期。

［345］赵戍斐：《网络集群行为"与"价值累加"——一种集体行动的逻辑与分析》，《新闻与传播研究》2013 年第 8 期。

［346］赵戍斐：《新媒体视野下中国执政党政治表达的范式转向》，《中国出版》2012 年第 22 期。

［347］赵万里：《结构性风险与知识社会的建构》，《探求》2003 年第 1 期。

［348］周晓虹：《集群行为：理性与非理性之辩》，《社会科学研究》1994 年第 5 期。

［349］周甜：《集群行为研究综述》，《甘肃警察职业学院学报》2009 年第 1 期。

［350］周湘艳：《从传播学视角反思网络群体行为》，《东南传播》2007 年第 8 期。

［351］庄友刚：《风险社会理论研究述评》，《哲学动态》2005 年第 9 期。

［352］中央组织部党建研究所课题组：《全球化信息化背景下国外一些主要政党组织发展趋势研究》，《当代世界与社会主义》2008 年第 3 期。

［353］朱虹：《新媒体十论》，《中国广播电视学刊》2010 年第 6 期。

［354］祝华新：《网络舆论倒逼中国改革》，《中国改革》2011 年第 10 期。

［355］庹继光：《拟态环境下的"媒介化风险"及其预防》，《新闻知识》2008 年第 2 期。

［356］吴焰：《"偏激共振"——新媒体时代的舆论法则思考之二》，《人民日报》2012 年 02 月 28 日。

［357］张颐武：《网络愤青患了道德焦虑症》，《青年参考》2006 年 9 月 1 日。

［358］人民网舆情监测室：《人民网评：打通"两个舆论场"——善待网民和网络舆论》，人民网－观点频道（2011 年 7 月 11 日，http：//opinion.people.com.cn/GB/15119932.html）。

［359］孙立平：《改革以来中国社会结构的变迁》，《中国社会科学》1994 年第 2 期。

英文参考文献

参考文献

[1] Andrews M, *Lifetime of Commitment*, Cambridge: CambridgeUniversity Press, 1991.

[2] Adam Michnik, " The New Evolutionism" *Letters from Freedom: Post — Cold War Realities and Perspectives*, ed. Irena Grudzinska Gross. Berkeley: University of California Press, 1990.

[3] Ajzen I, Fishbein M, *Understanding Attitudes and Predicting Social Behavior*, Englewood Cliffs : Prentice Hall, 1980.

[4] Ulrich Beck, *Risk Society*, London: Sage, 1992.

[5] Gould R. V, *Insurgent Identities: Class , Community , and Protestin Paris from 1848to the Commnune*, Chicago: University of ChicagoPress, 1995.

[6] Claus Offe, *Contradictions of the Welfare State*, London: Hutchinson & Co. Ltd, 1984.

[7] Dan D. Nimmo, K. R. Sanders, *Handbook of Political Communication*, Beverly Hills, CA: Sage, 198

[8] Larry Jay Diamond, *Political culture and democracy in developing countries.* Boulder, Colo. : L. Rienner Publishers, 1993.

[9] E. Shils, *Center and Periphery*, The University of Chicago Press, 1975.

[10] Gibson R, Rommele, Ward S. "German Parties and Internet Campaigning in the 2002 Federal Election", *German Politics*, 2003, (1).

[11] Gibson R, Nixon P, ward S. *Political Parties an the Internet Net Gain?* London: Routledge, 2003.

[12] Richard Mercer Dorson, *Folklore in the Modern World*, Richard Dorson, Mouton Publishers, 1978.

[13] Inglehart, Ronald, *Culture Shift in Advanced Industrial Society*, Princeton : Princeton University Press, 1990.

[14] Kaye B. K, Johnson T. J, *Cruising is believing Comparing Internet and traditional sources on media credibility measures*, Journallism and Communication Quarterly, 1998.

[15] Larry Diamond and Richard Gunther, *Political Parties and Democracy*, Baltimore: Johns Hopkins University Press, 2001.

[16] Michael Mann, *The Sources of Social Power: A history of power from the beginning to A. D*, Cambridge: Cambridge University Press, 1986.

[17] Matthew Arnold, *Culture and Anarchy*, Cambridge University, 1960 (6).

[18] Martin Shefter, *Political Parties and the State: The American Historical Experience*, Princeton: Princeton University Press, 1994.

[19] Mark Granovetter, "Tthreshold Models of Collective Behavior", *American Journal of Sociology vol.* 83, no. 6. 1978.

[20] Park R E, Burgess E W, *Introduction to the Science of Sociology*, III. Chicago: Universityof Chicago Press, 1921.

[21] P·Harris, *Civil Disobedience*, University Press of American, 1989.

[22] Prisant, Barden, "What Does the Internet Mean for Art", *Art Business News V.* 27 no9 Sept. 2000.

[23] Smelser N J, *Theory of Collective Behavior*, New York: Free Press, 1963.

[24] Giovanni Sartori, *Political Party and Party System*, NY: Cambridge University Press, 1976.

[25] Shils, *Center and Periphery*, The University of Chicago Press, 1975.

[26] Quentin Skinner, *The Foundation of Modern Political Thought*, Vol. I, Cambridge University Press, 1978.

［27］ Sara Parkin, *Green Parties: An International Guide*, London: Heretic, 1989.

［28］ Stanislaw Baranczak, *Breathing under Water and Other East European Essays Cambridge*, Mass.: Harvard University Press, 1990.

［29］ Timothy Besley and Robin Burgess, "Political agency, government responsiveness and the role of the media", *European Economic Review* 45, 2001.

［30］ Wainer Lusoli, "the Internet and the European Parliament Elections: Theoretical Perspectives, Empirical Investigations and Proposals for Research", *Information Polity* 2005, (10).

［31］ Ward S, Voerman G, "Green Parties, Intra—party Democracy and the Potential of the Internet", *Dutch Political Parties Yearbook*, Groningen: University of Groningen, 2000.

［32］ Ward S, Gibson R, Lusoli W, *Parties and the Virtual Campaign: The 2005 Election Online*, EPOP Conference. University of Essex, 2005.

后 记

当今，媒介发展已经进入以数字化技术为基础，综合运用音频、视频、文字与图像等多种技术与方式，进行以实时、互动与高效为特征的新传播时代。这个时代超越了传统媒体，真正实现了"全时传播"、"迅即传播"和"超时空传播"。这种传播彻底实现了时空脱域、时空压缩和时空差异。在这个时代，人们逐渐摆脱了传统意义上的时空和场域的限制与约束，享有充分的自主与自由，其各种权益诉求可以得以自由表达，其行动和力量可以很快聚集，并形成强大的力量，甚至能够改变国家的一些政策与社会秩序。无论是在现实场域或是虚拟场域中，各类人群、各类组织与团体，都可以因某种事件、消息与新闻，或出于利益诉求，或处于政治表达，或为了一种正义甚至仅仅是一种情绪发泄等目的，都会很快形成一种意见共同体甚至酿成一种群体极化现象。一段视频、一张微照或几句文字，都可能带来一片辽阔的思想天地，产生酵母般的作用，带来很大的社会影响。当我们为媒介化时代来临而惊叹之时，是否充分做好了迎接其到来的一些系列工作？

与传统意义上依靠信仰、制度、统治、权威和理想等价值以及相关命题构成的宏大政治不同，当前的政治发生了很大的转向，在关注上述谈到的宏大政治的同时，更多的趋向于人们身边具体的利益与事务，即民众对日常生活政治的关注，对民众具体、细小甚至琐碎诉求和问题的回应越来越明显。可以说，媒介化时代的政治生态发生着巨大的变迁：一是威权政治遭受挑战。在媒介化时代中每一个普通人都可以登上社会政治的舞台进行政治表达与利益诉求；因网络技术的发展，普通公民的大量原创内容如燎原之势被生产、传播出来，严重冲击着自上而下的统治结构，产生了一种"拉平效应"与"水平化"发展趋势。二是个体维权意识张扬。广大社会中的组织、群体与个体采取种种方式进行维权、扩权行动，对权威、秩序与组织化的生活逐渐疏离。三是公民参与的层次得以简约。由于传播活动造成的"无限中心化"的趋势，公民参政、议政的层次、等级得以大大简化；参政、议政的效果和能力得以快速提升。

仔细分析媒介化时代中人与事及其缘由，又会发现，它们背后仍是一些一直没有得到很好解决的根本性的政治问题，是当代我国政治体制中急需进一步改革与完善的问题。这些问题集中折射出中国社会转型过程中利益多元化与社会整合等重大问题，集中地反映在党长期有效执政的绩效和人民未来生活的福祉上面来。媒介化时代所建构的信息沟通网络，与"印刷机时代"所建构的信息沟通网络并置、重叠与交叉在一起，展现出一个更加广阔、自主与自由的网络社会。这无疑要求执政党坦诚负责地回应社会各方面的诉求与期盼，积极稳妥地深入推进各项政治改革，更好地履行和实现为人民服务的宗旨。

当前国内学界对互联网与政党政治关系研究还只是起步阶段，多数学者都意识到媒介的发展会对政党政治发展产生很大影响，但是对政党结构、功能、组织、理念、纲领、政策和治理路径与方法等具体方面，到底会产生哪些变动与影响并没有深入细致地研究。对此，我们需要把握时代脉搏，积极结合社会现实发展实际拓展对政党政治的研究的范畴边界，努力培养前沿意识、问题意识与创新意识；在探讨中力求体现出前瞻性、散发性、系统性、思想性与价值性和对实际操作的一些方法论，能够给予人们多层次的启发与思考，尤其是互联网越来越嵌入世界变局时，加强互联网尤其是Web 2.0技术深入政党

媒介化时代党的执政能力研究
meijiehuashidaidangdezhizhengnengliyanjiu

政治研究,对中国共产党长期执政,永葆生机与活力具有重要意义。

《媒介化时代党的执政能力研究》一书的主旨是努力从多维度探讨在媒介化时代,政党如何认识传统媒体与新媒体,如何把握其特性、规律与发展趋势,如何更有效地运用传媒力量提升执政与治理能力。本书的特色,不仅试图深入剖析了信息力量在影响人们的思维和行动,乃至推动人类文明进步中的作用,从理论和战略层面深入剖析了舆论、媒体等新闻学传统视野中的问题,丰富了关于传媒的研究内容和研究方法,还在于主要立足于如何更有助于人们形成新的思维方式和认识方式,如何从战略层面提供对策。本书主要从信息力量在人类文明的地位和对当今政治、经济、社会与文化尤其是政党政治产生哪些方面的影响等方面展开一些讨论,从而试图帮助人们从战略高度认识传媒、运用传媒。作者认为,在媒介化时代,意见和利益诉求日益多样化,以往依靠某一媒介的强势覆盖而"号令天下",已难以凝聚高度的社会共识。随着社会民主程度的日益提高,媒介的日益开放与新媒体的普及,民众的意见市场空前活跃,对时政问题、切身利益更加关注,这也为执政党如何适应愈加复杂多变的现实社会提出了严峻的考验与挑战。本书在写作过程中,注意深入剖析信息力量在影响人们的思维和行动,乃至推动人类文明进步的作用,从理论和战略层面深入剖析了舆论、媒体等新闻学传统视野中的问题,同时借用多个学科的分析工具,超越对传媒的一般认识和研究模式,立足于如何更有助于人们形成新的思维方式和认识方式,如何从战略层面提供对策,丰富了关于政党与传媒的研究内容和研究方法。

本书主要涉及7个核心问题:一是媒介化时代的"全民围观"现象;二是媒介风险与政党政治发展趋势;三是媒介化时代中执政党话语能力;四是媒介化时代中执政党政治表达的调整;五是传媒政治中的政党形塑;六是西方政党运用新媒体的现状及启示;七是中国执政党的"适应性"变革与转型。中心是围绕媒介化时代中政党如何提升执政与治理能力。因为在媒介化时代,政治实践已经不再仅仅局限于各种会议、发布的各种指示与命令和从上到下的执行与操作,政治发

后记

展的内涵与形式获得了前所未有的多样性与具体性，这客观上要求执政党改进传统的执政模式，建构适应媒介化时代的新型治理模式。例如，在传统传播活动中，大众传媒的"把关"过程往往倾向于其自身价值观、阶级立场、统治策略考虑选择与之相符的议题。这类议题大多为时政类、民生类、政党类宣传性新闻等"硬新闻"或"硬政策"。而在媒介化时代，人人都有麦克风，且议题更多倾向于生活政治，凸显出议题的"软化"趋势，这必然需要执政党加紧提升议程设置能力，构建"立体化"的议程互动，促使议题的"软化"；同时还要注意加强议程设置的内容、形式和风格的多元化与差异性，注意培育各种意见表达和交流平台的多样和完善，尤其加强与博客、论坛、公共聊天室等形式的联系。另外，还要注意加强传统媒体与网络媒体的议程互动，政党、政府、媒体以及公众之间的议程互动；政党要积极提升媒介化时代中"问政"的深度与质量。

基于这样的认识，本书在逻辑结构和内容表述方面吸取了作者近年来的相关研究成果。在课题方面，本人主持和参与了以下几类相关课题：国家社科基金规划课题《基层党内"选举民主"与"协商民主"协同机制研究》（13BDJ036），教育部规划基金项目《现代性视域中马克思主义学习型政党研究》（10YJA710092），浙江省哲学社会科学规划课题《网络时代党的形象建设问题研究》（12JCML01YB），浙江省社科联课题《新媒体视界中执政党的形象塑造》（2010B163）、《社会转型中政府治理的"内卷化"及策略应对》（2012XSN009），杭州市哲学社会科学规划课题《新媒体时代创新型政党研究》（B13KS02）、《网络舆情极化与政府风险危机规避》（2011JD10），浙江省哲学学会2011年度重点课题《文化软实力下的中国共产党话语发展研究》和浙江省党校系统中国特色社会主义理论体系研究中心第十四批规划课题《新媒体时代应对网络舆情极化问题的研究》（ZX14019）等。在写作过程中还注意吸收、补充和完善了本人近期发表的一些相关学术论文成果，主要有《学习型政党的现代性反思与逻辑旨归》（第一作者），《岭南学刊》2010年第5期；《新媒体视阈中西方政党的现代性症候及其纠错》（第一作者），《北京行政学院学报》2011年第6期（人大复印资料《政治学》2012年第3期全文转载）；《网络空间政党形象的转型与提升》（第一作者），《领导科学》2011年7月中；《微博时代为政者如何剑走"网路"》，《领导科学》2012年4月中；《微时代对执政策略提出新的要求》（第一作者），《中国国社会科学报》2013年2月8日；《网络反腐的"围观效应"及其政治生态反思》，《领导科学》2013年2月上；《"媒介化"时代中执政党政治表达的风险及策略应对》，《甘肃理论学刊》2013年第1期（人大复印资料《中国共产党》2013年第4期全文转载）；《中国式"革命"话语的转型路径分析》，《江西师范大学学报》2013年第3期；《欧洲政党的"粉红色"现象与"软实力"提升》，《领导科学》2014年2月上等成果。为了使研究成果更好地服务于政党的建设与发展，本人在书稿的撰写过程中还专门参加相关学术会议，向相关专家学者请教，并同他们就书中涉及的一些问题进行了深入、广泛的探讨。期间先后参加全国"马克思主义与中国共产党成立九十年"学术研讨会、"世界政党格局变迁与中国政党制度发展"学术研讨会、中外执政党治党比较研究国际理论研讨会、第四届中国政党论坛"政党制度与国家政治建设"理论研讨会、"马克思主义与当代社会科学"理论研讨会、江浙沪皖政治学会年度主题研讨会、浙江省政治学年会、浙江省"马克思主义理论与建党九十周年"学术研讨会、浙江省党校"纪念建党90周年理论研究会"和浙江省马克思主义理论研讨会等学术会议。通过提交的相关论文，虚心请教与会专家和学者，并得到了他们的一些诚恳的建议和热情的鼓励与推介，使我对研究成果的出版进一步增强了信心。

  本书的写作过程，其实是一段艰难曲折又难以忘怀的思想旅程。这种思想旅程每每是从鸟宿人静的深夜开始扬帆起航。七百多天的日子里，多数夜晚，往往是独自一个人伴着柔和的灯光，在静静的夜色中，坐在书桌前，思考着人生，感悟着生活，轻轻敲打着键盘……城市里五彩缤纷的路灯、装饰灯和车灯以及川流不息的夜生活的人群，

后记

似乎瞬间从我的身边消失,只有那静静的夜陪伴着我。那种和谐无与伦比的夜,就是这般难以捉摸地弥漫在万籁俱寂之中。一时间,似乎微风不再轻拂,搔首弄姿了一天的树叶逐渐倦怠了;竞相怒放的五彩缤纷的花朵收起了花瓣;展翅啼鸣的鸟儿静静地收拢了羽翅。甚至是柔和的月光,如同流淌着的《月光曲》,婉约而凄美,悠长曼妙,渐行渐远。漫无边际的夜色里,万籁俱寂,天地之间空旷广阔,大自然沉浸在甜美的睡梦中。这样一个平静祥和的夜的背后,是否是一个充满生机与活力的另一个美好的黎明?每当眼睛倦怠和思维停滞的时候,我总是习惯性地欣赏着几首轻音乐,把双眼轻轻闭上,淡淡舒缓的节奏轻轻地穿越我的耳膜,直抵心灵最柔弱处。静静地在那儿感受夜色的浸润,我曾把这黑漆漆的一片想像成一片盛开紫罗兰的原野,空气中飘荡着一种青草与田禾相交融的味道,一览无际的原野上到处是朵朵白云般的羊群,还有到处飞翔的鸟儿,草地上散发着白天太阳光辉洒下的余温,让人们久久驻足留恋。

在这美好的夜色里,似乎心灵也被净化了,整个人感到好轻松好轻松。日子在键盘间慢慢地滑过,文字也随着键盘的敲打而逐渐累积。在直抒胸意表达观点的时候,我总是试图用严谨的结构、优美的文字去阐述、去张扬、去思考。这是一种学者为表现学术追求和对生命价值的追问,一种对社会和历史的责任感所进行的自我反思,一种复杂的彰显公共性精神在一代知识分子身上的体现。当我从容不迫地进行写作时,我希望自己已处于另一更高层的生命境界中,渴望达到"不畏浮云遮望眼,只缘身在最高层"的高度,希望这种描述是一种超越了个人视野与社会场景的叙述,能够具有一定的普遍性的人类意义的追寻。在写作过程中,在一句句、一段段和一章章落笔后,思考的可能更多的是人生意义。

思考人生、欣赏生活也不是一味地对理想与追求的放弃,这种思考与欣赏,会让你在不停的追求过程中感到新的力量,从而使你人生更充实、生活更丰富,让你更好地实现理想与追求。多年来,在人生道路上的摸索中,我总是试图根据自身、环境和爱好,寻找最适合自我的风格与情趣的生活样态与工作方式，试图在这个过程中既能够做到一个对国家、民族和社会有责任心和有所作为，又能彰显自我个性和保持独立人格，同时又能追求和实现幸福和自身的完美，我逐渐感觉这个愿望一如春天的脚步声。在现实生活、工作中固然有很多的失败和哀叹，但我从来没有对生活与工作失去信心，我总是抱着感恩和快乐的心情对待每一天。一旦学会感恩和快乐地生活和工作，就会对周遭的一切心存感激，也会用乐观的方式评价现实社会。用平常的心、做平淡的人看一切，其实它本来就这么简单、纯洁，那种勾心斗角、那种功名利禄、那种是非功过早已烟消云散。

凡事要感恩。在我从孩提时代一路走来，在这个成长的过程中，周边很多熟悉、不熟悉甚至不认识的人都曾经给予我诸多关切与帮助。首先，我要深深感谢我敬爱的老师们，没有他们的精心教育与培养，就没有我今天的生活、工作和进步。记得从小学、初中、高中、大学、研究生再到不同的工作岗位，我的人生轨迹也从生我养我的故乡——浙江永嘉转到温州师范学院、再到浙江省委党校、浙江大学、复旦大学，再到杭州市委党校。一路走来，我的每一位老师都给予我最宝贵的关爱、帮助与指引，我要深深感谢他们不仅仅给予我知识、智慧与启迪，而且还给我指明了人生前进的方向。

在此，我要衷心地感谢研究生学习期间，给予我众多帮助和指导而且至今一直默默地关心与支持我的老师陈宗民教授、郑仓元教授、孙雄教授、郭祥才教授、董根洪教授、何建华教授、陶济教授、李一教授等，是他们把我真正带入了令我陌生、紧张又兴奋的学术训练与研究的知识殿堂。尤其要感谢我的导师陈宗民教授，手把手地教会我谋篇布局。我在这些恩师的培养和指导下，学会了学术思考，写出并发表了人生第一篇学术论文。正是老师们的关心、鼓励与教诲，才使我能够坚持一路走来，不断地加强知识积累，不停地探索学术前沿，不停地加强教学改进，推陈出新。

我要感谢在复旦大学进行高级访学的时候，给予我学术系统训练与指导的导师胡守钧教授。胡守钧教授不但具有严谨的治学态度与理

后 记

念，而且总是言传身教、孜孜不倦。虽然年事已高，但仍然坚持在教学与科研的第一线，工作兢兢业业，其热情与精力一点都不输给年轻人。恩师平时对我要求比较严格，不但对我平常上课严格要求，经常检查我的读书笔记，而且还十分注意加强对我的学术训练。在文献阅读方面、资料检索与查询、论文选题、整体布局谋篇、逻辑结构搭配以及行文措辞等方面一一给予耐心指导。恩师对我有很高期望，可学生天性驽钝，但一直刻苦努力，虽然也作出了一些成绩，却离恩师的期望仍有很大距离，望老师多加谅解。

我还要深深感谢杭州市委党校徐晖副校长、校委委员李一平教授、社会学教研部主任柯红波副教授、市情研究所所长朱明芬研究员等鼓励我坚持理论研究，在各方面给予提供方便与支持，由衷地动员我将近年来的积累转化为此书稿。

在此，还要由衷地感谢赵宬斐教授、王希坤教授、沈小勇博士、邹建锋博士。我也常常参与他们沙龙似的会谈，在和他们的学术探讨中收获颇多。尤其是赵宬斐教授在百忙中对书稿的选题确定、提纲架构、写作思路等诸多方面均有指教；在书稿成型之后，他耐心细致地帮助我审阅全书内容，提出了很多建设性意见，以进一步完善书稿，让我深受感动。

在查资料过程中，我得到了复旦大学图书馆、浙江省图书馆、浙江省委党校图书馆和杭州市委党校图书馆等诸多帮助。他们慷慨地帮我查找、借阅和复印诸多相关的书籍、期刊与资料，这让我受惠颇多。

在这两年多的资料积累、梳理与写作过程中，还要感谢默默支持我的亲人、好友、同事。"儿行千里母担忧，母行千里儿不愁。"由于工作和其他烦琐事务，平时很少看望母亲，使我这个做女儿的很难做到给她一份放心、一份孝心和一份爱。我对母亲一直怀有深深的愧疚，虽然我是她的生命的寄托和牵挂，但我很少回家看她，有时只是打打电话，问她有无困难，她总说没有，同时还反复告诫我，好好安心工作，没有事就不要回去看望她，我知道母亲总是怕给我添麻烦。

这里更应该感谢的是读者。如果读者能够花费一点时间与精力去阅读它、去思考它甚至能够批判它，这对于作者来说无疑是一种深深的期待和鼓励。离开了广大读者，就犹如鸟儿离开了蓝天，鱼儿离开了水。读者是唯一的评判者和甄别者，在这里我要深深感谢阅读它的读者。

本书的出版得到了中央编译出版社的大力支持，责任编辑为本书的编校付出了大量心血。在此，一并向各位学界朋友和广大同仁的关爱、指导与帮助表达最真挚的感谢！当然，书中还存在一些错误与纰漏，这些都由我一人承担。

黄丽萍

2014 年 4 月 10 日